Gütersloher Taschenbücher/Siebenstern 532

Für
Elisabeth Moltmann-Wendel
zum
65. Geburtstag

Mit allen Sinnen glauben

Feministische Theologie
unterwegs

Herausgegeben
von
Herlinde Pissarek-Hudelist
und
Luise Schottroff

Gütersloher Verlagshaus
Gerd Mohn

Originalausgabe

CIP-Titelaufnahme der Deutschen Bibliothek

Mit allen Sinnen glauben : feministische Theologie unterwegs ; [für Elisabeth Moltmann-Wendel zum 65. Geburtstag] / hrsg. von Herlinde Pissarek-Hudelist und Luise Schottroff. – Orig.-Ausg. – Gütersloh : Gütersloher Verl.-Haus Mohn, 1991
(Gütersloher Taschenbücher Siebenstern ; 532)
ISBN 3-579-00532-4
NE: Pissarek-Hudelist, Herlinde [Hrsg.]; Moltmann-Wendel, Elisabeth: Festschrift; GT

ISBN 3-579-00532-4

Umschlaggestaltung: Dieter Rehder, B-Kelmis,
unter Verwendung eines Ausschnitts der Radierung »Phönix III« (1987)
von Norbert Grimm, Höhr-Grenzhausen
Satz: ICS Communikations-Service GmbH, Bergisch Gladbach
Druck und Bindearbeiten: Clausen & Bosse, Leck
Printed in Germany

Inhalt

Vorwort

Am 25. Juli 1991 hat Elisabeth Moltmann-Wendel ihr 65. Lebensjahr vollendet. Wir haben Frauen und Männer, die der Arbeit von Elisabeth Moltmann-Wendel nahestehen, eingeladen, sie durch einen Beitrag zu einer Festschrift zu ehren und dabei auch feministische Theologiegeschichte rückblickend und vorausblickend zu bedenken. Der Titel dieses daraus entstandenen Buches *»Mit allen Sinnen glauben. Feministische Theologie unterwegs«* knüpft an Elisabeth Moltmann-Wendels neuere Arbeiten zum Thema *Leiblichkeit/Körper* an. Die hier zu Wort kommenden 21 Frauen und 4 Männer greifen in ihren Beiträgen diese Thematik auf und diskutieren sie anhand unterschiedlicher persönlicher Erfahrungen und theologischer Sachverhalte. Frauenschicksale – in biblischer Zeit und bis in die Gegenwart hinein – stehen dabei im Vordergrund. Hierbei zeigt sich, wie groß der Nachholbedarf der Auseinandersetzung mit dem Leben von Frauen ist. Das Thema *Leiblichkeit* erfordert weiterhin, die christliche Tradition wegen ihres Verlustes der Dimension leiblicher und sinnlicher Existenz von Menschen kritisch aufarbeitend zu befragen. Daß es dabei nicht nur um die »fünf Sinne« geht, sondern auch um Hände und Füße, Herz und Verstand, versteht sich von selbst. Einige Texte thematisieren Frauenerfahrungen in unterschiedlichen Kontexten – auf der Ebene der Theorie wie auf der der Praxis. Feministisch reflektierte Spiritualität, die sich vor der Geschichte und Gegenwart des christlichen Antijudaismus verantwortet, ist Gegenstand anderer Beiträge. Der Band beginnt mit Texten, die die Bedeutung von Elisabeth Moltmann-Wendel für die Entwicklung einer feministischen Theologie im deutschsprachigen Raum würdigen. Diese Festschrift ist nicht zuletzt ökumenisch konzipiert, um damit ein Stück angstfreien

Dialogs zwischen den unterschiedlichen konfessionellen Ansätzen zu ermöglichen.

Wir gratulieren im Namen aller Autorinnen und Autoren Elisabeth Moltmann-Wendel zu ihrem Geburtstag und danken ihr für ihre Kraft, ihren Einsatz und ihre Beharrlichkeit, die für den Prozeß und den Weg der feministischen Theologie sehr wichtig waren und – wie wir hoffen – auch in Zukunft sein werden.

H. Pissarek-Hudelist Luise Schottroff

Januar 1991

Catharina J.M. Halkes

Liebe Elisabeth,

zu Recht wird Dir aus Anlaß Deines 65. Geburtstages eine Festschrift überreicht. Es wird höchste Zeit, einmal bei Dir und Deiner Arbeit zu verweilen. Und es ist gut, daß die Vielen, die Deine Publikationen und alles, was Du für den deutschsprachigen Raum getan hast, zu schätzen wissen, dies in einem Beitrag zum Ausdruck bringen wollen.

Ich will dies auf meine Weise in der Form eines Briefes tun.

Zuallererst möchte ich Dir ganz herzlich Glück wünschen zu diesem Geburtstag. Fünfundsechzig Jahre alt zu werden bedeutet – zumindest in den Niederlanden – aus dem offiziellen Arbeitsprozeß auszutreten, pensioniert zu werden und einer Zeit der Ruhe entgegenzugehen.

Aber Du bist immer »free lance« gewesen und bist somit nicht an irgendeine Institution gebunden, aus der Du Dich nun zurückziehst. Und aus einem ruhigen Leben wird für Menschen wie Dich und mich doch nichts: Das kann ich Dir heute schon voraussagen! Und dennoch behält dieses Alter in psychologischer Hinsicht eine markante Bedeutung: Es stellt einen Wendepunkt dar, es läßt uns zurückblicken und weckt neue Fragen für die Zukunft.

Mich veranlaßt dieser Geburtstag, in die siebziger Jahre zurückzugehen, in denen wir – jede auf ihre eigene Weise und später auch gemeinsam – etwas von den Veränderungen, die sich in der Frauenbewegung andeuteten, gespürt haben. Du hast in den deutschsprachigen Ländern und vor allem für die dort lebenden Frauen neue Perspektiven eröffnet und etwas in Gang gebracht, was nicht mehr rückgängig zu machen ist.

Schon 1974 hast Du den Band »Menschenrechte für die Frau« herausgegeben, in demselben Jahr, in dem der Weltkirchenrat die Konsultation »Sexism in the Seventies« organisierte. Amerikanische Feministinnen und Theologinnen spielen in beiden Fällen eine wichtige Rolle, denn dort hat die Neue Frauenbewegung ihre Wurzeln.

Dein Buch beginnt mit einem grundlegenden Beitrag aus Deiner Feder: einer hervorragenden Übersicht über die schwankenden Beziehungen zwischen Christentum und Frauenbewegung des 19. Jh. Danach folgt eine Reihe aus dem Amerikanischen übersetzter Artikel, von denen einige zu Klassikern geworden sind und deren Autorinnen zum größten Teil noch immer wichtige Beiträge zur heutigen feministisch-theologischen Literatur liefern. Auch männliche Autoren fehlen in dieser Reihe nicht. Ich habe dieses Buch noch im selben Jahr in der niederländischen »Tijdschrift voor Theologie« rezensiert.

Von diesem Band ist vier Jahre später unter dem Titel »Frauenbefreiung« eine zweite, überarbeitete Auflage erschienen, in der Du neben amerikanischen Beiträgen auch einen niederländischen Text aufnimmst, der einen ersten Ansatz zu einer feministischen Theologie bietet und aus meiner Feder stammt.

Ich glaube, daß diese Einleitung aus dem Jahr 1977 stammt, und ich habe sie zum erstenmal auf einem Seminar der UNO vorgetragen, welches im April desselben Jahres in Groningen stattfand und »The changing rôles of men and women in Europe« zum Thema hatte. Noch in demselben Monat April hielt ich den gleichen Vortrag auf der IX. Niederländisch-Deutschen Tagung für Akademikerinnen in Driebergen. So habe ich es in meinem Kalender von 1977 wiedergefunden. Und so ist der Text in Deutschland gelandet.

Aber er fand auch in der Schweiz Gehör. Denn Ursa Krattiger, die als schweizerische Radioreporterin in Groningen anwesend war, sprach mich dort an. Wir hatten ein langes Gespräch, in dem ein beiderseitiges Verstehen aufblühte. Ein Teil des Textes wurde später im Schweizer Radio gesendet. Und so begannen verschiedene Wege sich zu kreuzen ...

Was mich jetzt fasziniert, Elisabeth, ist die Art und Weise, wie *wir* uns kennengelernt haben, als wir uns zum erstenmal trafen. Wir hatten schon ausführlich voneinander gehört: 1977 erschien Dein Büchlein »Freiheit, Gleichheit, Schwesterlichkeit«, dessen niederländische Übersetzung ein Jahr später erschien.

Auf jeden Fall sollten wir beide in Brüssel einen Vortrag halten, auf der ersten offiziellen Konferenz des »Oecumenical Forum of Christian Women«, Anfang 1978. Und ich kann mich nicht mehr daran erinnern, ob das erste offene Treffen feministischer Frauen in Bad Boll davor oder danach stattfand, denn hier läßt mein Kalender mich im Stich.

In jedem Fall geht unser gemeinsamer Weg in die späten siebziger Jahre zurück: Wir haben uns in Neustadt getroffen, wo wir mit Hanna Wolff, der Autorin von »Jesus der Mann«, eine Diskussion hatten, und in Stuttgart, wo männliche Theologen einen Entwurf für eine erneuerte theologische Anthropologie erstellten. Die Krönung all dessen war für mich, daß Du die theologische Fakultät in Tübingen dazu bewogen hattest, mich im November 1979 zu einer Gastvorlesung einzuladen.

Du holtest mich sehr herzlich vom Zug ab und am Abend sollte ich in einem großen, vollen Saal sprechen – in der ersten Reihe Küng, Moltmann, Greinacher und viele andere. Meinen Blick hielt ich auf Dich gerichtet, auf einen Rettungsanker in einem Meer von Gesichtern. Im Anschluß empfingen Jürgen und Du zu Hause noch einige Leute, wo wir ausgesprochen gastfreundlich empfangen wurden und in einer entspannten Atmosphäre noch ein wenig plaudern konnten. Das ist für mich, Elisabeth, eine bleibende Erinnerung, die mich tief befriedigt hat, aber die vor allem etwas über Deinen Einsatz, eine derartige Initiative zu ergreifen, aussagt. Denn was war das für ein Wagnis!

Danach begannst Du nach mehr Frauen, die sich für feministische Theologie interessierten, Ausschau zu halten, um einen Kreis zu bilden, der einmal im Jahr zusammen kommen sollte, um gemeinsam Gedanken und Ideen auszutauschen, gemeinsam zu studieren und neue Initiativen zu entwickeln. Du ludest auch mich dazu ein, und ich erinnere mich noch lebhaft daran, wie wir 1980 in der Schweiz, in dem Missionshaus in Basel, in dem Ruth Epting »zu Hause« war, zusammen kamen. Ich glaube, daß ich dort auch Luise Schottroff kennenlernte und in jedem Fall Herlinde Pissarek-Hudelist, für die die Entdeckung der feministischen Theologie eine wahre Freude bedeutete. Du warst ihr auf einer Deiner vielen Reisen auf die Spur gekommen.

Meine Absicht in diesem Brief ist es, liebe Elisabeth, etwas mehr Licht auf Deine Person und die Rolle, die Du beim Erwachen der Neuen Frauenbewegung in den Kirchen und vor allem beim

Bekanntwerden und der Förderung der feministischen Theologie gespielt hast, fallen zu lassen. Du bist eine wahre Pionierin gewesen und zugleich eine fruchtbare Autorin, deren Bücher in viele Sprachen übersetzt wurden. Unsere Verbundenheit ist gerade in diesen Anfangsjahren gewachsen, in denen wir begeistert von neuen Ideen und erfüllt von neuer Hoffnung auf eine heilere Gesellschaft und Kirche, jede auf ihre eigene Weise umherzogen und einander ab und zu schrieben, anriefen und trafen.

Eine solche Beginnperiode hat einen gänzlich eigenen Charme, eine eigene Wärme, eine eigene überraschende Lebendigkeit: Alles ist noch neu, überraschend und zart, und die gemeinschaftliche Verbundenheit und Empfänglichkeit unter den Frauen war groß. Aber aus der gemeinsamen »Schwesterlichkeit« brachen in den achtziger Jahren die Unterschiede, die jeweils eigenen Optionen und Standpunkte und die voneinander abweichenden Meinungen hervor. So geht es fast immer: Auf die Euphorie des Anfangs folgt die Ernüchterung, die Enttäuschung zuweilen, die eine gewisse Einsamkeit zur Folge hat: wiser but sadder; sadder but wiser. Ich kenne diese Erfahrung aus späteren Jahren selbst und vermute, daß sie auch Dir nicht fremd ist. Auch unter Frauen sind die Generationenunterschiede in dieser Hinsicht groß und sie spielen weltweit eine Rolle. Und es waren nicht nur die Unterschiede zwischen jung und alt, sondern auch die Auffassungen der Frauen untereinander und ihre Interpretationen von Kirche und Christentum liefen stark auseinander.

Ich erinnere mich noch stets an die Worte Letty Russells, als wir über den Inhalt des Wortes »Schwesterlichkeit« sprachen: »Women are also sinners«.

Aber andererseits kann eine so vitale Bewegung nicht wachsen und gedeihen, wenn sie nicht offen ist für die inneren Unterschiede. Sie sind notwendig und fördern die kritische Weiterentwicklung, aber sie werden erst dann menschlich fruchtbar, wenn wir jede in ihrem Wert belassen und akzeptieren, und wenn wir nicht aufhören zu kommunizieren.

Auf jeden Fall haben wir das Einzigartige eines neuen Anfanges, neuer Entdeckungen, neuer Hoffnung und Erwartung in den Anfangsjahren gemeinsam geteilt, und unser Leben ist dadurch reicher geworden und hat an Tiefe gewonnen.

Das wollte ich Dir gerne sagen, Elisabeth, jetzt, da Dir dieser Band überreicht wird. Ich hoffe, daß die Ruah Dich schützen möge und daß Du noch viele Jahre nicht im Ruhestand leben wirst, sondern daß Du von vielen eingeladen, wenn nötig herausgefordert wirst, zu reflektieren, zu schreiben und neue Themen zu entdecken und zu entwickeln.

Ad multos annos!

Aus dem Niederländischen
von Andrea Blome

Herlinde Pissarek-Hudelist

Eine »Schwester im Glauben«

1. Leibhaftig: Elisabeth

Ich habe Elisabeth Moltmann-Wendel anläßlich ihres Vortrags im Katholischen Bildungswerk im März 1980 in Innsbruck kennengelernt. Es ging um Frauen in der Kirche, und ich hörte zum erstenmal etwas über die wissenschaftliche Auseinandersetzung bezüglich der Namen Junia oder Junias in der Bibel und nahm erstmals bewußt das Messiasbekenntnis der Martha (Jo 11) wahr. Mir erging es bei diesem Vortrag sonderbar: Da hatte ich die weitaus meiste Zeit meines Studiums als einzige Studentin unter ausschließlich männlichen Kollegen verbracht und dabei unter der fehlenden Gesprächsmöglichkeit erheblich gelitten (wir waren alle schüchtern damals). Jetzt traf ich zum erstenmal in meinem Leben auf eine Frau, älter als ich, die eine kundige Theologin war. Anstatt daß mich dies mit schwesterlicher Freude erfüllt hätte, machte ich bei mir eine merkwürdige Entdeckung: Wie ein alter, grantiger Schäferhund, der gewohnt ist, knurrend und auf sich gestellt sein Revier zu verteidigen (nämlich die Theologie aus weiblicher Sicht), kam ich mir vor! Elisabeth erinnert sich noch heute, wie ich halb abgewandt und mit kritischem Blick vor ihr saß. Sie ließ sich aber dadurch nicht davon abschrecken, mich einige Monate später anzuschreiben und zu einem Treffen feministischer Theologinnen für den Herbst 1980 nach Basel einzuladen. Ich las vorher einige Bücher von ihr und von Catharina Halkes und fuhr in der aufrichtigen Überzeugung ab, der feministischen Theologie ganz vorurteilslos gegenüberzustehen. Dortorts fiel mir mit der Zeit auf, daß ich so voll von Vorurteilen steckte wie ein Igel voll Läuse. Meine Bekehrung zur feministischen Theologie war nicht mehr aufzuhalten, wenn sie auch unter einigen Schmerzen geschah. Evi Krobath war durch ihre zugleich direkte und warmherzige Art daran beteiligt. Elisabeth aber schien mir zusammen mit Catharina Halkes diejenige zu sein, die die Diskussion um feministische Theologie im deutschen Sprachraum in Gang gebracht hatte. Bald entdeckte ich auch erste biographische Gemeinsamkeiten: Wir liebten beide die Theologie, hatten nicht nur ihre Last, sondern auch ihre Kraft kennengelernt, waren langjährige Ehefrauen in einer geglückten Partnerschaft und hatten je vier Kinder. Mit der Zeit wurde mir ihr anders gearteter konfessioneller Hintergrund deutlicher – wenn sie zum Beispiel »die Maria« sagte, was meinem katholischen Herzen wehtat, oder wenn sie das auf sie bedrohlich wirkende Bild meiner Herkunftskirche ansprach und nicht davon zu überzeugen war, daß KatholikInnen jahrhundertelange Erfahrung und Übung im gedeihlichen Umgang mit der römischen Zentrale haben. (Daß faktisch landeseigene und dadurch sehr »nahe« Superintendenten auch ganz schön Druck auch lehramtlicher Art ausüben können, merkte ich mit der Zeit ebenfalls.)

Zugleich lernte ich ihren Einsatz für die Kreuzestheologie besser begreifen und ihre vielfältige Bibelarbeit bewundern, die die konfessionelle Enge durchbrach und neue Vorstöße wagte. Der Titel ihres so erfolgreichen Buchs »Ein eigener Mensch werden« war nicht nur ein Programm gerade für christliche Frauen, sondern ein gelungener und ungemein anregender Versuch, die Texte der Bibel mit »neuen Augen« zu lesen.

Einige Dinge sind mir an ihr in diesem Jahrzehnt (1980 bis 1990) zunehmender Begegnung und gemeinsamer Arbeit aufgefallen: erstens ihr unbeirrbares Engagement für die nicht akademisch gebildeten Frauen, die doch so schöpferisch mit Fragen feministischer Theologie umgehen konnten. Die zahlreichen Veranstaltungen zum Beispiel der »Feministischen Werkstatt« in Bad Boll haben Elisabeth davon überzeugt, wieviel erneuernde Kraft in Frauen schlummerte, die ihren Alltag mit den biblischen Frauentraditionen in Verbindung setzten. Daraus erwuchs dann auch viel biblische Kirchentagsarbeit. Die weit stärkere Bibelbezogenheit evangelischer Theologie ist mir gerade durch sie immer wieder neu bestätigt worden.

Ein zweiter Wesenszug Elisabeths: Sie versucht immer wieder, eine *Gruppe* von feministisch arbeitenden Theologinnen zustande zu bringen. Hier läßt sie sich weder von Terminschwierigkeiten noch von Auseinandersetzungen davon abhalten, immer wieder ein Gruppentreffen anzuregen, das an einem konkreten Thema feministischer Theologie weiterzuarbeiten sucht. Sie hat auch 1987/88 eine Vorlesungsreihe in Tübingen organisiert, die in dem Buch »Weiblichkeit in der Theologie« ihren schriftlichen Niederschlag fand. Eine Episode scheint mir dabei für sie bezeichnend: Ich konnte meinen vereinbarten Termin im Jänner nicht einhalten, weil mein Sohn soeben schwer erkrankt war. Obwohl sie die organisatorischen Scherereien der Absage – und des späteren Nachholens im Mai – zu tragen hatte, redete sie mir nicht zu, um jeden Preis doch zu kommen, sondern dazu, zu Hause zu bleiben, weil sie mein Dilemma zwischen der Sorge um meinen Sohn und weiblicher Solidarität genau erkannte.

Umgekehrt hat ihr Gastvortrag an der Theologischen Fakultät der Universität Innsbruck im Dezember 1988 mühelos einen großen Hörsaal gefüllt. Bei der anschließenden, sehr angeregten Diskussion saßen wir nebeneinander und beantworteten die Fragen, wie es sich gerade ergab. Frauen sagten uns hinterher, wir seien ihnen wie ein Symbol von Schwesterlichkeit und Ökumene erschienen. Seit Jahren werkeln wir nun zu sechst an einem Wörterbuch feministischer Theologie. Es wird wohl im Jahr ihres 65. Geburtstags herauskommen. Auch hier wird sie nicht müde, die Lesbarkeit der sehr oft »dichten« Artikel im Interesse der Frauen an der Basis anzumahnen.

Ein drittes Merkmal inhaltlicher Art: Sie greift positive, im Sinne feministischer Theologie entwicklungsfähige Ansätze der theologischen Tradition auf, aus denen sich später einmal eine Theologie von Frauen *und* Männern in einem ganzheitlichen Sinn entfalten kann. Dennoch vertritt sie nachdrücklich: »Zuerst Differenzierung, dann Einheit.«

Ein weiteres Anliegen ist ihr, gegen die einseitige Intellektualität von Simone de Beauvoir und Shulamith Firestone Frauen auch mit ihrer Leiblichkeit zu versöhnen. Beide inhaltlichen Eigenheiten sind mir ebenfalls sehr wichtig geworden – die erste im Sinn von Karl Rahners Zitat:

> Theologische Bewußtseinsveränderungen lassen sich nur ermöglichen, wenn nicht einfach ein neues anderes Bewußtsein als selbstverständlich dekretiert wird, sondern wenn sie vom amtlich oder schulmäßig wirklich bestehenden Bewußtsein ausgehen und die darin immanent gegebenen Ansätze zu einer solchen Veränderung zu aktualisieren suchen.[1]

Das Thema: Integration der Leiblichkeit von Frauen, um ihnen endlich zu ermöglichen, die Einheit von Leib und Geist zu leben, hat sich mir im Laufe dieses Jahrzehnts geradezu aufgedrängt. Von allen – auch innerfeministischen – Richtungen her wird versucht, das Zusammenspiel beider in die eine oder andere Richtung zu verändern.

Die Gastfreundschaft im Wohnzimmer des Ehepaars Moltmann ist bemerkenswert – ein Raum, der sich offensichtlich für blitzartige Erkenntnisse der feministischen oder ökumenischen Art hervorragend eignet.

Elisabeth hat sehr viel in Bewegung gesetzt – trotzdem oder gerade deswegen sind ihr auch Enttäuschungen und Probleme nicht erspart geblieben. Am meisten hat sie wohl die Zurückweisung der Kreuzestheologie und die Anschuldigung in der Antijudaismusdebatte getroffen. Es gab aber auch Generationenkonflikte und Kritik, die an ihren Anliegen vorbeisah. Mich persönlich bewegt immer noch ihre Frage an mich angesichts der Freiheitsbewegung im Osten: »Warum geht ihr KatholikInnen nicht nach Rom auf den Petersplatz und ruft: Wir sind das Volk!?« Ja, warum tun wir das nicht? Sitzt uns der Gehorsam gegen die Hierarchie so in den Knochen?

2. *Mit allen Sinnen glauben*

In den letzten Jahren hatte ich den Eindruck gewonnen, daß für Elisabeth ein Thema immer wichtiger wurde: »Wie können wir theologisches Denken von Abstraktionen befreien, und wie können wir Gott wieder leibhaft, erdnah und glaubhaft machen?«

Andererseits wurde ich im April 1989 von der Domschule Würzburg zu einer Tagung »Mit allen Sinnen glauben« als Referentin eingeladen. Dieses Zusammentreffen bewog mich, einen von Elisabeth gegebenen Anstoß von meinem katholischen Hintergrund her neu durchzudenken.

Das Thema beschäftigte mich sehr. Bedeutete nicht Glauben im innersten Kern eine personale Übergabe an Gott? War dies nicht ein ausschließlich geistiger Vorgang?

Andererseits ging mir auf: »Mit allen Sinnen glauben« ist im Grunde eine Rückbesinnung auf das Grundgeheimnis des Christentums: Gott ist in Jesus Christus Mensch geworden, sichtbar, faßbar, angreifbar. »In ihm ist die Güte und Menschenfreundlichkeit Gottes erschienen« sagt die christliche Tradition. Spricht nicht deshalb die katholische Dogmatik von der »inkarnatorischen Grundstruktur« des Heiles, die von der Inkarnation Christi ausgeht und sich in der Kirche und ihren Sakramenten fortsetzt?

Während ich diese Gedanken erwog, stieß ich auf den Artikel eines katholischen Priesters und Religionslehrers aus Linz: »Jesu Liebe war leibnah.« Darin hieß es:

> Gegen alle Vorschriften, gegen allen sozialen Druck, gegen alle Gebote ... geht Jesus auf die Aussätzigen zu und berührt sie. Diese leibnahe Liebe Jesu fehlt uns allen sehr, nicht nur den Kranken. Wir leiden am Mangel an Zärtlichkeit. Gerade Kinder verstehen keine großen Erklärungen, sie sind angewiesen auf die leibnahe Liebe, auf diese Sprache, die mächtiger ist als Worte, auf die Sprache der Berührung, der physischen Nähe.
> »Das Evangelium muß auch mit dem Leib gelebt werden!« sagt Roger Schutz, der Begründer von Taizé. Wir Erwachsene haben Angst vor dieser leibnahen Liebe. Der Theologe, der Experte belehrt uns, der Politiker redet auf uns ein, der Bürgermeister läßt abstimmen, der Arzt verschreibt Rezepte – die Zärtlichkeit und die leibnahe Liebe bleiben auf der Strecke. Wo ist die geläuterte Hand, die ohne zuzupacken, ohne zu fesseln, aber auch ohne sich zu entziehen, wahrhaft zärtlich sein kann?
> In jedem von uns steckt noch ein Kind, nicht aus Mangel an Reife, sondern als Anlage. Das Kind braucht Berührung. Verkündigung der Liebe Gottes bleibt ohne Resonanz, wo dieser zärtliche, physische Umgang fehlt.[2]

Dieser Gedanke lenkte (gut katholisch) meinen Blick wieder auf die Kirche. Wenn sie wenigstens *auch* »Bleiben Christi in der Welt« war, wie Karl Rahner einmal sagte, war sie dann nicht ebenfalls sichtbar, angreifbar, verleiblicht in ihren Gläubigen, in ihren Frauen und Männern, die als Zeuginnen und Zeugen ihren Glauben zu leben versuchten? War sie nicht sichtbar, angreifbar, verleiblicht als »Volk Gottes«, als jener mühselige, durch die Jahrhunderte stolpernde Zug sündiger Menschen, die einander zur Last oder zur Hilfe gereichen, aber alle gehalten sind von der Liebe Gottes, alle die Zukunft Gottes vor sich haben?

Und sind nicht die sieben Sakramente nach katholischer Lehre Begegnungen, Selbstvollzüge der Kirche mit Menschen in entscheidenden Lebenssituationen (Geburt, Hunger und Durst, Reife, Schuld, Krankheit und Tod, Übernahme von Elternschaft oder Amt) unter sinnenfälligen Zeichen wie Wasser, Öl, Brot, Wein, und dem sie deutenden Wort?

Nimmt die katholische Liturgie nicht doch viel Sinneserfahrung, als Sehen, Hören, Riechen, Schmecken, Berühren in ihre Liturgie hinein? Sind nicht auch die liturgischen Haltungen – Stehen, Knien, Sitzen, das Knieebeugen verleiblichte Innerlichkeit? Ebenso wie Hände zum Gebet ausbreiten, beim Friedensgruß den anderen die Hände reichen, sich mit dem Kreuz bezeichnen?

Hat nicht Thomas von Aquin gesagt: cognitio incipit a sensibus, die Erkenntnis beginnt bei den Sinnen?

Woher dann dieses Auseinandertreten von Glaube und Sinnlichkeit, so daß dieses Wort »mit allen Sinnen glauben« so an-stößig wirkte?

Mir fielen leibfeindliche Strömungen antiker Philosophie ein, die manichäische Unterströmung des Christentums, Augustinus mit seinen so folgenschweren Ansichten über Lust und Begierlichkeit, die uralte Hierarchisierung von Geist und Leib, der die Hierarchisierung von Mann und Frau entsprach. Ich erinnerte mich, daß Sexualität gewöhnlich von Männern definiert wurde und wird, also von denjenigen, die ihre Sexualität oft als überwältigend, dem freien Willen entzogen, erleben. Es ist offensichtlich sehr schwierig, männliche Sexualhormone als gute Gaben Gottes und nicht nur als Folgen der Erbsünde zu betrachten.

Mir scheint, es gibt aber auch Neuentdeckungen im katholischen Bereich, die Glaube und Sinnlichkeit wieder näher zueinander bringen. Hat nicht das II. Vatikanische Konzil das Subjektsein der Menschen gefördert und damit auch die Erkenntnis der Verschiedenheit der Menschen untereinander? Gehört dazu nicht eine neue Reflexion der Leibhaftigkeit der Menschen, der Frauen und Männer und damit auch der Leibhaftigkeit der »Glaubensgestalt?«

Karl Rahner und Eduard Schillebeeckx haben um diese Zeit den

Begriff der Erfahrung in die theologische Diskussion eingeführt. Dem entspricht nun die feministische Theologie, die der Erfahrung von Frauen als locus theologicus Raum gibt, und sich dabei doch des Problems bewußt bleibt, daß diese nicht fahrlässig verallgemeinert werden darf. Da Frauen nicht einfach von Natur aus, wohl aber auf Grund ihrer Sozialisation oft faktisch dem Leben, der kleinen Alltagswelt näherstehen, kommt durch Frauenerfahrung ein großer Schub an »Erdung«, an Konkretion in die Theologie herein. Von ihrem Umgang mit Kindern und Jugendlichen her »wählen sie das *Leben*«, und damit die Ganzheitlichkeit und damit neben der Ratio auch die Sinnlichkeit. Mit allen Sinnen glauben kann dann auch bedeuten: Frömmigkeitsformen, Glaubensgestalt der »anderen«, der Frauen, Kinder und Jugendlichen überhaupt wahrzunehmen, deutlicher aufzugreifen, unbestritten gelten zu lassen.

Auch für den Arbeitsbereich Katechetik/Religionspädagogik ergeben sich dadurch neue Aufgaben: Hinbegleiten zum Bild als Sinn-Bild, Erschließen von Symbolen, Aufweisen des Zusammenhangs zwischen Liturgie und Katechese.

Im Umgang mit unseren Kindern und Jugendlichen haben wir dann neu zu fragen: Erziehen wir Kinder ausschließlich dazu, ihre Gefühle zu be»herr«schen? Ist es wirklich der schlimmste Vorwurf, emotionell zu sein? Kann vermeintliche oder rationalisierte Sachlichkeit nicht auch Gefühle verdrängen?

Ignatius von Loyola rät: »Gott suchen in allen Dingen«. Können wir da nicht auch sagen: Gott suchen im sinnenhaft wahrnehmbaren Umfeld unseres Glaubens, nämlich in unserer Heimat? Ist sie nicht der Ort, wo wir unser Heil wirken und zugleich geschenkt erhalten? Und bedeutet »Heimat« nicht zugleich auch Alltag, alltäglicher Umgang mit unseren Mitmenschen?

Von daher scheint mir Elisabeth Moltmann-Wendels Eintreten für die Frauen in ihrer konkreten Lebenswelt aus einer zutiefst christlichen Wurzel zu stammen: an die Verleiblichung des Heils zu glauben. Ich danke ihr dafür.

Anmerkungen

1. *Karl Rahner,* Vorfragen zu einem ökumenischen Amtsverständnis (Quaestiones Disputatae 65), Freiburg 1974, S. 23.
2. *Michael Pammer,* Jesu Liebe war leibnah. In: Welt der Frau, Heft 4/1989, S. 16.

Annemarie Schönherr

Frauen waren immer die Opfer

Liebe Elisabeth,
Du hast meine Beteuerung, ich säße Dir gern zu Füßen, einmal energisch abgewehrt. Zugegeben: sie suggeriert ein Oben – Unten – Muster und schmeckt nach herablassender Belehrung. Es ehrt Dich, daß Du das Bild, so verstanden, nicht magst.

Laß mich nun, da Du nicht widersprechen kannst, erklären, wie ich es meine: auch wenn wir nebeneinander saßen, bei den Vorarbeiten für die Frauenforen der Kirchentage 1983 und 1985 z. B., und miteinander geredet und gerätselt, protestiert und gestaunt, gedacht und formuliert haben – Du bist als Schwester meine große Schwester geblieben. Du hast mir mit Deinem Vorsprung an Wissen und Reife – der kleine Altersvorsprung war es weniger – bei jeder Begegnung gut getan. Deshalb bleibe ich bei dem Bild.

Wir in der ehemaligen DDR meinten lange Zeit, die formal gesicherte Gleichberechtigung sei eine gute Grundlage für eine gerechte Partizipation von uns Frauen in allen Lebensbereichen. Kritische Gedanken aus anderen Weltgegenden halfen uns verstehen, daß es um viel mehr geht, als Bestehendes zu verbessern. Ökumenische Kontakte, Besuche und Bücher von »draußen« haben für unser Wachwerden und unsere eigene Entwicklung eine wichtige Rolle gespielt.

Ich wage zu vermuten, daß Du, eingeschworene Potsdamerin, in den Jahren der Abgrenzung als feministische Autorin den Weg zu uns am häufigsten gefunden hast und daß Dein Buch »Ein eigener Mensch werden« in kirchlichen Frauengruppen das am meisten verbreitete und gelesene war. Vieles, aus unterschiedlichen Quellen, ist inzwischen in unsere Gedanken, auch in meine, eingewandert.

Ich schreibe Dir als Dankeschön zwei kurze Texte aus den letzten Jahren auf. Der eine stammt aus einer Bibelarbeit über das Gleichnis von den beiden Söhnen in Lukas 15, der zweite ist aus einem

Referat, das ich bei der Europäischen Ökumenischen Versammlung in Basel gehalten habe.

1. »... Der Vater hat Ausschau gehalten wie eine Geliebte nach dem Geliebten mit der Sehnsucht, die die Wirklichkeit verändern möchte. Es jammert ihn, er leidet mit dem Gescheiterten. Er rennt dem Sohn entgegen, obwohl es würdelos für einen jüdischen Patriarchen ist, schnell zu laufen. Er fällt ihm um den Hals. So verhindert er, daß der Sohn vor ihm knien und er sich gnädig herabbeugen kann. Er kommt dem Bekenntnis von Schuld und Versagen mit einem zärtlichen Kuß zuvor. Der Heimgekehrte erhält den Ring, der ihn in sein Sohnesrecht einsetzt und die Schuhe dessen, der den Boden unter seinen Füßen besitzt. Die Bitte, von nun an Knecht sein zu dürfen, kann er gar nicht aussprechen. Der Vater läßt den Festbraten zubereiten und ruft alle auf, die Heimkehr zu feiern wie eine Auferstehung. Und er könnte doch abwarten und fordern und mahnen, könnte strafen und sogar verstoßen, könnte auch großmütig verzeihen von oben herab. Denn ein Patriarch ist Vater und Richter und Herr zugleich ... So ist Gott, sagt das Gleichnis. Und es beschreibt einen buchstäblich umgekehrten, einen umgekrempelten Patriarchen ... So ist Gott, sagt Jesus, bedingungslos liebend wie eine Mutter, ein Vater-Mutter-Gott in einem ... Der Sohn, der zurückkam, hat Heimat erfahren als ihn ganz einhüllende Liebe, die ihn geborgen sein läßt und glücklich macht. Er weiß, wo er herkommt und wo er für immer hingehört. Er hat den Boden unter seinen Füßen wirklich gespürt. Ich denke, mit dieser Erfahrung kann er von jetzt an gut leben. Er weiß nun, daß er/sie jederzeit zu den Eltern zurückkehren kann. Deshalb kann er/sie ruhig wieder losgehen. »Zusammen« muß nicht »unter dem gleichen Dach« heißen. Er/sie kann draußen leben, was wir zu Hause erfahren haben ...«

2. »... Ich habe bei meinen Einsichten bewußt »wir« gesagt, weil wir, Frauen und Männer, eine gemeinsame Vergangenheit haben und gemeinsam für die Zukunft verantwortlich sind, und weil ich vieles von einsichtigen Männern und mit ihnen lerne.

   Ich habe oft zögernd »wir« gesagt, weil unsere Welt, und mit ihr unsere Kirchen, bisher von männlichem Verstand und Willen bedacht, geprägt, geleitet worden sind. Frauen waren von der Mitverantwortung und Mitgestaltung ausgeschlossen. Sie profitierten von Erfolgen und Siegen. Bei Mißerfolgen und Niederlagen waren sie und ihre Kinder die ersten Opfer. Selten waren Frauen selber aktiv an Kämpfen beteiligt. Sie dienten als Männerersatz zu Hause und ermöglichten so, was sich »draußen« abspielte. Sie haben ihre Privatisierung hingenommen. Ihre Einsichten in die Mitschuld stehen unter den Vorzeichen »blinder Gehorsam«, »bequeme Unselbständigkeit«, »unreflektierte Anpassung« ...

Ein Hoffnungszeichen sind auch die vielen Frauen, die sich verbünden und denen ich mich verbunden weiß. Spät, vielen unbequem, aber zunehmend unüberhörbar mischen sie sich ein. Ihre Umkehr ist vor allem Einzug. Sie erheben den Anspruch, auf allen Ebenen und in allen Bereichen des Lebens in Kirche und Gesellschaft die Hälfte darzustellen, die sie in Wirklichkeit sind. Sie wollen nicht länger mit tödlichen Waffen geschützt werden, und das ungefragt. Sie möchten den Frieden lernen und ihn ihre Kinder lehren. Ihre Töchter und Söhne sollen stark werden für das komplizierte Leben, nicht für ein gewaltsames Sterben.

Politik und Alltag, Öffentliches und Privates möchten sie zusammenbringen. Das ist viel mehr, als in die Männerwelt zugelassen zu werden und in deren Denk-, Rede- und Arbeitsweisen mitzufunktionieren. Ihre Geschichte hat sie zu Expertinnen gemacht für die Sorge um Kinder, um alte und hilfsbedürftige Menschen, für die Pflege zwischenmenschlicher Beziehungen. An diese Erfahrungen möchten sie anknüpfen und zugleich Männer in die sozialen Alltagsbezüge einbeziehen. Warum beides notwendig ist, drückt die DDR-Schriftstellerin Irmtraud Morgner so aus: »Plötzlich wird die Fähigkeit zu Hegen – eine durch die Spezialisierungskultur bisher allein bei Frauen hochentwickelte Eigenschaft für private Zwecke – für die größten öffentlichen Zwecke unentbehrlich.«

Daß die Frauen, vor allem in Kriegen, die Opfer waren und die Opfer trugen, hat sie sensibel gemacht für die Opfer von Ungerechtigkeit und Unfrieden unter ihren Geschlechtsgenossinnen heute und für alle Opfer von Gewalt und Unterdrückung. Sie lernen viel von Frauen in anderen Teilen der Welt, die Evangelium und politisches Engagement zusammenbringen und in Aktionen umsetzen …

Elisabeth, Du bist, zusammen mit vielen Schwestern, »dabei«, wenn ich heute denke, rede, schreibe, lebe. Ich finde es schön, daß das so ist.

Deine
Annemarie

Irmtraud Fischer

Eine Schwiegertochter mehr wert als sieben Söhne!

Rut 4,15

Frauenbeziehungen im Buch Rut – ein Lehrbeispiel des Affidamento

Immer häufiger werden Stimmen laut, Feminismus sei passé, die wesentlichsten Ziele der Emanzipation seien in unseren Ländern verwirklicht, die Frauenbewegung der Nach-68er-Jahre laufe sich tot, nicht zuletzt wegen des Streites unter jenen Frauen, die ein kritisches Bewußtsein für die Stellung des weiblichen Geschlechtes in unserer Kultur haben. So regen sich einerseits allenthalben Tendenzen zur Propagierung eines »neuen« alten Frauenbildes, andererseits stellen sich kritische Frauen immer mehr die beängstigende Frage: »Das kann doch nicht alles gewesen sein!?« Viele Aktionen der Frauenbefreiungsbewegung, die ihre Ziele in der rechtlichen und sozialen Gleichstellung von Mann und Frau sehen, haben eher dazu geführt, »... daß der Angleichungsprozeß der Frauen an die männliche Gesellschaft beschleunigt wurde«[1], als daß die Gesellschaft »frauengerechter« und »frauenbestimmter« geworden wäre.

So ist die Suche nach neuen Wegen angesagt. Die italienische Philosophinnengruppe LIBRERIA DELLE DONNE DI MILANO (= LDM) hat einen neuen Aufbruch gewagt. Sie geht von der Annahme aus, daß »... in einer Gesellschaft, wo alle Wertmaßstäbe männlich sind und wo das, was von Frauen kommt, unter neutralem Vorzeichen zirkuliert ...«[2], Frauen sich nur dann eine eigenständige soziale Existenz aufbauen können, wenn sie die Möglichkeit und Bereitschaft haben, sich einer Frau anzuschließen, »... die selbst Maßstab ist und nicht fremden Maßstäben unterworfen ist, die urteilt und nicht beurteilt wird, die Prinzip der Welterkenntnis und Legitimation des Begehrens ist.«[3] Die Frauen der LDM nennen dieses gegenseitige Sich-Anvertrauen von Frauen »Affidamento«[4]. »Wir haben entdeckt, daß die Suche nach symbolischen Bezugspunkten, die von Frauen verkörpert werden, eine sehr alte Suche ist. Manchmal hat sie dieselbe Form angenommen, die wir ihr gegeben haben, nämlich die Beziehung des *affidamento*. Eine solche Beziehung finden wir schon in der Bibel, in der Geschichte der Naemi und Ruth.«[5] Der Verweis auf dieses biblische Frauen-Buch rahmt die Publikation der LDM gleichsam mit einer Inklusion[6].

Der vorliegende Beitrag möchte diese, in der Mailänder Publikation nur als Beispiel angeführte, Erzählung nun näher untersuchen und Frauenbeziehungen im Buch Rut aufzeigen. Es sind dies Beziehungen, in welchen Frauen wirklich aufeinander Bezug nehmen, in denen Frauen ihre Kräfte und ihre Zuwendung für Frauen einsetzen, Beziehungen, die Frauen stärken und in der Durchsetzung ihrer je eigenen Bestrebungen einander zum Ziel verhelfen.

Das nur vier Kapitel umfassende Büchlein Rut, das am ehesten unter die Gattung »Novelle« eingereiht werden kann[7], wurde zu einer Zeit verfaßt[8], in der eine zunehmende Patriarchalisierung[9] der altisraelitischen Gesellschaft festzustellen ist. Der Verlust der politischen Eigenständigkeit im 6. Jh. v. Chr., die Exilierung der Führungsschicht und schließlich die Rückkehr der Exulanten, war mit dem Aufbau einer neuen Gesellschaftsstruktur verbunden, die sich mangels an Selbstbestimmung in bezug auf die Staatspolitik vor allem auf innenpolitische und religiöse Belange des Aufbaus einer neuen Tempelgemeinde konzentrierte. Die Erzählung von der Moabiterin Rut, die in vorbildhafter Weise die Güte JHWHs (חסד vgl. 1,8b) mit ihrem Leben verwirklicht und schließlich in das Volk Israel einheiratet, entstand zudem in einer Zeit, in der die Polemik gegen »Mischehen«, also Ehen, in denen ein Ehepartner nichtjüdischer Herkunft war[10], einen ersten Höhepunkt erreichte (vgl. Neh 13,23–27; Esr 9,1–4; 10,1–17). Man kann so dem Buch Rut eine doppelt kritische Funktion zubilligen: Es hinterfragt einerseits die fortschreitende Abwertung von Frauen, die in der JHWH-Gemeinde zusehends zum Schweigen und zur Passivität verurteilt werden, und andererseits eine sich breit machende Ausländerfeindlichkeit, selbst wenn diese sich religiös motivieren sollte.

Freilich darf nicht aus dem Auge verloren werden, daß das Buch

Rut einer patriarchal strukturierten Gesellschaft entstammt und daß die Erzählung selber auch diese kulturellen Gegebenheiten widerspiegelt[11]: Die beiden Witwen führen als Frauen ohne Mann und Kinder sozial sowie materiell das Leben von Randexistenzen. Die Lösung der Notsituation Noomis und Ruts wird ganz traditionell dadurch gegeben, daß die junge Frau heiratet und Mutter eines *Sohnes* wird, also den klassischen Lebensweg einer Frau in patriarchaler Gesellschaft geht. Das Handeln der beiden Frauen ist zwar in vielen Fällen unkonventionell, aber nicht revolutionär. Es zielt nicht auf den Umsturz des »Systems«, sondern darauf, daß sie innerhalb desselben ihre eigenen Ziele verwirklichen. Die Endgestalt des Buches schließt 4,18–22[12] zudem mit einem ausschließlich die männliche Linie anführenden Stammbaum, der die Geschichte der beiden Frauen in die rein männerzentrierte Geschichte auf König David hin einordnet.

Dennoch ist im Rahmen dieser Gegebenheiten das Buch Rut ein wahres Frauen-Buch. Die Beziehungen der Frauen untereinander prägen und bestimmen ihr Leben[13], ihre Beziehungen zu Männern erscheinen als Nebensache – mit der einen Ausnahme von Rut und Boas, und selbst diese ist ganz von den Frauen bestimmt.

Noomi und ihre Schwiegertöchter

In der Exposition der Novelle 1,1–5 wird vorerst eine Familie mit zwei Söhnen vorgestellt, die auf Grund einer Hungersnot in Bethlehem nach Moab ausweicht. Dort angekommen, konzentriert sich die Geschichte erstmals auf Noomi. Der Mann, Elimelek[14], stirbt (1,3) »... und sie allein blieb übrig, und ihre zwei Söhne«. 1,4 berichtet von der Heirat der beiden Söhne Machlon und Kiljon mit den Moabiterinnen Rut und Orpa[15], aber auch diese beiden Männer treten im Handlungsgeschehen nicht in Erscheinung, auch sie sterben (1,5) »... und übrig blieb die Frau[16], ohne ihre zwei Kinder und ohne ihren Mann.« Von den drei Männern beim Aufbruch bleiben »nur« ihre Witwen übrig, die drei Frauen. Damit ist die Notsituation der Noomi charakterisiert: ohne Brot, in der Fremde, alleine, in der sozial überaus schwachen Position der kinderlosen Witwe. Dennoch resigniert diese Frau nicht. Sie entschließt sich, zurückzukehren, als sie erfährt, daß JHWH in Bethlehem[17] seinem Volke wieder Brot gegeben hat (1,6). Ihre beiden Schwiegertöchter begleiten sie vorerst (1,6f.), Noomi will sie jedoch zurückschicken. Ihr Gespräch mit den Schwiegertöchtern erweist sie als selbstbestimmte Frau mit Realitätssinn und Achtung vor dem je eigenen Lebensweg der beiden jungen Frauen. Liebevoll spricht sie sie mit »meine Töchter« an (1,11–13), ermuntert sie, ins »Haus ihrer *Mutter*« (1,8; nicht wie im AT sonst üblich ins *Vater*haus vgl. 2,11) zurückzukehren und in einer anderen Ehe ihr Glück (= Ruhe מנוחה) zu suchen, schätzt die Verdienste der jungen Witwen für sich und ihre Familie (1,8). Noomi will die beiden jungen Frauen, die das Leben noch vor sich haben, nicht in ihr Unglück mit hineinziehen (»die Hand JHWHs hat mich getroffen« 1,13). In Anerkennung der Anhänglichkeit der beiden und in realistischer Einschätzung ihres eigenen Alters führt sie die Illusion ad absurdum, daß die beiden Witwen noch auf Söhne von ihr als Ehemänner warten könnten (1,11–13). Orpa hält sich daraufhin an den Rat der Schwiegermutter und kehrt um[18].

Rut jedoch läßt sich nicht abhalten. Sie bindet sich in unbedingter Treue und Liebe an die alte, aller Voraussicht nach zukunftslose Schwiegermutter. Der wunderschöne Ausspruch Ruts, der oft in der Kirche als Heiratsversprechen verwendet wurde, bindet sie nicht an einen männlichen Partner, sondern an eine Frau: »Nicht dränge mich, dich zu verlassen um zurückzukehren, weg von dir! Denn: Wo immer du hingehst, will ich hingehen, wo immer du bleibst, will ich bleiben. Dein Volk – mein Volk, dein Gott – mein Gott. Wo immer du stirbst, will ich sterben, und dort will ich begraben werden. Dies tue JHWH an mir und jenes füge er hinzu, denn nur der Tod wird scheiden zwischen mir und dir!«[19] Rut durchbricht damit die Regeln einer patriarchal geordneten Gesellschaft, die für eine Frau nur die absolute Bindung an den Mann vorsieht und die ein wohlbegründetes Interesse daran hat, Beziehungen unter Frauen geringzuachten oder gar nur das Verhaltensmuster der Rivalität um den gesellschaftlich höherwertigen Mann bereithält. Schwiegermutterkonflikte sind im Patriachat ein überaus willkommenes Instrumentarium, um Frauen von gegenseitiger Solidarität und Zusammenschluß zugunsten weiblicher Interessen abzuhalten und so zu verhindern, daß Frauen gegen den Androzentrismus gemeinsam – und daher gestärkt – sich zur Wehr setzen. Wo Frauen ihre Kräfte anderen Frauen zugute kommen lassen und nicht wie vorgesehen den Männern, da bedarf es keiner männlichen Vermittlungsinstanz, um ihre Anliegen gesellschaftlich durchzusetzen[20]. Während Orpa im doppelten Sinne *zurück*kehrt in das traditionelle System, in dem die Frau sich dem Manne anvertraut, geht Rut den Weg des Affidamento[21], entscheidet sich eigenständig in Noomi für ein fremdes Volk und Land, für einen Gott, den sie durch weibliche Vermittlung, das Glaubenszeugnis Noomis, als einen Gott für Frauen kennengelernt hat (1,16: »*dein* Gott«) und der sie in ihrer künftigen Geschichte in seiner Parteinahme für Frauen auch nicht enttäuschen wird.

Noomi und Rut

»In der dualen Beziehung des *Affidamento* jedoch basiert die Entscheidung zweier Frauen, sich im Hinblick auf die Realisierung eines Wunsches einander zuzuwenden, auf dem gegenseitigen Anerkennen der Ungleichheit, des ›Mehr‹, das die eine in den Augen der anderen darstellt, und der Stütze, die jene für diese ist.«[22] Das Affidamento zwischen Noomi und Rut zeigt einen Idealfall dieser Beziehungsstruktur. Beide Frauen haben ihre spezifischen Stärken und Schwächen, das »Macht«-Gefälle zwischen beiden ist nicht einseitig in dem Sinn, daß die eine nur die Starke, Gebende, wäre und die andere die Schwächere, die Führung und Zuwendung braucht. Noomi ist freilich die alte[23], weise und erfahrene Frau, der sich die in Israel fremde Rut anvertraut. Rut aber ist die agile Junge, die für den Lebensunterhalt beider sorgt, indem sie das Witwenrecht des Ährenlesens (vgl. Lev 19,9f.; Dtn 14,28f.; 26,12–15) mit überaus großem Fleiß in Anspruch nimmt (2,2f.7.15–18.23), von ihrer eigenen Mahlzeit den Überfluß für Noomi nach Hause bringt (2,18) und schließlich die »Lösung« für Noomi bei Boas durch ihre Ehe einfordert (3,9)[24].

Rut ist die Aktive, die Noomi vorerst das Über*leben* durch das Bewahren vor Hunger sichert (2,2ff.; 3,15.17), durch ihre Heirat mit Boas einen gesicherten *Lebens*abend (4,15), und schließlich das Fort*leben* durch die abermalige Eingliederung der Witwe in die Generationenkette (4,14 f.).

Noomi überläßt Rut das Handeln. Sie ist die starke Frau im Hintergrund, die jeweils ihrer Schwiegertochter das Geschehen in einem klärenden Gespräch deutet (2,19–22; 3,16–18) und jeweils geschickt zielgerichtete Anweisungen für das künftige Verhalten der jungen Frau gibt (3,1–4.18). Rut vertraut sich ganz und gar der Lebenserfahrung und Führung ihrer Schwiegermutter an: »Alles, was du mir sagst, will ich tun ... und sie tat gemäß allem, was ihr ihre Schwiegermutter befohlen hatte.« (3,5b–6). Noomi »benützt« die Arbeitskraft und Jugend Ruts, um ihre eigenen Wünsche zu verwirklichen. Sie engt Rut dabei jedoch nicht ein, sondern verbindet diese mit ihren Wünschen für Rut: Die junge Frau soll Ruhe finden (1,9; 3,1) und einen Ort, wo sie bleiben kann[25]. Den bietet ihr vorerst Noomi selber (2,23; 3,18[26]) und schließlich dann die durch sie initiierte Ehe mit Boas. Die Position der Noomi ermöglicht die rechtlichen Voraussetzungen für diese positive Schicksalswende. Daß sie in Bethlehem noch Verwandte hat, ermöglicht die »Lösung«. Ihr untrügliches Gefühl, welcher der beiden Löser jener Mann ist, bei dem es Rut und ihr selber gut gehen wird, veranlaßt sie, ihre Schwiegertochter gezielt mit Boas zusammenzuführen. Die beiden Frauen handeln bei dieser Aktion der Initiation der Ehe gegen jegliche patriarchal bestimmte weibliche Sittsamkeitsvorstellung. Noomi gibt Rut die Anweisung, frisch gebadet und gesalbt, mit entsprechend attraktiver Kleidung, Boas auf seinem nächtlichen Schlafplatz auf der Tenne aufzusuchen, seine Beine aufzudecken und sich zu ihm zu legen (3,4.7–9). Alle diese Formulierungen, sowohl »aufdecken«, als auch »Beine«, »sich hinlegen« und »den Gewandsaum über eine Frau ausbreiten« werden im AT in dieser Zusammenstellung mit sexueller Konnotation verwendet[27]. Obwohl von einer geschlechtlichen Begegnung von Rut und Boas nicht ausdrücklich gesprochen wird, weder in der Anweisung der Noomi, die den Ausgang der Szene offenläßt (3,4: »... er aber wird dir sagen, was du tun sollst.«[28]), noch im Ausführungsbericht (3,8–14), ist die nächtliche Szenerie doch von unverhohlener Zweideutigkeit – sehr zum Ärgernis vieler Exegeten, die durch verharmlosende Übersetzungs- und Deutungsversuche jegliche Provokation abschwächen wollen[29]. Das Verhalten der beiden Frauen, der alten, die dazu anleitet, und der Jungen, die es ausführt, entspricht voll und ganz ihrer unkonventionellen Durchsetzungskraft. Sie bringen Boas damit in eine heikle Lage, die kein weiteres Hinauszögern mehr möglich und eine Entscheidung unmittelbar nötig macht. Sie spielen dabei mit dem in der patriarchalen Gesellschaft höchsten Einsatz: mit dem guten Ruf einer Frau (vgl. 2,11). Der gewagte Plan der Noomi und das Unterfangen der Rut wird jedoch von Boas als das anerkannt, was er ist, als eigenständige Lebensgestaltung selbstbewußter Frauen (3,11: אשת חיל) und er betreibt bereits am nächsten Morgen die rechtliche Regelung der Löserschaft – gemäß den Wünschen Ruts und Noomis. Boas entwickelt sich so durch die Konfrontation mit der in ihrer Güte (חסד) JHWH ähnlichen Rut von einem großzügigen Gönner (Kap 2) zu einem Menschen, der die Verantwortung für die beiden sozial schwachen Frauen nicht nur solidarisch wahrnimmt, sondern dieser »die adäquate Gestalt der Liebe«[30] gibt. Boas erweist sich so durch die durch Rut vermittelte Erfahrung von Mut, Treue und Zuneigung als »frauenidentifizierter« Mann[31]. Ihm wird als Gegenspieler 4,1 der namenlose (weil solidaritätslose?) Löser gegenübergestellt, dessen Handeln von Eigeninteresse geprägt ist, das die Anliegen der Frauen unberücksichtigt läßt[32]. Er ist wohl zum Grundstückskauf von Noomi bereit, nicht aber zu einer Löserehe (4,3–6). Boas jedoch stellt die Rechtslage zugunsten der Frauen so dar, wie er zu handeln bereit ist, nämlich als ob nur beides zusammen möglich wäre, nicht aber eines allein. So kommen die beiden einander zugetanen Frauen ganz rechtens ans Ziel ihrer Wünsche: Lösung, und damit Altersversorgung für Noomi vereint mit Rut, die in Boas einen Ehemann findet, dessen verantwortungsvolle Menschlichkeit sie mit ihrem couragierten Engagement geweckt hat. Entsprechend dem liebevoll-gütigen Handeln der Rut gibt JHWH ihr in dieser Ehe Schwangerschaft (4,13) und – durch die Geburt eines *Sohnes* – die volle Rehabilitierung der kinderlosen Witwe in patriarchaler Gesellschaft. Für Noomi ist dieses Kind der Löser (גאל 4,14), durch den die kinderlose Witwe wieder in die Lebenskette eingegliedert wird. Gleich der leiblichen Mutter legt die alte Frau das Kind an ihren Busen und übernimmt die Stelle der Pflegemutter (4,16).

Der Zusammenhalt von Frauen ist im Buch Rut auch durch die Aufnahme der beiden Witwen durch die Frauen von Bethlehem veranschaulicht.

Bei ihrer Rückkehr aus Moab erkennen die Frauen Noomi wieder, sie jedoch klagt ihnen gleich ihr Schicksal, »leer«[33], ohne Mann und Söhne, im rechtsschwachen Stand der Witwe zurückkehren zu müssen. Sie wünscht nicht mehr Noomi (= Liebliche), sondern Mara (= Bittere) genannt zu werden (1,19–22) und deutet ihr Unglück von JHWH her kommend (1,21). Eben diese Klage greifen die Frauen von Bethlehem am Ende der Geschichte wieder auf, wenn sie bei der Geburt des Rutsohnes JHWH preisen, der Noomi nicht ohne Lebensfreude hat enden lassen (4,14f.). Die Frauen von Bethlehem treten nur in diesen zwei Szenen in Erscheinung. Rein rechtlich gab es für sie wohl kaum Möglichkeiten, den kinderlosen Witwen zu helfen. Daß sie sich über die Wiedereingliederung Noomis in Bethlehem freuen und die beiden Frauen, insbesondere auch die fremde Rut anerkennen, geht aus dem Glückwunsch 4,15 hervor: Das neugeborene Kind ist *deswegen* Lebensspender und Altersvorsorge zugleich, weil es von ihrer Schwiegertochter, die sie liebt und daher besser als sieben Söhne ist, geboren wurde und deswegen wohl diese hoffnungsvollen Wünsche nicht enttäuschen wird!

Selbst der Bearbeitungsschicht des Rutbuches (4,11b–12.17–22)[34], die die Geschichte der beiden Frauen ihr Ziel in einer reinen Männergenealogie (4,18–22) finden läßt, fehlt die spezifisch weibliche Zentriertheit nicht. Um den späteren Nachkommen David in die Geschichte des Hauses Israel einzugliedern, wird 4,11b–12 in den Hochzeitswünschen des ganzen Volkes die Ausländerin Rut mit den Stammüttern Rahel und Lea, »die zusammen das Haus Israel auferbaut haben« (4,11b) verglichen und damit in die weibliche Genealogie[35] Israels eingeschrieben. Eine weitere Verbindungslinie zur Geschichte Judas wird durch die Erwähnung von Tamar gezogen, die gegen Willen und Wissen ihres Schwiegervaters Juda ihr Recht auf die Leviratsehe noch unter größerem Risiko einforderte[36], als Rut dies tat (vgl. Gen 38).

4,17 benennen sogar die Nachbarinnen den »Sohn für Noomi« und gliedern ihn mit dem Namen Obed in die Geschlechterkette Davids ein.

Das Buch Rut läßt sich somit als eine Beispielerzählung des Affidamento erweisen, als eine Lehrerzählung auch insofern, daß Frauen sich durch ihre Geschichte aufeinander beziehen in der Form der Genealogie. Rut und Noomi sind keine »Aussteigerinnen«, die sich auf eine utopische Frauenwelt zurückziehen, sondern sie setzen in ihrer ethisch konsequenten Lebenshaltung ihre eigenen Maßstäbe an die patriarchale Gesellschaft an und überwinden sie – nicht gewalttätig, sondern logisch, weil einsichtig lebensfördernd.

Elisabeth Moltmann-Wendel ist eine der »starken Frauen«, die eigenständig weibliche Maßstäbe zur Weltdeutung und Beurteilung von Theologie setzt und *ihren* Glauben formuliert und bezeugt hat. Sie ebnet jungen Theologinnen damit den Weg, in ein Affidamento mit ihr einzutreten, um die gemeinsamen Ansprüche und Ziele verwirklichen zu können. Für dieses ihr Leitbild sei Frau Moltmann-Wendel zu ihrem 65. Geburtstag herzlich bedankt!

Anmerkungen

1. *Libreria delle donne di Milano,* Wie weibliche Freiheit entsteht, Berlin 1989[2], 127.
2. *LDM,* Freiheit, 132.
3. *LDM,* Freiheit, 133.
4. Die Übersetzerin *Traudel Sattler* erklärt dies folgendermaßen: »Wörtl.: Anvertrauen, sich anvertrauen. In der Praxis bedeutet das, daß eine Frau, die sich eine soziale Existenz verschaffen möchte, sich eine andere Frau, welche für sie ein ›Mehr‹ verkörpert, als Vermittlungsinstanz zwischen sich und der Welt sucht. Anders als in der Politik der Emanzipation, wo die Frau sich an männliche Vermittlungsinstanzen wendet.« (LDM, Freiheit, 19).
5. LDM, Freiheit, 19.
6. LDM, Freiheit, 19f.141.
7. Vgl. die Diskussion um die literarische Gattung: *Erich Zenger.* Das Buch Ruth, ZBK 8, Zürich 1986, 22–25.
8. Zur nachexilischen Ansetzung des Rutbuches vgl. *EBD.,* 25–28, die Zusammenstellung der Argumente.

9. Als Symptome dieser Patriarchalisierung seien etwa die agnatischen Stammbäume im chronistischen Geschichtswerk genannt, die Konzentration auf den Kult am Jerusalemer Heiligtum und die gesellschaftlichen Veränderungen, die die Kleinfamilie zur sozialen Grundeinheit werden ließen.

10. Zu den zahlreichen bedeutenden fremdstämmigen Frauen der Geschichte Israels vgl. das Kapitel: »Foreign Women« in: *Athalya Brenner*. The Israelite Woman, The Biblical Seminar, Sheffield 1985, 115–122.

11. Vgl. dazu die kritischen Anmerkungen von *Ute Wild*. Das Buch Rut: Denn wohin du gehst, dahin will ich gehen, in: *Eva Renate Schmidt*, u. a., Hg., Feministisch gelesen Bd. 2, Stuttgart 1989, 80–91; 84; sowie *Mieke BAL*, Lethal Love, Indiana Studies in Biblical Literature, Bloomington 1987, 68–88.

12. Daß der Abschluß des Buches mit dem Stammbaum auf eine sekundäre Bearbeitung zurückgeht, daran bestehen heute kaum mehr Zweifel. *Hagia Hildegard Witzenrath*. Das Buch Rut, StANT 40, München 1975, 26–38, hat nachgewiesen, daß der Stammbaum in Rut von dem in 1Chr 2,9–15 abhängig ist. Vgl. auch: *Ernst Würthwein*. Die Fünf Megilloth, HAT I/18, Tübingen 1969[2], 1–24; 24: »Die Liste stellt einen Auszug aus 1Chr 2 5.9–15 dar und ist offenbar dadurch entstanden, daß man den Boas von 1Chr 2 11f. mit dem Boas des Buches Rt identifizierte. Die übrigen Glieder ergaben sich dann von selbst.«
Einen neuen Vorschlag zur Abgrenzung des Rut-Schlusses macht *Zenger*, Ruth, 11–14: Er läßt die Geschichte mit 4,16 enden und hält damit nicht nur die vorausschauende Genealogie 4,17b, sowie den »Glückwunschchor« 4,11b–12 für sekundär, sondern ebenfalls die Namengebung durch die Nachbarinnen V17a, da der Name des Kindes in 4,14a mit Goel = (Er-)Löser bereits gegeben ist. »Das Buch Ruth ist die Erzählung von der menschen- und gottgewirkten Geburt eines (Er-)Lösers. Und genau an diese Perspektive konnte die davidisch-messianische Neuinterpretation 4,17–22 anknüpfen ...« (*EBD.*, 13). *Zenger* spricht damit der ursprünglichen Rut-Novelle die Ausrichtung auf eine Vorgeschichte zur Geburt des König Davids ab und sieht das Ziel der Erzählung darin, daß gezeigt werden soll »... wie Jahwe durch die *haesaed* (Güte, Treue, Liebe) der Ruth und des Boas die Naemi ›er-löst‹, d. h. vom Tod zum Leben führt: durch Liebe in der Gestalt von Brot und in der Gestalt eines Kindes ...« (*EBD.*, 14; vgl. auch *EBD.*, 10–14, seine übersichtliche Zusammenstellung gegenteiliger Thesen und deren Widerlegung). Durch diese Abgrenzung wird die ursprüngliche Inten-

tion des Buches Rut wieder in seine Rechte eingesetzt: Es erzählt die Geschichte des Affidamentos zweier Frauen, die durch ihr liebevolles Handeln JHWH auf ihrer Seite haben und den Mann Boas zur Solidarität mit ihnen motivieren.

13. Eine solche feministische »Politik der Frauen«, die auf dem Affidamento beruht, »... ist und bleibt ein Krieg gegen all das, was die Frau von der anderen Frau trennt und sie so ihrer fundamentalen Quelle der Freiheit, nämlich der Zugehörigkeit zum weiblichen Geschlecht, beraubt. Sie war nie, wie behauptet wurde, ein Krieg gegen die Männer, sondern sie ist und bleibt ein Krieg gegen die Einmischung der Männer in die Beziehungen zwischen Frauen und in die Beziehungen der Frauen zur Welt.« (*LDM*, Freiheit, 182).

14. Elimelek wird 1,3 als »Mann der Noomi« bezeichnet, obwohl die Familienmitglieder vorher bereits alle mit Namen vorgestellt wurden. Meist wird im AT nur der weibliche Ehepartner durch den männlichen definiert, nicht aber umgekehrt. Auch die Söhne werden 1,3.5 von ihr und nicht von ihrem Mann her definiert. Noomi erhält durch diese Näherbestimmung bereits hier gezielt ihre dominierende Position.

15. Die Personen der Rut-Novelle tragen allesamt sprechende Namen (vgl. *BAL*, Lethal Love, 73–75; *Edward F. Campbell*. Ruth, AncB 7, Garden City/N. Y. 1975, 52–56). Im Gegensatz zu den positiv besetzten Frauennamen (Noomi = Liebliche, Rut = Erquickung, Gefährtin (?)) sind die Namen der beiden Söhne durch ätzende Herabsetzung konnotiert: Machlon = Der Kranke, Kiljon = Der am Ende ist. Zenger, Ruth, 34, übersetzt entsprechend dem Lautreim »›Schwächlich‹ und ›Gebrechlich‹«.

16. *Virginia R. Mollenkott*, Gott eine Frau? München 1985, 61, weist darauf hin, daß hier nicht der Eigenname Noomis steht, sondern »die Frau«. »Ihr ›Nichtsein‹ wird deutlich an der Weise, wie der Erzähler in 1,15 [Druckfehler? muß wohl 1,5 heißen!] auf sie als ›die Frau‹ Bezug nimmt. Namenlosigkeit ist das offenkundigste Merkmal von Machtlosigkeit.«

17. Beth-lehem wurde in der israelitischen Volksetymologie wohl als »Haus des Brotes« übersetzt, könnte aber ebenso durch die homonyme Wurzel לחם, kämpfen, mit »Haus des Kampfes« wiedergegeben werden. Vgl. dazu: *Manfred Görg*, Bethlehem, in: Neues Bibellexikon I, 284–285.

18. Mit Recht sieht *Zenger*, Ruth, 124, Orpa und den Löser (4,1–8) als Kontrastfiguren zu Rut und Boas, »... deren Haltung nicht ethisch falsch, aber eben doch nicht lebensförderlich ist. Ihre Haltung und ihr Handeln sind durchaus einsichtig und vernünftig.« Ähnlich auch *BAL*,

Lethal Love, 81: »Like a mirror image of Orpah, he [= der Löser] obeys the reality principle.«

19. *Phyllis Trible,* God and the Rhetoric of Sexuality, Overtures to Biblical Theology, Philadelphia 1987; 173.177, sieht in diesem bewußten Aufbruch Ruts Parallelen zur Berufung Abrahams: »In the entire epic of Israel, only Abraham matches this radicality, but then he had a call from God (Gen. 12,1–5).« (*EBD.*, 173).
20. Vgl. LDM, Freiheit, 88.39; vgl. auch 166ff.
21. *Anna Maria Piussi,* Die Bedeutung/Sichtbarkeit des Weiblichen und der Logos der Pädagogik, in: *DIOTIMA,* Der Mensch ist zwei, Reihe Frauenforschung 11, Wien 1989, 133–172; 153, betont die Verantwortlichkeit der Frauen für ihr eigenes Lebenskonzept gegenüber einer vereinfachenden Schuldzuweisung für die gesellschaftliche Marginalisierung an *»die Männer«:* »... die Position der Frauen in der Ordnung des gegebenen kognitiven und symbolischen Systems ist in der Tat auch eine Folge dessen, daß sie bis heute dem Mann, und nur ihm, die Vermittlung ihrer Beziehung zu sich selbst und zur Welt anvertraut haben, wobei sie sich auf diese Art der Möglichkeit beraubt haben, die Notwendigkeit ihres Daseins als Frauen ausschließlich aus sich selbst (und nicht länger durch den Mann) wiederzuerkennen und so sich selbst das Grundgesetz der Freiheit verweigert haben. Die patriarchalische Genealogie des Weiblichen, die bis heute von den Frauen selbst durch die unzähligen Akte ihres sich dem Manne Anvertrauens genährt und gehütet worden ist, läßt sich daher nur durch eine Umwälzung der Regeln sowohl der symbolischen als auch der materiellen Ordnung der sozialen Bedeutungen durchbrechen. Das bedeutet, die Bindung des Sich-dem-Mann-Anvertrauens abzubrechen, und den Entschluß zu fassen, neue Erkenntnisse und neue Formen des Bewußtseins zu entdekken, zu produzieren und weiterzugeben, die von der weiblich geschlechtlichen Mediation geprägt sind mittels einer Wertzuweisung und der Autorisierung zu sprechen, zu denken, zu erziehen – ein Wert und eine Autorität, die unter Frauen weitergegeben werden.«
22. *Giannina Langobardi,* Frauen und Macht, in: *DIOTIMA,* Der Mensch ist zwei, 127–132; 130.
23. »Alt sein bedeutet hier, Wissen zu besitzen, in das die Erfahrung der Niederlage eingegangen ist, und jung sein bedeutet, intakte Ansprüche zu haben. Beide treten miteinander in Kommunikation, um sich zu potenzieren.« *LDM,* Freiheit, 146.
24. *Zenger,* Ruth, 72f., verweist darauf, daß die Nichtisraelitin Ruth keinerlei rechtlichen Anspruch auf eine Leviratsehe hatte. Rut bittet Boas

um eine Ehe, die zugleich »die Qualität des ›Lösens‹ hat«, und zwar für Noomi. Zur Leviratsehe und der Institution des »Lösens« (vgl. Dtn 25,5–10; Lev 25,25 ff.) im Rutbuch vgl. *EBD.*, 72–74.77.85–92.

25. Noomi argumentiert nicht von den Interessen der patriarchalen Institution des Levirats her, daß nämlich ihrem verstorbenen Sohn durch die Leviratsehe ein bleibender Name gesichert werden soll (4,10; vgl. Dtn 25,5–10), sondern mit dem Lebensglück der Rut.

26. Die beiden Kapitel 2 und 3 der Novelle enden jeweils mit dem »Bleiben« Ruts bei Noomi (vgl. *Zenger*, Rut, 62; zur parallelen Handlungsstruktur der Akte 1,4 und 2,3, sowie zur Verwendung von Leit- und Deutewörter vgl. EBD., 16–20; sowie *Stephen Bertman*, Symmetrical Design in the Book of Ruth, JBL 84 (1965), 165–168; und *Campbell*, Ruth, 13–18).

27. Vgl. die Zusammenstellung der Belege bei *Hans Wilhelm Hertzberg*, Ruth, ATD 9, Göttingen 1969[4], 257–283; 274 ff.1 und *Zenger*, Rut, 67 ff.

28. Tatsächlich sagt dann nicht Boas der Rut, was sie tun soll, sondern sie ihm! (3,9; vgl. dazu *Trible*, God, 184).

29. Einige »Kostproben« solcher Erklärungen: *Würthwein*, Rut, 18, der die junge Frau zu Füßen des Mannes kauern und nicht zwischen seinen Beinen liegen läßt: »Daß Ruth bei dem Plan der Naemi in eine zweideutige Situation gerät und Naemi wie eine Kupplerin erscheint, ist ein Anstoß, der sich von unserem modernen Empfinden aus ergibt. Für die Frauen, insbesondere für Ruth, handelt es sich um ein pflichtgemäßes Vorgehen, durch das der Name eines Verstorbenen wieder aufleben soll (4 5.10). Freilich kann man fragen, ob nicht ein anderer Weg als der über das nächtliche Zusammensein auf der Tenne zum Ziel geführt hätte.« (*EBD.*, 17 f.). Daß die Frauen zur Erreichung derart hehrer patriarchaler Ziele sich über die guten Sitten hinwegsetzen, ist offensichtlich unerhört. Ähnlich *Wilhelm Rudolph*, Das Buch Ruth, KAT XVII/1, Gütersloh 1982, 54: »Sowenig der Schritt, den Ruth tun soll, unseren Begriffen von weiblicher Zurückhaltung entspricht, so müssen wir doch anerkennen, daß der Erzähler sich alle Mühe gegeben hat, etwaigen Mißdeutungen vorzubeugen ... Und wenn sich auch nicht aus der Welt schaffen läßt, daß Noomi eine Situation herbeizuführen wünscht, in der bei einem Mann leicht Hemmungen wegfallen, so darf sie nach der Art, wie Boas in Kap. 2 geschildert wird, damit rechnen, daß er sie nicht in unschöner Weise ausnützt ...« *Gillis Gerleman*, Ruth, BKAT 18, Neukirchen-Vluyn 1965, 1–39; 31, übergeht die »peinliche« Schilderung sexueller Initiative von Frauen souverän.

»Obwohl mit großer Keuschheit erzählt, wurde diese nächtliche Szene auf der Tenne auch von den alten Israeliten als eine gewagte Situation empfunden.« Der Text des Rutbuches hat jedenfalls all diese Beschönigungsversuche nicht. Er baut bewußt eine erotisch bestimmte Atmosphäre auf!

30. *Zenger*, Ruth, 125; vgl. zu חסד, »Güte«, dem dominierenden Schlüsselwort der Novelle: *EBD.*, 19f.121–125.

31. *Elisabeth Schüssler Fiorenza*, Brot statt Steine, Freiburg/CH 1988, 15ff. versteht darunter Männer, die sich bewußt mit dem Kampf von Frauen gegen patriarchale Unterdrückung identifizieren.

32. Insofern ist der Löser »Namenlos« ein typischer Vertreter patriarchaler Gesellschaften, die nur die menschlichen Erfahrungen und Anliegen der Männer berücksichtigen, nicht aber die von Frauen. Falls letztere überhaupt thematisiert und anerkannt werden, dann nur in männlicher Sichtweise weiblicher Lebenszusammenhänge. »Zwischen Frauen und Männern gibt es keinen Gesellschaftsvertrag, die Männer haben ihn nie gewollt.« (*LDM*, Freiheit, 155; vgl. auch 164).
Calum M. Carmichael, Women, Law and the Genesis Traditions, Edinburgh 1979, 84–86, sieht in der Bezeichnung des Lösers als »So-und-so« (פלני אלמני p^eloni 'almoni) eine Anspielung auf Onan (Gen 38,9), der Tamar im Rahmen der Leviratsehe die Nachkommenschaft durch coitus interruptus verweigert.
Aus dem Kontext schlüssig ist die Erklärung *Tribles*, God, 190: »Since he refused to ›restore the name of the dead to his inheritance,‹ he himself has no name.«

33. *Trible*, God, 174f., verweist darauf, daß die Rede der Noomi durch den erzählerischen Abschluß 1,22 eine Korrektur erfährt: sie ist *nicht* allein, Rut ist bei ihr und in Bethlehem steht man vor der Gerstenernte.

34. Zum sekundären Charakter dieser Verse vgl. die Argumentation bei *Zenger*, Rut, 93–95. Daß durch die literarkritische Ausscheidung der Verse, die die Novelle auf die Genealogie Davids hin ausrichten, der Sinn und Zweck des Buches in rein »idyllischem/lieblichem/schlichtem« Fabulieren zu finden sei, wie *Gerlemann*, Ruth, 5ff., behauptet (die Bewertung geht auf Goethe zurück!), hängt mit der Trivialisierung weiblicher Lebenszusammenhänge zusammen. Eine Novelle, die eine tragische Lebensgeschichte eines Mannes mit Happy-End erzählt, würde demgegenüber sicher nicht als »lieblich« empfunden werden.

35. Die Rückbindung Ruts durch Rahel, Lea und Tamar an die weibliche Geschichte Israels illustriert hier ebenfalls die Erfahrungen der *LDM:* »Meist werden sie unter dem Terminus ›Feminismus‹ eingeordnet. Wir

möchten ihnen einen anderen Namen geben, um ihren wahren Sinn ans Tageslicht zu bringen. Dieser Name ist ›Genealogie‹. In diesen Jahren haben wir miterlebt, daß Frauen eine eigene Geschichte erworben haben und sich in der Öffentlichkeit auf die Frauen vor ihnen, auf ihre weibliche Herkunft berufen konnten.« (*LDM*, Freiheit, 17).

36. Vgl. dazu: *Helen Schüngel-Straumann*, Tamar. Eine Frau verschafft sich ihr Recht, BiKi 39 (1984), 148–157. Zu den Parallelen zwischen den beiden Frauen Rut und Tamar als »positive Verführerinnen« siehe *Brenner*, Woman, 106–108.

Helen Schüngel-Straumann

Schifra und Pua

Frauenlist als Gottesfurcht

> In der Gottesfurcht liegt ein starker Verlaß;
> noch den Kindern ist er eine Zuflucht.
> Die Gottesfurcht ist eine Quelle des Lebens,
> so daß man den Schlingen des Todes entgeht.
> *(Spr 14,26f.)*

Wer am Anfang einer Geschichte, am Beginn einer Bewegung steht, ist in einer besonders schwierigen Position. Häufig werden Wegbereiterinnen später vergessen, weil jüngere Frauen nachkommen oder nachstürmen. Am Ursprung der Geschichte Israels werden Frauen erwähnt, die in der späteren Tradition kaum mehr eine Rolle spielen, so die Mutter und die Schwester des Mose, dann die Tochter des Pharao und andere Frauen, die den Anfang der Auszugsgeschichte Israels erst möglich machten. Aber während von manchen nicht einmal die Namen überliefert sind, ist dies bei den zwei Frauen, denen ich mich hier widmen will, nicht der Fall: den beiden Frauen, die wie Du, liebe Elisabeth, an der Wiege einer neuen Epoche stehen, die Geburtshelferinnen Schifra und Pua.

Ihre Geschichte findet sich im ersten Kapitel des Buches Exodus, noch vor der Erzählung über Kindheit und Jugend des Mose. Die »Israeliten« befanden sich in Ägypten und mußten für den Pharao die Städte Pitom und Ramses bauen. Trotz dieser harten Arbeit vermehrten sie sich, ja, je mehr man sie unter Druck hielt, um so stärker breiteten sie sich aus, so daß die Ägypter das Grauen vor ihnen packte. Daher gingen sie hart gegen die unerwünschten Fremdlinge vor und machten sie zu Sklaven.

Die Gruppe der Israeliten befindet sich also in einer Krise. Vom »Volk Israel« zu sprechen ist noch zu früh, eher handelt es sich um eine Vorstufe, um eine Reihe von Sippen, die in Ägypten als Fronarbeiter leben. Eigentlich sind sie Wirtschaftsflüchtlinge, denn der ursprüngliche Anlaß ihrer Auswanderung nach Ägypten war eine Hungersnot im eigenen Lande gewesen. In Ägypten haben sie nun zwar genug zu essen, sind aber den harten Befehlen des Pharao ausgeliefert.

Trotz dieser gedrückten Situation vermehren sie sich, und zwar stärker als die Ägypter, so daß diese Angst vor Überfremdung bekommen. Wie groß die Gruppe der Israeliten etwa gewesen sein muß, kann man auch daran ablesen, daß *eine* Hebamme nicht ausreicht, es sind vielmehr deren zwei nötig. Wegen dieser unerwünschten Vermehrung erteilt der Pharao ihnen den Befehl, daß sie alle Knaben töten sollen, und zwar während oder unmittelbar nach der Geburt. Auf diese Weise hofft er, mit dem Problem fertig zu werden.

Zu den hebräischen Hebammen – die eine hieß Schifra, die andere Pua – sagte der König von Ägypten: Wenn ihr den Hebräerinnen Geburtshilfe leistet, dann achtet auf das Geschlecht! Ist es ein Knabe, so laßt ihn sterben! Ist es ein Mädchen, dann kann es am Leben bleiben. Die Hebammen aber fürchteten Gott und taten nicht, was ihnen der König von Ägypten gesagt hatte, sondern ließen die Kinder am Leben. Da rief der König von Ägypten die Hebammen zu sich und sagte zu ihnen: Warum tut ihr das und laßt die Kinder am Leben? Die Hebammen antworteten dem Pharao: Bei den hebräischen Frauen ist es nicht wie bei den Ägypterinnen, sondern wie bei den Tieren: Wenn die Hebamme zu ihnen kommt, haben sie schon geboren. Gott verhalf den Hebammen zu Glück, das Volk aber vermehrte sich weiter und wurde sehr stark. (Weil die Hebammen Gott fürchteten, schenkte er ihnen Kindersegen.) (Ex 1,15–21)

Wie gehen nun die beiden Frauen mit dem Befehl des Pharao um? Sie haben als Frauen nichts zu sagen, sondern nur Befehlen zu gehorchen. Der Pharao ist ja schließlich die rechtmäßige Obrigkeit – er hat die legitime Macht, die Frauen dagegen haben keine rechtliche Möglichkeit, sich gegen diese Macht durchzusetzen. Sie sind rechtlos und ohne eigentliche Stimme. Es gäbe nun verschiedene Möglichkeiten, mit dieser ungerechten Macht umzugehen: Aufstand, offener Widerstand oder auch großes Wehklagen und Geschrei. Aber weil die Hebammen selbst äußerlich machtlos sind, setzen sie andere Mittel ein, *ihre* Mittel. Zunächst einmal leisten sie *passiven* Widerstand: Sie tun einfach nicht, was befohlen worden ist. Als das bekannt wird, werden sie vor den Pharao zitiert, zur Rechenschaft gezogen. Nun setzen sie gezielt List und Tücke ein, ja *Lüge*. Denn es stimmt ja schlicht nicht, daß die Hebräerinnen anders gebären als die Ägypterinnen – wozu brauchten sie sonst die Hebammen? – Hierin, in der Art, *wie* sie die Kinder zur Welt bringen, unterscheiden sie sich nicht. Aber die Frauen handeln gezielt *subversiv*. Weil sie anders das Leben der Kinder nicht retten können, greifen sie zur Lüge, um nicht töten zu müssen. Um das Leben der Knaben zu retten, mit denen ja die Heilsgeschichte weitergeht, scheuen sie sich nicht vor raffinierter Lüge. Denn der Sinn der pharaonischen Aktion war ja, das Volk *als Volk* aussterben zu lassen. Wie die Frauen zu ihrem Entschluß kommen und ob sie sich etwa abgesprochen haben, wird nicht gesagt. Sie fragen auch niemanden, sie handeln einfach.

Die Frauen gebrauchen neben all ihren üblichen Sinnen auch noch einen eigenen, über den vielleicht besonders Frauen in einer Unterdrückungssituation verfügen: Weil sie der Gewalt nicht offen entgegentreten können, entwickeln sie den Sinn für subversives Handeln, für einen Widerstand ohne Gewalt, jedoch mit *Geist* und Klugheit. Der Macht des Pharao stehen der Geist und die Phantasie der Hebammen entgegen, und letztere erweisen sich als stärker. Offenbar sieht die Bibel in der Lüge keinen Grund zum Tadel: Einem Tyrannen die Wahrheit zu sagen gilt nicht als empfehlenswert.

Interessanterweise nennt uns das Alte Testament die *Namen* dieser Frauen, die das Volk Gottes vor dem Untergang bewahren. Sie heißen Schifra und Pua, aber sie stehen in keinem Heiligenkalender, und die meisten ChristInnen wissen nichts von ihnen. Sehr viele wichtige Frauengestalten in der Bibel werden namenlos überliefert, so auch die Frau, mit der Markus seine Passionsgeschichte beginnen läßt, jene namenlose Frau, die Jesus in Bethanien salbt und ihn so für seinen Leidensweg stärkt. Während wir von dieser Frau, die Jesus versteht, ohne ein Wort zu sprechen, keinen Namen kennen, wissen wir die Namen der beiden hebräischen Hebammen aus den Exodus-Geschichten. Sonst aber sagt uns der Text nur sehr wenig über sie. In einer sehr trockenen und zurückhaltenden Art wird nur das Wesentliche berichtet. Über die Gefühle der Frauen, etwa ihre Angst oder Motive, erfahren wir nichts. Nur eins ist gesagt, und dies sogar zweimal: daß sie *gottesfürchtig* sind! Dies ist ein Kernbegriff der Quelle, zu der diese Geschichte gehört, des sog. Elohisten (E). »Gottesfurcht« heißt hier wie oft in der Bibel: Ungehorsam; sie ist das Gegenteil von Menschenfurcht und bedeutet hier etwas sehr Konkretes. Das, wofür die Hebammen da sind, nämlich bei einer Geburt das Ausgeliefertsein der Frauen zu schützen, ihr Vertrauen nicht zu mißbrauchen und dem Leben zu dienen, ist ihr präziser Inhalt. Schifra und Pua bekennen sich zu dem Gott, der den Menschen nach seinem Bild geschaffen hat, zu einem Gott, der ein leidenschaftlicher *Liebhaber* des Lebens ist. Immer stellt er sich auf die Seite derer, die gegen ungerechte Gewalt, gegen falsche Machtausübung aufstehen und Widerstand leisten. Genau dies tun diese beiden Frauen, und zwar unter eigener Lebensgefahr. Sie setzen ihr Leben aufs Spiel, indem sie den lebensfeindlichen Befehl nicht ausführen. Denn sie haben keine Garantie, daß ihre Lüge nicht durchschaut wird; sie haben keine Rückversicherung, falls ihr Plan nicht gelingt.

Sich gegen ungerechte Gewalt zu erheben, ist immer dann am glaubwürdigsten, wenn es nicht für *eigene* Zwecke geschieht, sondern für *andere.* Schifra und Pua widersetzen sich dem Pharao nicht aus Eigennutz, sondern sie handeln für andere, für Schwächere. Sie wehren sich gegen das Unrecht, das nicht ihnen, sondern den Kindern ihrer Volksgenossen angetan werden soll.

Bei dieser Geschichte geht es nicht um eine exotische Episode, sondern es geht um die Rettung des *Volkes Gottes!* Im Exodus-Geschehen, das mit dieser Erzählung eingeleitet wird, wird ja die *Geburt* des Volkes Israel gesehen. Hier leisten die Frauen *Geburtshilfe,* und zwar nicht nur vordergründig im konkreten Sinn, indem sie als Hebammen für die kleinen Kinder eintreten, sondern sie sind ja auch eigentliche Geburtshelferinnen für den *Glauben.* Als wahre »Mütter des Glaubens« halten sie die Tradition hoch, die den biblischen Gott als Liebhaber des Lebens feiert.

Es ist bezeichnend, daß es immer wieder Frauen sind, die an den kritischsten Punkten in der biblischen Geschichte auftauchen, dann, wenn das Leben nicht mehr weitergeht, oder in Krisensituationen, wo es um Leben und Tod geht. In solchen Situationen sind immer wieder Frauen aufgestanden, die sehr schnell erfaßt haben, was zu tun ist, und die geistes-gegenwärtig im wahren Sinn des Wortes gehandelt haben. Sie setzen damit das schöpferische leben-liebende Handeln Gottes phantasievoll fort.

Noch ein Gedanke ist bei diesem subversiven Frauenhandeln wichtig: Es geht ihnen um *Ganzheit*. Um das ganze Volk zu retten, müssen die Hebammen hier nur einen *Teil,* nämlich die Knaben, vor dem Tod bewahren. Obwohl Schifra und Pua ohnmächtig sind, setzen sie an ihrem Ort alle Mittel ein, die in ihren Möglichkeiten liegen. So ist es häufig nötig, sich nur einem *Teil,* nämlich dem gefährdeten und unterdrückten, zuzuwenden, um das Ganze zu retten. Das Ganze aber nie aus dem Auge zu verlieren – das ist die Kunst dabei; genau dies haben Schifra und Pua in vorbildlicher Weise getan.

Auch heute ist bei der Parteinahme für die Frauen nicht ein Teilbereich angezielt. Deshalb wehre ich mich gegen alle Bestrebungen, feministische Theologie etwa einem Sonderdasein in kleinen Nischen oder Spielplätzen zu überlassen. Es geht um die Rettung des *Ganzen*. Der ganze Glaube, das gesamte Gebäude christlicher Welt- und Menschendeutung, der Gottesglaube insgesamt, sind in Gefahr, wenn der größere Teil, nämlich die Frauen, nicht gebührend zu WORT kommen. Deswegen ist heute, um das Ganze des Volkes Gottes zu retten, der Einsatz für die Frauen als dem unterdrückten Teil ein Gebot der Stunde.

Der letzte Satz der Erzählung berichtet über das Gelingen des klugen Vorgehens der beiden Hebammen. Dabei ist ihr eigentlicher Lohn, daß ihr Plan geglückt ist, die Knaben am Leben bleiben und sie selbst auch, d. h. daß sie nicht bestraft werden. Trotzdem hat ein späterer Ergänzer noch eine explizite Belohnung nach dem üblichen Frauenmuster hinzugefügt: auch Schifra und Pua werden mit Kindern gesegnet. Beachtenswert scheint mir hierzu als Schlußgedanke: Das Handeln und die Zeit des Wirkens sind beschränkt. Am Schluß dürfen die beiden Frauen sich ausruhen. Der Anfang, den sie als Geburtshelferinnen für eine neue Zeit gemacht haben, war entscheidend; über ihr weiteres Wirken wird nichts mehr berichtet. Wesentlich war, daß sie ihre entscheidende Stunde des Anfangs genutzt haben, ihren Kairos. Später kommt auch die Zeit der Ernte, das In-Gang-Gesetzte wächst von selbst und durch die Hilfe anderer. Vielleicht ist der Kindersegen, den Schifra und Pua zusätzlich noch empfangen, heute nicht mehr immer ein Segen, aber Dir, liebe Elisabeth, wurde auch dieser zuteil, und er möge sich weiter auswirken in Enkeln und Urenkeln. Auch das gehört zur Ganzheit eines erfüllten Frauenlebens!

ANNELIESE LISSNER

Steh auf, sonst ist der Weg zu weit für dich!

»Es reicht jetzt, Jahwe!«

Aus Angst vor der Königin Isebel, die ihn umbringen will, hat sich der Prophet Elia in die Wüste geflüchtet. Sein Eifer für die Anerkennung des wahren und lebendigen Gottes Israels, sein erfolgreicher Kampf gegen den Götzendienst des Königspaares und des Volkes haben sich nicht gelohnt. Nichts hat sich geändert im Land. Der König fördert immer noch den Kult des Baal; die Leute schlagen sich auf die Seite der Herrschenden; die Königin droht dem widerständigen Propheten mit dem Tode.

»Es reicht, Jahwe!« Elia hockt sich unter einen Ginsterstrauch, wirft Gott sein Leben vor die Füße und fällt in Schlaf. Da berührt ihn plötzlich ein Engel mit der Anweisung: »Steh auf und iß!« Schlaftrunken sieht er einen gerösteten Brotfladen und einen Krug Wasser neben sich. Bevor sein Kopf richtig wach ist, hat der Bauch ihn schon zum Essen verführt. Aber aufstehn, nein! Er dreht sich auf die andere Seite. »Es ist genug, Jahwe, ich will nichts mehr wissen von Deinen Aufträgen«!

Wie gut ich dich verstehe, Elia! Man kann nicht ein Leben lang gegen Windmühlenflügel kämpfen. Alles hast du aufgeboten, um den König zu überzeugen, daß seine Baal-Priester Scharlatane sind, die das Volk verführen, ohnmächtige Götzen, pure Nichtse, anzubeten. Du hast schrecklich aufgeräumt unter ihnen, als sie sich als Betrüger erwiesen hatten. Aber das Volk hast Du damit nicht gewinnen können. Es hält sich an den Mächtigeren, den König, und es liebt den Spektakel, der beim Götzenkult vollführt wird.

»Steh auf und iß, denn sonst ist der Weg zu weit für dich!« Jahwe ist hartnäckig, ein zweites Mal weckt der Engel den Schlafflüchtigen. Und mit der zweiten Mahlzeit, die Elia nun einnimmt, kehrt seine Lebenskraft und Lebenszuversicht zurück. Jetzt ist er fähig, vierzig Tage und vierzig Nächte lang durch die

Wüste zu laufen, bis er endlich jenen Berg erreicht, wo Gott ihn erwartet.

Die Wüstengeschichten in der Bibel sind mir ganz besonders wichtig und vertraut. Einfach weglaufen aus dem alltäglichen Druck, den immer wiederkehrenden Enttäuschungen, die Augen zumachen vor dem Elend der Welt, der nicht aufhörenden Unterdrückung und Diskriminierung von Frauen. Wie oft habe auch ich schon diese Mühsal aufgeben wollen, für eine frauengemäße, zeitgerechte, leibfreundliche Kirche zu streiten. Da scheinen einen Theologen, Priester, Bischöfe sogar, verstanden zu haben. Frauen sind begeistert, weil sie entdecken, was Jesus ganz besonders für sie getan hat. Wir feiern zusammen Gottesdienst mit allen Sinnen, die uns zum Leben und Loben geschenkt sind.

Aber alles verflüchtigt sich wieder, immer wieder! Mit wechselnden Worten werden die alten fadenscheinigen Argumente festgeklopft, die die Frauen für kirchliche Aufgaben einschränken und vom kirchlichen Amt ausschließen. Die Betroffenen selbst werden dabei unsicher, passen sich der »herrschenden« Lehre wieder an; oder sie ziehen stillschweigend aus und kein Bischof oder Papst oder Superintendent weint ihnen eine Träne nach. Die schöpferischen Kräfte, die für neue Formen und Weisen, Gott und den Glauben zu feiern, nötig sind, erlahmen. Schleichend breitet sich Depression in einem aus.

»Nun ist es genug, Gott«, sagte ich zu mir. Wen interessiert das schon, ob wir Frauen alle unsere Talente für Dich einsetzen können. Ich bin es satt, dafür zu streiten und zu werben. Wer bin ich schon, daß ich mir anmaße, so verfestigte Strukturen verändern zu können! Laß mich also in Ruhe!

Doch die Wüsten-Geschichten scheuchen mich auf: Wie war das noch mit Hagar, einer Magd aus fremdem Land, der in Abrahams Haus so viel Leid angetan wurde? Gut genug war sie gewesen, um mit dem Erzvater den der Sara versagten Sohn zu zeugen und zur Welt zu bringen. Aber als ihre Herrin dann doch noch selber Mutter wurde, waren Hagar und Ismail überflüssig und wurden in die Wüste geschickt; ein Ort zum Sterben, den Gott für sie zum Lebensort macht: »Steh auf und halte dein Kind fest an deiner Hand, es soll ein großes Volk aus euch hervorgehen.« Und in der Wüste bricht ein Brunnen auf, dessen Wasser die beiden stärkt und erquickt.

Steh auf und iß, sonst ist der Weg zu weit für dich.

Steh auf und halte dein Kind fest an deiner Hand.

Zwei uralte biblische Sätze, die Mut machen, Gottes Sache nicht aufzugeben. Steh' auf, so verzweifelt, so todtraurig du auch sein magst. Aufstehen, aufrechter Gang, Aufstand gegen Mächte und Kräfte, die dich klein machen und klein halten wollen, das ist nach dem Herzen und Wollen Gottes.

»Steh auf und iß«, sagt Gott. Stärke und erfreue dich an dem Guten, was ich dir ans Kopfende gestellt habe, »denn sonst ist der Weg zu weit für dich ...«

Der Weg liegt immer noch vor uns. Es ist aber kein Katzensprung, es ist ein weiter Weg. Vierzig Tage und Nächte noch durch die Wüste – bis zum Berg der neuen Gottesbegegnung. Sie wird auf uns zukommen, nicht in Sturm und Feuer und im zerstörenden Beben der Erde, Symbolen männlicher Kraft und Gewalt, sondern im leisen, sanften Hauch, in frühlinghafter Milde, die Erstarrungen löst und aus dem Winterschlaf erweckt.

»Halte dein Kind fest an deiner Hand«, sagt Gott zu der Verstoßenen. Die Zukunft ist den Frauen verheißen und anvertraut. Es gibt Brunnen in der Wüste, die sie kostbar und lebenspendend machen. Auf der Spur des Propheten werden wir die Wegzeichen finden.

Susanne Kahl-Passoth

Und sie geht wieder aufrecht …

Bibelarbeit über Lukas 13,10–17*

I

Es war Sabbat, der Tag der Ruhe, des Bekennens, der Heiligung Gottes. Jesus lehrte in einer Synagoge. Unter den Menschen, die ihm zuhörten – Männer vor allem, war auch eine Frau. Diese Frau, deren Namen niemand überliefert hat, war seit achtzehn Jahren krank.

Schwere Depressionen quälten sie. Gefühle der Minderwertigkeit und Hoffnungslosigkeit hatten dazu beigetragen, daß sie sich immer mehr in sich selbst zurückgezogen hatte. Ihr Rücken war so krumm geworden, daß sie nicht aufrecht gehen konnte. Menschen, die ihr entgegenkamen, die vor ihr standen, konnte sie nicht sehen, nicht erkennen.

Mit solcher Krankheit über viele Jahre zu leben, kann sich ein gesunder Mensch kaum vorstellen: Wie oft wird sie, wenn sie sich schon mal auf die Straße traute, andere unbeabsichtigt beim Vorübergehen angestoßen haben? Wie oft wird sie sich deshalb hat beschimpfen lassen müssen? Wie oft hat das Mitleid anderer sie gequält und gedemütigt? Und wie oft hat sie die Ablehnung der anderen wegen ihres entstellten, häßlichen Aussehens gespürt?

Was wollte sie nun ausgerechnet in der Synagoge – einem Ort, wo Frauen allenfalls nur zu bestimmten Zeiten und in für sie bestimmten Räumen geduldet wurden? War sie schon oft dort gewesen? Oder hatte sie von Jesus gehört und sich deshalb an diesem Tag unter die vielen Menschen gewagt? Hoffte sie auf seine Hilfe – auf Heilung von der quälenden Krankheit?

Sie war, soweit wir wissen, jedenfalls allein da – ohne Freunde oder Freundinnen, die für sie um Hilfe bitten konnten.

Jesus sah sie und rief sie zu sich.

* Gehalten auf dem »Katholikentag von unten«, 26. 5. 1990, Berlin

Ja, sie war gemeint! – Wie sollte sie dies auch gleich begreifen, wo sie ihn doch nicht sehen konnte, sie außerdem eine Frau war, an sich schon ein Grund, sie zu übersehen – und dann auch noch eine kranke, körperlich behinderte Frau. Sie ging auf Jesus zu. Das Aufsehen, das sie nun hervorrief, wird ihr kaum recht gewesen sein.

Als die Frau dann vor Jesus stand, sagte dieser zu ihr: »Frau, sei los von deiner Krankheit!« Und er legte ihr wie zur Bekräftigung die Hände auf. – Und sie konnte sich wieder aufrichten.

Was das für ein Gefühl war! Unbeschreiblich! Sich recken, sich strecken, sich aufrichten, Menschen ansehen, aufrecht und gerade zu gehen: Es war der Beginn eines neuen Lebens! Vor Freude und Glückseligkeit pries die Frau Gott.

Die Reaktion der Umstehenden war anders als man/frau nach so einem Geschehen erst einmal erwarten würde: Eine über viele Jahre kranke Frau war gesund geworden – das war doch ein Anlaß, ein Fest zu feiern? – Nichts da! Einer, der Vorsteher der Synagoge, dessen Aufgabe es war, auf die Einhaltung der Sabbatgesetze zu achten, war besonders verärgert. Er sah im Handeln Jesu einen Regelverstoß: »Sechs Tage sind dafür da, daß man arbeitet. Kommt also an diesen Tagen und laßt euch heilen, nicht am Sabbat.« Ihn interessierte die Frau nicht, weder ihre Schmerzen noch die Bedeutung der Heilung für sie, noch die Eröffnung neuer Lebensmöglichkeiten für diese Frau. Ihm ging es allein um die Einhaltung der Sabbatgesetze. Formal hatte er recht mit seiner Kritik, aber sein in aller Öffentlichkeit erhobener Einspruch blieb nicht ohne Widerspruch. Jesus rief, so daß es ebenfalls alle hören konnten: »Ihr Heuchler! Bindet nicht jeder von euch am Sabbat seinen Ochsen oder Esel von der Krippe los und führt ihn zur Tränke? Diese Tochter Saras und Abrahams aber, die der Satan seit achtzehn Jahren in seinem Bann hielt, sollte am Sabbat nicht von ihren Fesseln befreit werden dürfen?«

Wie der Sabbat durch das Losbinden des Viehs nicht entweiht wird, so wohl doch erst recht nicht durch die Befreiung einer Frau von schwerer Krankheit.

Alle Kritikerinnen und Kritiker schwiegen beschämt. Jesus hatte ihnen ihre Nähe zu dieser Frau, einer Tochter Saras und Abrahams, vor Augen geführt. Nur weil sie krank, entstellt war, hatte sie doch nicht aufgehört, eine der ihren zu sein. Da brach sich endlich die Freude ihre Bahn.

Was aus der Frau geworden ist, ob sie sich Jesus angeschlossen hat wie schon andere vor ihr, wird nicht erzählt.

II

Aus »Depressionen«, dem Tagebuch einer Krankheit, aufgezeichnet von der 1978 verstorbenen Schriftstellerin Caroline Muhr:

Es wird von Tag zu Tag schwerer, sich verständlich zu machen. Oft glaube ich, statt der Worte kommen mir Luftblasen aus dem Mund. Ich schreie. Wie so oft in meinen Träumen, lautlos. Sie leben alle um mich herum, die ich beschwören will etwas zu tun, weil ich selber nichts mehr für mich tun kann. Sie hören nichts. Sie haben viel Zeit, sind besorgt, aber sonst ganz gelassen. Sie sind mir schließlich zugetan, wollen nur das Beste und lächeln freundlich. (41)

Mutter sagte: »Du mußt dich zusammennehmen. Mit ein bißchen gutem Willen kommt man über solche Lappalien hinweg!« (7)

Seit wann ist er im Umlauf, dieser Appell an den guten Willen, verschärft durch die Aufforderung, sich zusammenzunehmen, zusammenzureißen, sich doch um alles in der Welt nicht gehenzulassen? Wie ein geheimes Rezept gegen jeden, damit als sinnlos erklärten Versuch von Frauen, sich gegen die Bedingungen einer männlich geprägten Welt aufzulehnen, wird es von einer Müttergeneration zur anderen an die Töchter weitergegeben: Ich mußte mich fügen – also füge du dich auch!

Wieviel Energie wurde – und setzen wir Frauen noch immer in falscher Weise ein, um uns nicht in Wut, Tränen, Verzweiflung aufzulösen.

Wer weiß, ob die von unseren Ururgroßmüttern getragenen Korsetts nicht nur zu dem Zweck kreiert worden sind, Frauen tagtäglich neu daran zu erinnern, daß sie weder äußerlich noch innerlich aus dem Ruder zu gehen, aus der Rolle zu fallen, sondern in jeder Hinsicht und Situation Haltung zu bewahren hatten.

Ob die Frau aus unserer Geschichte diesen Ordnungsruf, dem so viele Töchter hilf- und kritiklos Folge leisteten, auch schon zu hören bekam? Auch wenn wir nicht wissen, was sie krank und schließlich unfähig machte, aufrecht und gerade, stolz und selbstbewußt ihre Wege zu gehen – das Kreuz, unser Rücken, ist er nicht bis heute eine »bevorzugte« KörperSEITE, von der wir schmerzlich ablesen, spüren können, ja die uns aufgibt zu entziffern, wie es um uns bestellt ist?

Wie oft ertappe ich mich selbst dabei, daß ich mit hochgezogenen Schultern sitze oder dastehe, weil ich aufgeregt, angespannt, unsicher bin; weil ich mich verkriechen, gleichsam in mich zurückkriechen möchte, um mich auf diese Weise zu schützen vor etwas, wovon ich vorher nicht genau weiß, ob es eintritt oder nicht.

Nicht alle gekrümmten Frauenrücken sind auf den ersten Blick sichtbar. Keiner, keine soll sehen, was eine beutelt, an den Kräften zehrt, die Schultern niederdrückt und sie erniedrigt:

- Da ist die Angst, allen Anforderungen nicht gerecht zu werden: eine gute Mutter, eine patente Hausfrau, perfekt im Beruf – und nicht zu vergessen, auch noch eine tolle Ehefrau, Freundin zu sein. Und dies alles zugleich.
- Da ist die Angst: Ich schaffe es nicht, Frau, Mutter, ich selbst, menschlich zu bleiben, z. B. in einer von Männern geprägten Institution wie der Kirche.
- Da ist die Erfahrung, als Frau nicht beteiligt zu sein an dem verantwortlichen Mitgestalten in der Kirche, nicht selbstverständlich in Gebeten, Liedern, Predigten vorzukommen, sprachlich und inhaltlich unterschlagen zu werden.
- Da ist die Erfahrung, daß die Erwartungen an uns Frauen in der Kirche besonders groß sind: Wir sind doch immer »im Dienst«, ein Nein kommt doch nicht von uns ..., immer freundlich und voller Verständnis. Eigene Interessen und Vorhaben stellen wir wie selbstverständlich zugunsten anderer hintan.
- Da ist die Erfahrung, daß wir immer wieder Gefahr laufen, unsere eigenen Bedürfnisse nach Erholung und Eigenleben zurückzustellen – ja völlig zu vergessen, was wir wollen, was wir uns wünschen, was uns guttut.
- Da ist die Erfahrung von versteckter und offener Gewalt Frauen gegenüber, die unsere geistigen und physischen Bewe-

gungsmöglichkeiten behindert und einschränkt: Wer von uns kennt nicht die Erfahrung, spät abends durch die Stadt zu gehen, mit Angst in den Knochen und von schrecklichen Gedanken erfüllt.

- Da ist das Wissen vom Leben in einer Umwelt, die angeschlagen, größtenteils zerstört ist, die krank macht, und deren notwendiger Genesungsprozeß täglich den Interessen der Wirtschaft wie unserer eigenen egoistischen Bequemlichkeit geopfert wird.
- Da ist das Wissen um Ungerechtigkeit und Gewalt in unserem eigenen Land und unserer Welt. Unsere Weise zu leben mitverursacht beides.

Achtzehn Jahre hat sich die Frau, von der Lukas berichtet, mit ihrer Lebenssituation herumgequält, täglich mehr sich niederdrükken lassen. Warum? Blieb ihr nichts anderes übrig? Bedeutete ihre Anwesenheit in der Synagoge, daß sie endlich Hilfe und sich nicht länger in ihr Kranksein fügen wollte?

Wir leben fast zweitausend Jahre später als diese Frau. Warum verhalten wir uns heute immer noch eher wie Opfer denn als selbstbewußte, wissende, handelnde Frauen? Warum lassen wir uns immer wieder kleinmachen, warum machen wir uns selbst klein und unsichtbar?

Warum schlucken wir unsere Ängste, unsere Verzweiflung, unsere berechtigte Wut immer wieder herunter, so daß sie inwendig nagt, uns krank macht, und wir zuletzt Mühe haben, aufrecht zu gehen?

Warum schleudern wir den Männern nicht den gesamten Müll auf ihre Schreibtische, vor die Eingänge ihrer Ministerien, Verwaltungen, Fabriken und Konzerne, vor Kirchentüren und Kirchenverwaltungen? Sollen sie doch endlich allein damit fertig werden! Ihre Machenschaften, ihr Zerstörungswerk, ihre halbherzigen Reparaturwünsche zu stützen sind wir nicht länger bereit.

Wie steht es heute mit unseren Hoffnungen und Träumen von einem Reich, in dem Gott alle hält, die fallen, alle aufrichtet, die niedergeschlagen sind? (Ps. 145,14)

Trauen wir den Zusagen Gottes, daß Tod, Leid, Geschrei, Schmerz irgendwann nicht mehr sein werden, daß Tränen abgewischt werden? (Offenb. 21)

Wie steht es mit den Erfahrungen unserer Schwestern? Hanna: *Der Bogen der Starken ist zerbrochen, und die Schwachen sind umgürtet mit Stärke. Die da satt waren, müssen um Brot dienen und die Hunger litten, hungern nicht mehr ... Gott hebt den Dürftigen aus dem Staub und erhöht den Armen aus der Asche ... Denn der Welt Grundfesten sind Gottes, und Gott hat die Erde darauf gesetzt.* (1. Sam. 2)

Und Maria: *Gott stößt die Gewaltigen vom Thron und erhebt die Niedrigen. Die Hungrigen füllt Gott mit Gütern und läßt die Reichen leer.* (Luk. 1)

Hanna und Maria waren voller Freude über das, was sie mit Gott erlebten. Die Menschen in der Synagoge waren geteilt in ihrer Reaktion auf die Heilung der verkrümmten Frau am Sabbat. Die einen hatten es verlernt, sich zu freuen, Mitfreude über das neue Leben einer ehemals Kranken zu zeigen. Die anderen waren froh, daß das Ordnungsdenken des Synagogenvorstehers nicht das letzte Wort behielt. Sie konnten sich mitfreuen und das Erlebte als Ermutigung in ihr eigenes Leben hineintragen.

Und wir?

Trauen wir noch diesen Verheißungen?

Oder haben wir aufgegeben und lassen den scheinbar unangreifbaren Mechanismen von Zerstörung, Ungerechtigkeit, Lieblosigkeit und Gewalt ihren Lauf?

III

Die verkrümmte Frau war offensichtlich allein in der Synagoge. Keine andere Frau war bei ihr, die sie davor schützte, an andere anzustoßen. Keine bat für sie bei Jesus um Heilung. Die Freunde des Gichtbrüchigen, so berichtet der Evangelist Markus, hatten sogar das Dach des Hauses, in dem sich Jesus aufhielt, abgedeckt, damit sie den Kranken zu Jesus bringen und er ihn heilen konnte. Wo waren die Freundinnen? Hatte sie keine mehr, hatten sich alle von der Depression vertreiben lassen?

Jesus, als er die Frau sah, rief sie zu sich und heilte sie. Wen sehen wir? Hätten wir sie übersehen? Oder hätten wir hingeschaut, uns neben sie gestellt?

Wir Frauen tun uns schwer miteinander; nur einige von uns

möchten gerne anders, schwesterlich, solidarisch miteinander umgehen. Damit wir Frauen aufrecht gehen, wieder ohne Schmerzen uns strecken können, brauchen wir andere – brauchen wir einander.

Meine Hoffnung auf das neue Reich der Liebe, des Friedens, der Gerechtigkeit, der Bewahrung der Schöpfung – auf das Reich Gottes, finde ich in Umrissen wieder in Erfahrungen mit Frauen, im mutigen Auftreten einzelner, in den vorsichtigen Versuchen, neue Wege des Miteinandergehens, der Offenheit und Aufmerksamkeit, des Teilens von Freude und Schmerz zu gehen.

Anders als zuzeiten dieser fast zweitausend Jahre alten Geschichte stehen wir Frauen heute auf dem Boden eines Grundgesetzes, das von der Gleichberechtigung von Frau und Mann spricht.

In der evangelischen Kirche herrscht Einigkeit darüber, daß Frauen dem Evangelium nach keine Menschen zweiter Klasse sind. Letzteres wird von einer Mehrheit getragen. Jedoch macht das den Boden nicht sonderlich stabiler, weniger schwankend, und besagt für das wirkliche Leben von Frauen, hinsichtlich unserer Möglichkeiten der Teilhabe, des politischen Einflusses auf Veränderungen noch gar nichts. Denn solange überwiegend Männer an den Schaltstellen der Macht in Kirche und Gesellschaft sitzen, sind wir weiter von ihrer Einsicht und Gnade, ihrem Wohlwollen abhängig, wenn wir einen ihrer »angestammten« Plätze wollen. Deshalb kann das Grundgesetz allenfalls ein Geländer sein, das davor schützt, daß Fraueninteressen zu Fall kommen und abstürzen.

Wenn wir nicht aufeinander achten, nicht hinsehen, nicht fragen, wie es der Schwester neben uns geht –

Wenn wir uns nicht trauen, auf unsere Not oder die der anderen Schwestern lauthals aufmerksam zu machen –

Wenn wir immer noch zögern, unsere Sichtweise der Dinge, unsere Gaben und Eigenschaften einzubringen –

Wenn wir nicht bereit sind zu lernen, uns selbst und unsere Interessen ernstzunehmen –

Wenn wir nicht aufhören, uns für alles verantwortlich zu fühlen und zugleich an der Opferrolle festhalten und sie »kultivieren« –

Wenn wir Haß und Wut der Männer gegen unsere Einwände, unser Auftreten und den Widerstand von Frauen nicht zu tragen wissen –

dann wird unsere Heilung ausbleiben oder lange auf sich warten lassen.

Um den Aufbruch kommen wir nicht herum – Einige sind schon unterwegs.

Was heißt Aufbruch?

Aufzubrechen bedeutet, Liebgewordenes und Vertrautes zurückzulassen, auch andere mitzuschleppen und zu stützen, die an Veränderungen nicht (mehr) glauben oder sich allein nicht trauen.

Aufzubrechen bedeutet für einige von uns auch, alleine vorzupreschen, rückhaltlos etwas zu wagen: zu wagen, sich unbeliebt zu machen und Neid auf sich zu ziehen.

Jedoch, um dies zu können, loszugehen, weiterzugehen, und dabei nicht in der Wüste der Einsamkeit, die unseren Aufbruch begleitet, verhungert und verdurstet liegenzubleiben – um nicht in Depressionen zu ertrinken, brauchen wir Geschichten und Lieder der Hoffnung, die uns von geglückten Aufbrüchen und Veränderungen erzählen.

Wir brauchen Erfahrungen der Freude und Mitfreude über jeden gelungenen Schritt, und sei er noch so klein.

Zu Hanna und Maria, zu der namenlosen Frau aus unserer Geschichte kommen viele Frauen, deren Geschichten teilweise noch auszugraben und zu entziffern sind; deren Geschichten viel öfter weitererzählt werden sollten, wie die der Hildegard von Bingen, der Bertha von Suttner.

Aber auch die Geschichten heutiger Frauen sollten wir nicht versäumen: Ingeborg Drewitz, Irmtraud Morgner, Kristin Rücker, deren Tod uns Lücken hinterlassen haben, die wir schmerzlich spüren. Oder: Elisabeth Moltmann-Wendel, die seit vielen Jahren Frauen bei der Suche nach einer eigenen Sprache für ihre Erfahrungen unterstützt. Eine Frau, die die feministisch-theologische Arbeit entscheidend mit auf den Weg gebracht hat, die immer wieder aufs Neue auch Männer in dieser Kirche mit den Erkenntnissen von Frauen konfrontiert. Und sie geht immer noch aufrecht – Gott sei Dank!

Wollen wir dem Frieden, der Gerechtigkeit in der gegebenen, uns von Gott anvertrauten Welt ein wenig näherkommen, wollen wir keinen Aufschub dulden und das Fest der Freude über die Genesung der Schöpfung Gottes endlich feiern, dann brauchen wir einander; wir brauchen die Schwesterlichkeit und die Bereitschaft von Männern, über ihre Rolle nachzudenken und eingefahrene patriarchalische Denk- und Verhaltensmuster aufzugeben.

Und wie heißt es doch im 9. Kapitel des Jesajabuches:

Das Volk, das im Finstern wandelt, sieht ein großes Licht ... Du weckst lauten Jubel, du machst groß die Freude ... Denn du hast ihr drückendes Joch, die Jochstange auf ihrer Schulter und den Stecken ihres Treibers zerbrochen ... Gott wird kommen als Wunder-Rat, und er wird heißen Friede-Fürst, auf daß seine Herrschaft groß werde und des Friedens kein Ende ... (Jes. 9)

Gabriele Pöder

Herr, gib mir dieses Wasser (Joh 4)

Eine Schriftbetrachtung, die mich immer wieder lebendig macht, ist das Gespräch der Samariterin am Jakobsbrunnen. Bei meiner letzten Betrachtung dieser Bibelstelle habe ich die Sehnsucht der Samariterin nach einem Alltag, der weniger mühsam ist, wahrgenommen. Wiederholt lese ich: »Da sagte die Frau zu ihm: Herr, gib mir dieses Wasser, damit ich keinen Durst mehr habe und nicht mehr hierher kommen muß, um Wasser zu schöpfen.« Es klingt für mich wie ein Aufseufzen. »Wie schön wäre es, wenn ich nicht mehr herkommen müßte, um Wasser zu schöpfen.« Sich diesen Alltag auszumalen, tut gut.

Der Alltag von Frauen ist oft wie der Gang der Samariterin zum Jakobsbrunnen. Viele notwendigen Handgriffe machen, die für einen geregelten Tagesablauf garantieren, unter den strengen Blikken der Öffentlichkeit. In meiner Phantasie geht die Samariterin nicht länger allein zum Brunnen. Frauen lassen sich von ihrem Aufseufzen anstecken. Auf dem Weg besprechen sie ihre Sorgen und machen sich Gedanken darüber, was den täglichen Gang zum Brunnen erleichtern könnte. Dort angekommen, fühlen sie sich nicht ganz so durstig wie sonst. Allmählich macht es ihnen Spaß, sich etwas mehr Zeit zu lassen, unterwegs zum Brunnen, beim Wasserschöpfen – die Natur zu bewundern, Farben und Muster der Gewänder der Frauen zu betrachten, die Tonkrüge zu vergleichen. Und völlig unbekümmert den Schleier vom Kopf zu nehmen, um die Kraft der Sonne zu spüren.

Das Aufseufzen im Alltag wird zum Gebet der Frauen. Ein kraftvolles Gebet, ein Gang zum Brunnen lebendigen Wassers. Was wäre aus der Begegnung Jesu mit der Samariterin am Jakobsbrunnen geworden, hätte die Frau nicht aufgeseufzt?

Ich träume vom Tanzen

Ich träume davon
von der Mitte her zu tanzen
zu meiner Mitte zu tanzen

Ich spüre meinen Atem
und ich spüre mich

Ich träume davon,
daß mein Leben mein Tanz ist
in der Mitte

Luise Schottroff

Mit Händen und Füßen glauben

»Wenn Gott und Körper sich begegnen« hat Elisabeth Moltmann-Wendel den Titel ihres Buches genannt, mit dem sie darum wirbt, die Leiblichkeit des Glaubens an die Stelle des deformierten Leibes in der westlichen Gesellschaft und Theologie zu setzen. Wenn Gott und Körper sich begegnen, dann verwandeln sich Menschen in Leiber, die Gott loben, und in Leiber, die ihre Entfremdung beklagen. Gotteslob und Klagelied sind ein Aspekt der biblischen Tradition für das Geschehen der Begegnung von Gott und Körper. Ich wurde zum 8. Mai 1990 zu einer Bibelarbeit vor der Landessynode der Evangelischen Kirche von Kurhessen und Waldeck eingeladen. Ich habe diese Bibelarbeit mit den Gedanken an Elisabeth Moltmann-Wendels programmatische Arbeit zur Leiblichkeit des Glaubens geschrieben und möchte deshalb den Text dieser Bibelarbeit als situationsbezogenen Redetext belassen und ihn als Dankesgabe an Elisabeth Moltmann-Wendel verstehen, die nicht nur am Schreibtisch entstanden ist. Daß feministisch-theologische Arbeit sich einmischen will und muß, hat Elisabeth Moltmann-Wendel immer wieder gezeigt.

Meine Damen und Herren, liebe Geschwister in Christus.

Heute ist der 8. Mai 1990. Vor 45 Jahren, am 8. Mai 1945, hat unser Land, Deutschland, den Krieg endgültig verloren. Es ist heute Gedenktag der deutschen Kapitulation am Ende des 2. Weltkrieges. Ich habe an diesen Tag 1945 eine heitere Erinnerung. Es war sonnig und warm. Duftender Frühling. Ich saß im Gras am Straßenrand und dachte mit meinem Kinderverstand und Kinderherz, nun wird alles gut. Niemals mehr wird es die Angst vor der Gewalt geben: die Angst vor der Gestapo, die meine Mutter verhaften will, die Angst, daß unsere Familie auseinandergerissen wird, die Angst vor den Bomben. Meine

Eltern hatten mir erzählt, daß wir nationalsozialistischen Deutschen die jüdischen Deutschen beraubt und in Konzentrationslager gebracht hätten. Aber als ich am 8. Mai 1945 in dem duftenden Gras saß, waren meine glücklichen Gedanken ungetrübt. Jetzt wird alles gut.

Obwohl ich durch meine Eltern alle Voraussetzungen hatte, das Leiden der Menschen, der Jüdinnen und Juden, der Homosexuellen, der Kommunisten, der Zigeuner wahrzunehmen, habe ich es nicht wahrgenommen. Jedenfalls nicht als etwas, das mich angeht. Es war schrecklich, aber weit weg – damals, als die Nazis regierten. Ich habe ein ganzes Theologiestudium zugebracht, ohne die Theologie und Auschwitz zusammenzubringen. Auschwitz war weit weg. Erst in den 60er Jahren habe ich begriffen, daß meine Theologie eine Gotteslästerung ist, wenn sie nicht Theologie nach Auschwitz ist. Ich habe begriffen, daß mein Glaube leer ist, wenn ich nicht Gott über meine Schuld, über unsere Schuld Rechenschaft ablege. Das Thema der Synode in dieser Legislaturperiode »Kirche und Israel« gehört in den Zusammenhang der Aufarbeitung der christlichen Schuld gegenüber dem jüdischen Volk. Christinnen und Christen beginnen heute über die christliche Schuld gegenüber dem jüdischen Volk nachzudenken. Schuld ist ja nicht nur die Schuld der Mörder, der Täter, die die perfekten Lastwagen und Todeskammern betrieben haben, in denen Menschen mit Zyklon B ermordet wurden. Schuld ist auch die Schuld des Vergessens, die Schuld, sich nicht erinnern zu können. Ich habe jahrelang vergessen darüber nachzudenken, daß mein Glaube mit Auschwitz zu tun hat.

Ich habe nach einem Bibeltext gesucht, der am 8. Mai 1990 dem Thema der Synode »Kirche und Israel« gerecht wird und der uns allen helfen kann, über unseren Glauben nach Auschwitz zu sprechen. Paulus, der manchmal zugegebenermaßen hölzern und abstrakt schreibt, hat ein wunderbares Klagelied geschrieben. Es steht in Römer 3,10–18. Das Klagelied des Paulus ist eindringlich und anschaulich. Paulus hat sich hier die Sprache der Heiligen Schrift geliehen, die Sprache der Psalmen und Jesajas. Sein Klagelied ist nicht deprimierend. Ich möchte Ihnen den Text vorlesen. Obwohl jeder Satz negative Aussagen macht, ist dem Lied anzumerken, daß die Klage über die Schuld, das Geschrei in die Ohren Gottes über unsere Dickfelligkeit ein befreiendes Geschrei ist. Ich bitte Sie beim Hören des Textes darauf zu achten, wie Paulus von der Beteiligung der Leiber an der Schuld redet. Er geht den Körper entlang vom Hals, der Kehle, bis zu den Füßen.

9b Denn wir haben schon vorher Anklage erhoben, daß JüdInnen und GriechInnen – alle – unter der Sünde sind.
10 So steht es schon in der Schrift: Es gibt niemand, die oder der gerecht ist – nicht ein(e) einzige(r).
11 Es gibt niemand, die oder der Einsicht hat, es gibt niemand, der Gott sucht.
12 Alle sind abgewichen, insgesamt sind sie unbrauchbar geworden. Niemand ist, der oder die redlich handelt, nicht einmal ein(e) einzige(r).
13 Ein geöffnetes Grab ist ihre Kehle, mit ihren Zungen betrügen sie, Schlangengift ist unter ihren Lippen.
14 Ihr Mund ist voll von Fluch und Bitterkeit.
15 Ihre Füße sind eilig, um Blut zu vergießen.
16 Verwüstung und Elend sind auf ihren Wegen,
17 und den Weg des Friedens kannten sie nicht.
18 Es gibt keine Gottesfurcht, die in ihren Augen etwas gilt.

(Römer 3,9b–18)

Das Klagelied des Paulus ist ein Geschrei aus dem Gefängnis der Schuld. Das Wort »Sünde« hat in unseren kirchlichen Zusammenhängen oft einen abstrakten Klang. Es hört sich düster an, niederdrückend und unkonkret. Wer käme schon auf die Idee, daß Sünde etwas mit unseren Füßen zu tun hat, wie Paulus sagt: Schnell sind ihre Füße zum Blutvergießen. In seinem Klagelied geht Paulus am Körper entlang. Er listet die Körpersprache der Sünde auf: Kehle, Zunge, Lippen, Mund, Füße und Augen. Es gibt in unserer heutigen christlichen Tradition eigentlich nur einen Gedanken, der Körper und Sünde zusammenbringt: den Gedanken, daß Sexualität Sünde sei oder die Gefahr der Sünde berge. Das ist aber *nicht* der Gedanke des Paulus und überhaupt nicht der Gedanke der biblischen Tradition. Deshalb will ich diesen Gedanken hier nicht weiterverfolgen und habe ihn nur erwähnt, um Mißverständnisse zu verhindern. Die Körpersprache der Sünde, die Paulus aufzählt, bedeutet, daß die Menschen auch mit den Füßen schuldig werden und daß sie auch mit den Füßen glauben können. Wir stehen als Ganze mit unseren Leibern vor Gott, sagt Paulus.

Es gibt ein jüdisches Gebet am Sabbatmorgen, das die Zwillingsschwester zum Klagelied des Paulus ist. Dieses Gebet zählt die Körpersprache des Glaubens, den Jubel, das Gotteslob mit dem Leibe auf. Ich zitiere zunächst nur einige Sätze aus der Mitte dieses Gebetes.

> Gott schläft nicht und schlummert nicht: er erweckt die Schlafenden, er rührt auf die Ohnmächtigen, macht sprechen die Stummen und frei die Gefangenen, stützt die Fallenden und richtet auf die Gebeugten – dir, dir allein gilt unser Lob. Wäre Gesanges voll unser Mund wie das Meer, voller Jubel unsere Zunge wie das Rauschen seiner Wellen, voller Rühmen unsere Lippen wie das weite Firmament, voller Leuchten unsere Augen wie die Sonne, wie der Mond, unsere Hände ausgespannt wie die Adler des Himmels und wären unsere Füße selbst leicht wie Gazellen: Es würde uns nicht ausreichen, um dich zu rühmen, Gott, unser Gott, unserer Väter Gott, und deinen Namen zu preisen für ein Mal von den Tausenden und aber Tausenden Myriaden Malen, da du Gutes getan hast an unseren Vätern und an uns.

Wir Christinnen und Christen haben verlernt, unsere Leiber mit Gott zusammenzubringen. Wir klagen nicht über die Schuld unserer Lippen und jubeln nicht über unsere Füße, die leicht werden wie die Füße hüpfender Gazellen, weil wir Gott dienen können. Wir haben unsere Leiber verdrängt. Religion findet für unsere Vorstellung in einem abgegrenzten Bezirk statt. Im Kopf vor allem. Da muß man den richtigen Glauben drin haben. Die Lippen sind dabei nur die Instrumente des Gehirns. Mit ihnen sprechen wir Bekenntnisse, über die wir erst lange nachdenken müssen, ehe wir selbst sie überhaupt verstehen. Manchmal müssen wir noch Historiker fragen, ehe wir unsere Bekenntnisse verstehen. Ich will damit nichts gegen einen richtigen Gebrauch des Kopfes sagen, nur gegen eine Formalisierung unseres Glaubens. Wir haben unsere Leiber aus der

Beziehung zu Gott verdrängt. Wir haben damit unseren Alltag aus der Gottesbeziehung verdrängt. Bei uns ist das Leben in Bezirke eingeteilt. Ein Bezirk gehört Gott. Ein Bezirk den juristischen Fragen, ein anderer Bereich des Lebens fällt in die Zuständigkeit der Medizin. Unsere Leiber haben wir zur Privatsache erklärt. Wir trennen zwischen privat und öffentlich, zwischen Glauben und Politik, zwischen leiblich und geistig. Und dann noch einmal zwischen Glaube und Leiblichkeit. Daß unsere Füße unseren Glauben ausdrücken, müssen wir neu lernen. Es ist wichtig für unseren Glauben zu beachten, wohin wir laufen. An unseren Füßen können wir sehen, wem wir dienen, Gott oder dem Mammon, der Liebe oder der Karriere. Wir haben unsere Leiber aus der Gottesbeziehung verdrängt. Wenn Paulus von unseren Lippen und Füßen spricht, dann nehmen wir das nur als symbolische Rede. Aber nicht als Klage über die Schuld unserer Füße, die schnell laufen, wenn's ums Blutvergießen geht. Und wir leiden an unserer Verachtung unserer eigenen Leiber. Wir erwarten von unserern Körpern, daß sie funktionieren wie die Autos. Ab und zu mal bringen wir sie zur Inspektion. Unsere falsche Beziehung zu unseren Leibern kommt spätestens dann zutage, wenn wir krank werden. Dann endlich merken wir, daß wir über unsere Leiber nicht wie über unsere Autos verfügen können.

Ich möchte jetzt das Klagelied des Paulus und das jüdische Sabbatgebet, seine Zwillingsschwester, als Lehrmeisterinnen vor uns stellen, von denen wir lernen können, was unsere Leiber mit Gott zu tun haben. Ich beginne dabei mit dem Gotteslob des Sabbatgebetes. Ich tue das deshalb, weil wir die Schuld unserer Leiber erst sehen können, wenn wir Gott gelobt haben. Wenn wir uns Gott in die Arme geworfen haben, wenn wir gesungen haben und wissen, was Glück ist. Dieses Sabbatgebet ist uralt. Es wird schon im babylonischen Talmud erwähnt. Es beginnt:

> Die Seele alles Lebens rühmt Deinen Namen, ›nischmat kol chaj‹, das ist der Anfang auf hebräisch. Die Seele alles Lebens rühmt Deinen Namen, Ewiger, unser Gott, und der Atem alles Fleisches verherrlicht und erhebt ständig Dein Gedenken, unser König. Von Ewigkeit zu Ewigkeit bist Du Gott, und für uns gibt es außer Dir keinen König, der erlöst und hilft, der

befreit und rettet, der ernährt und sich erbarmt in jeder Notzeit und Bedrängnis. Ja, es gibt für uns keinen König außer Dir.

Ich denke an die jüdischen Frauen und Männer, die, als ich ein Kind war, am Sabbat, ehe die Gestapo kam, Gott mit diesen Worten gelobt haben. Ihre Leiber sind verachtet und ermordet worden. Ich kann mich diesem jüdischen Gebet nur nähern, wenn ich es den jüdischen Menschen, denen es gehört, nicht wegnehme. Die Beterinnen und Beter vertrauen Gott, wie das Kleinkind Mutter und Vater. Sie sagen: Zu jeder Zeit hilft Gott uns aus Not und Bedrängnis. Gott ernährt uns und erbarmt sich über uns. Wir können nicht sagen, was die Menschen, denen dieses Gebet gehört, von Gott erfahren haben, aber wir können von diesen Gebeten lernen. Unsere Leiber, daß wir leben, daß wir ernährt werden, daß wir die Not überleben, das verdanken wir der Geborgenheit bei Gott. Wie groß ist unsere Sehnsucht nach Wärme. Wir können uns in die *Wärme Gottes* einhüllen und können uns dann auch gegenseitig wärmen. Die leibliche Beziehung der Mütter und der Säuglinge ist in unserem Alltagsleben zum exotischen, animalischen Phänomen geworden. Nur wenige Väter haben zu ihren Kindern eine solche Beziehung. Und wenn die Kinder größer werden, dann wachsen sie in eine Welt hinein, in der das Erwachsensein bedeutet zu frieren, alleine zu sein. Wie selten gibt es in unserem Erwachsenenleben Beziehungen, in denen wir so warm geborgen sind, wie das Kind im Bett der Mutter. Die jüdischen Beterinnen und Beter haben sich ungeniert in Gottes Arme fallen lassen. Hindernde psychologische Anwandlungen, das sei »regressiv«, haben sie nicht gehabt. Wenn ich nicht gewärmt werde, habe ich auch keine Kraft zu wärmen. Ich denke, daß wir in unserem Leben, in das die Kälte eindringt, etwas verändern können. Wir können beten, uns in Gottes Arme werfen, und wir können daran arbeiten, mit unseren Leibern andere Menschen zu wärmen. Wenn wir unsere Leiber wieder spüren, werden wir auch unsere eigene Not *und* die anderer Menschen mit unseren Leibern spüren.

Wir leben in Zusammenhängen, die das Maß unserer Körper übersteigen und die uns dauernd überfordern. Die Autos sind eigentlich zu schnell. Die Abfälle, die wir unseren Kindern und Enkeln hinterlassen, sind zu giftig. Wir ruinieren unsere Leiber und die Leiber der nächsten Generationen. Es wird sich erst dann etwas verändern, wenn wir lernen, uns am Maß unserer Leiber zu orientieren. Unsere Leiber sind klein und verletzbar. Ich kann es eigentlich nicht fassen, daß wir dauernd Apparate bauen, die lebensgefährlich sind. In der Bergpredigt sagt Jesus, wir geben unseren Kindern doch nicht Steine statt Brot und keine Schlange statt einem Fisch. Aber wir kippen Gift in die Nordsee und verderben die Luft und das Trinkwasser. Wir können unsere Leiber wieder spüren, wenn wir uns Gott in die Arme werfen. Dann tut es uns am eigenen Leibe weh, wenn die Fische mit Krebsgeschwüren aus der Nordsee gezogen werden.

Das jüdische Sabbatgebet redet von Gottes Wärme, und es redet dann von Gottes *Gerechtigkeit.* Es sagt:

> Gott der Ersten und Gott der Letzten, Gott aller Geschöpfe, Herr aller Geschlechter, gepriesen in Preisgesängen, der seine Welt in Gnade führt, und seine Geschöpfe in Erbarmen. Gott schläft nicht und schlummert nicht. Er erweckt die Schlafenden, er rührt auf die Ohnmächtigen, macht sprechen die Stummen und frei die Gefangenen. Er stützt die Fallenden und richtet auf die Gebeugten.

Das ist die Gerechtigkeit, von der die Bibel, auch das Neue Testament, auf jeder Seite redet. Diese Gerechtigkeit hat Jesus gelebt. Diese Gerechtigkeit können wir leben. Wenn wir in die Liebe Gottes eingehüllt sind, ist es auch keine Überforderung, sich der Gerechtigkeit Gottes zu stellen. Gott löst die Gefesselten, er richtet die Gebeugten auf, und wir stellen uns unserer Verantwortung für die Armut der Armen, für die Schulden der Dritten Welt und die ungerechten Weltmarktpreise.

Das jüdische Sabbatgebet redet von der Wärme Gottes, von seiner Gerechtigkeit und mündet dann in ein überschäumendes *Gotteslob.* Der ganze Leib der Beter und Beterinnen ist Gotteslob, fließt über vor Glück und Begeisterung. Die ganze Schöpfung, Meer und Himmel, sind nun mit den betenden Leibern verschmolzen. Ich lese diese Sätze noch einmal.

Dir, Dir allein gilt unser Lob. Wäre Gesanges voll unser Mund wie das Meer, voller Jubel unsere Zunge wie das Rauschen seiner Wellen, voller Rühmen unsere Lippen wie das weite Firmament, voller Leuchten unsere Augen wie die Sonne, wie der Mond, unsere Hände ausgespannt wie die Adler des Himmels, und wären unsere Füße selbst leicht wie Gazellen, es würde nicht ausreichen, um Dich zu rühmen, Gott, unser Gott, unserer Väter Gott, und Deinen Namen zu preisen, für einmal von den Tausenden und aber Tausenden Myriaden Malen, da Du Gutes getan hast an unseren Vätern und an uns.

Am liebsten würden die Betenden singen und tanzen gleichzeitig. Und dieses Lob wäre noch nicht genug auch nur für eine Wohltat, die Gott uns tat. Und wir erinnern uns an die Wohltaten Gottes an unseren Müttern und Vätern. Zahlen können nicht ausdrücken, wie groß das Glück ist, das wir in unserem Leben und in unserer Geschichte erfahren haben. Wir loben Gott, daß es so wunderbare Schöpfungen gibt wie das Meer, das Rauschen seiner Wellen, das Leuchten von Sonne und Mond, die Flügel der Adler und die Füße der Gazellen. Gott hat unsere Leiber in diese wunderbare, nährende, feuchte und trockene, sonnige und leuchtende Schöpfung hineingestellt.

Etwas später wird in diesem Gebet dann Psalm 35,10 zitiert. Da heißt es: »Alle meine Gebeine sprechen: Ewiger, wer ist wie du.« Mit diesem Psalmvers haben osteuropäische Juden ihr »Schokkeln«, die rhythmischen Körperbewegungen beim Beten, begründet. Ich habe überlegt, wie es eigentlich bei uns ist mit der Beteiligung der Körper am Gebet. Das Gotteslob mit dem Leibe auszudrücken gelingt uns Protestanten noch am ehesten, wenn wir singen. Der geistliche Reichtum der jüdischen Tradition kann uns helfen, geistlich reicher zu werden, unsere Leiber wieder mit Gott zusammenzubringen, die Kostbarkeit des Lebens zu feiern: dieses verletzlichen und so wunderbaren Lebens. Der geistliche Reichtum der jüdischen Tradition gehört uns nicht. Wir können ihn nicht einfach stehlen. Wir können davon lernen, wenn wir diejenigen respektieren, denen er gehört. Das heißt für uns Deutsche aber, daß wir die Ehrfurcht vor diesem Gebet mit der Ehrfurcht vor jenen jüdischen Menschen verbinden, die von uns Deutschen zusammengetrieben, geschlagen, entwürdigt und ermordet worden sind.

Der geistliche Reichtum der jüdischen Tradition kann uns helfen, auch das Neue Testament wieder neu zu entdecken. Im Neuen Testament finden wir nämlich denselben geistlichen Reichtum, denn auch das Neue Testament gehört in die jüdische Tradition. Auch im Neuen Testament lesen wir von der Leiblichkeit des Glaubens. Wir haben nur verlernt, das wahrzunehmen. Es steht im Neuen Testament, daß unsere Augen das Heil sehen können, daß wir die Augen erheben, daß Gott unsere Tränen abwischt. Es steht im Neuen Testament, daß unsere Zungen jubeln im Gotteslob, weil das Leben so kostbar ist, wenn Gott uns umarmt. Es steht im Neuen Testament, daß wir unseren Mund öffnen können, um Gott zu verherrlichen, und daß wir uns hoch aufrichten, unsere Häupter erheben, weil Gott uns nahe ist.

Das Klagelied des Paulus kommt aus demselben geistlichen Reichtum wie seine Zwillingsschwester, das jüdische Sabbatgebet. Paulus hat vorher im Römerbrief in den ersten drei Kapiteln eine gelehrte theologische Abhandlung aufgeschrieben, um zu zeigen, daß alle Menschen trotz aller Verschiedenheit der tödlichen Macht der Sünde ausgeliefert sind. Am Schluß dieser Abhandlung wechselt seine Sprache in die bewegende Klage, die ich vorhin las. »Niemand ist gerecht, auch nicht eine oder einer. Niemand ist, der Einsicht hat … ein geöffnetes Grab ist ihre Kehle.« Das ist die Sprache der Volksklage, die wir aus den Psalmen und Propheten der hebräischen Bibel kennen. Das Volk beklagt seine Schuld und redet dabei hier in der dritten Person Mehrzahl über sich selbst: »Ein geöffnetes Grab ist ihre Kehle, schnell sind ihre Füße zum Blutvergießen.«

Die Schuld des Volkes wird hier aus der Perspektive der Opfer beschrieben. Nur die Opfer können wissen, daß die Worte der Menschen so tödlich sind wie Schlangengift. Wer nicht davon betroffen ist, hört die Tödlichkeit nicht. Nur die Opfer wissen, daß Füße schnell laufen zum Blutvergießen. Wer nicht betroffen ist, fühlt sich nicht bedroht und hält die schnellen Füße vielleicht für fleißige Füße. Paulus hat die ganze geistliche Kraft der prophetischen Tradition in seinem Klagelied. Das Volk klagt über seine Schuld und adoptiert in seiner Klage die Perspektive der Opfer. Die Täter und Täterinnen beklagen ihre Schuld und sind fähig, sich selbst mit den Augen der Opfer zu betrachten. Diese Klage über die Schuld enthält tiefe Gerechtigkeit, eine Gerechtigkeit, die nur dort wachsen kann, wo Gott Menschen hilft, nicht in ihren Selbstrechtfertigungen steckenzubleiben, sondern an sich selbst das zu sehen, was die Opfer an den Täterinnen und Tätern sehen: »Ihre Zungen betrügen, Schlangengift ist unter ihren Lippen, ihr Mund ist voll Fluch und Bitterkeit.« In diesem Klagelied wird Gerechtigkeit für die Opfer hergestellt. Die Toten sind nicht zurückzuholen, aber die Erinnerung an ihre Leiden ist wach.

Paulus hat solche Klage über die umfassende Gewalt von Sünde und Schuld mehrfach aufgeschrieben, aber bezeichnenderweise immer so, daß er nahezu im selben Atemzug dann von Christus redet. In Römer 3 geht seine Frage in den Aufschrei über: »Jetzt aber ist die Gerechtigkeit Gottes offenbart, weil wir an Christus Jesus glauben.« Nach einer anderen Klage über die Verstrickung und Entfremdung unter der Macht der Sünde in Römer 7 sagt er: »Dank aber sei Gott durch Jesus Christus, unseren Herrn.« Das hört sich für uns etwas formelhaft und abgegriffen an. Damals war jedes dieser Worte voller Leben und Wahrheit, es war ein Stoßseufzer. Wir können klagen über unsere Verstrickung in die Schuld, denn wir sind frei. Dank aber sei Gott, Christus ist auferstanden. Christi Tod und Auferstehung bedeutet für Paulus, daß er Boden unter den Füßen hat, daß er weiß, Gott hält mich fest. So wie die Sabbat-Beter und Beterinnen sich in Gottes Arme flüchten, so weiß Paulus sich in Gottes Armen geborgen, weil Christus lebt. Wenn wir wissen wollen, was unsere Schuld ist, müssen wir die Stimmen der Opfer hören, müssen wir Deutschen heute die Stimmen der Kinder der jüdischen Menschen hören, die in unseren Konzentrationslagern gelitten haben oder die gerade noch entkommen sind.

Es gibt heute eine klare Diskussionslage über den Antijudaismus in der christlichen Theologie. Ich will mich auf einen wichtigen Punkt dieser Diskussion beschränken: Wir Christinnen und Christen haben zu lernen, daß es eine Diskriminierung mit tödlichen Konsequenzen ist, über die jüdische Religion zu sagen, sie sei gesetzlich, oder der Pharisäismus sei gesetzlich, oder auch: Jesus habe die Menschen von der Enge der jüdischen Gesetzesobservanz, z. B. der Sabbat-Gebote, befreit. Eine Variante dieses theologischen Arguments ist der Antijudaismus, der in feministischer Theologie vorgekommen ist. Da haben Frauen gesagt, Jesus befreie die Frauen aus der Enge des jüdischen Patriarchats. Unter den feministischen Frauen wird heute sehr ernsthaft und selbstkritisch über den eigenen Antijudaismus diskutiert, und viele versuchen, es besser zu machen. Ich wünschte mir, daß auch in der Männertheologie die Fähigkeit zur Selbstkritik zunehmen würde. Den christlichen Antijudaismus aufzugeben, ist nicht einfach. Wir haben gerade im Protestantismus eine so grundlegende Abgrenzung des Evangeliums vom Gesetz über Generationen eingeübt, daß wir das so schnell nicht neu denken können. Wir müssen begreifen, daß die jüdische Thora, das von uns so genannte Alte Testament, Evangelium ist, Evangelium desselben Gottes, dem wir unser Christus-Evangelium verdanken. Wir müssen begreifen, daß wir über das Judentum negative Aussagen gemacht haben, die völlig am Selbstverständnis der jüdischen Tradition vorbeigehen.

Wir können für uns selbst sagen, daß wir nur in Christus Heil finden, und wir müssen das auch sagen, aber wir können einfach nicht mehr sagen und denken, daß die Juden und Jüdinnen erst an Christus glauben müssen, um Gottes Kinder werden zu können. Wir müssen lernen, daß die jüdische Religion als gleichberechtigt anzuerkennen ist. Die Angst unter uns ist groß, wir könnten dabei unsere christliche Identität verlieren. Ich finde diese Angst unbegründet. Ich kann mich zu Christus bekennen, ohne anderen Menschen die Liebe Gottes und das Heil abzusprechen.

Wenn wir weiter an diesem Punkt nachdenken, so wird deutlich, daß die Diskriminierung der jüdischen Religion als gesetzlich nicht nur das schandbare Werk irgendwelcher Nazis war oder irgendwelcher reaktionären Außenseiter unter den Theologen. Mitten im Zentrum wichtiger und wohlgehüteter christlicher Dogmen sitzt der Antijudaismus, also die Verachtung der jüdischen Religion als eng und gesetzlich. Es ist nicht so einfach, aus diesem Antijudaismus herauszukommen, weil wir ihn heute immer noch z. B. an den Universitäten lehren und lernen. Es geht wohl nur, wenn wir uns helfen lassen. Wenn es uns noch schwerfällt, unsere Schuld wahrzunehmen, dann haben wir doch die Hilfe Gottes, der uns anhört, wenn wir uns selbst mit den Augen der Opfer sehen wollen. »Unter ihren Lippen ist Schlangengift«, sagt Paulus. Es ist Schlangengift, wenn wir z. B. Mk. 2,27, ein Jesuswort, antijüdisch auslegen. Ich möchte dieses Beispiel erläutern:

In Markus 2 steht: Der Sabbat ist wegen des Menschen erschaffen und nicht der Mensch wegen des Sabbats. Unsere christliche, antijüdische Auslegung sagt, Jesus kritisiere hier die jüdische Sabbatgesetzlichkeit, die die Menschen zum Opfer des Sabbat mache durch enge Maßregelungen, z. B. wie weit man am Sabbat laufen darf. Das Jesuswort Markus 2,27 kritisiert aber gar nicht die jüdischen Sabbatgesetze, sondern es sagt: Wer Hunger hat – wie fast das ganze jüdische Volk und die Jünger Jesu in dieser Geschichte –, der kann nicht Sabbat feiern, Sabbat, das Fest des Lebens und der Schöpfung.

Wir legen Markus 2 antijüdisch aus, wenn wir sagen, daß Jesus in diesem Wort sage, nach jüdischer Tradition sei der Mensch für den Sabbat gemacht oder der Mensch für das Gesetz gemacht. Das hat der Jesussatz gar nicht behauptet. Jesus sagt: Der Sabbat ist um des Menschen willen da, und dann dreht er das um in die Umkehrung: und nicht der Mensch um des Sabbats willen. Und diese Umkehrung in der zweiten Satzhälfte sollte in gut jüdischer Disputierweise das Argument der ersten Hälfte verstärken. Gott hat den Sabbat als Wohltat für die Menschen erschaffen, damit sie jeden siebten Tag ihr Leben in vollen Zügen genießen können. Der Sabbat ist für die Menschen da. Unsere christliche Auslegungstradition versteht auch heute noch den negativen Satzteil als Beschreibung jüdischer Gegner Jesu. Diese antijudaistische Lektüre von Jesusworten haben wir alle, die in diesem Raum sind, von Kind auf gelernt. Sie ist auch heute noch die gängige Auslegung, ob in der neutestamentlichen Wissenschaft oder in den Kirchen, und zwar der Bundesrepublik ebenso wie der DDR. Der mühsame Prozeß, neu Theologie zu treiben, ist noch sehr in den Anfängen. Es geht nicht darum, irgendeine schlechte Theologie zu verändern, sondern unsere gute, unsere »richtige« theologische Tradition zu verändern. Man kann auch heute noch – so wie ich in meinem Studium – ein ganzes Studium der Theologie hinter sich bringen, ohne an dieser Frage gearbeitet zu haben. *Die Selbstkritik am Antijudaismus der christlichen Theologie* ist noch nicht wirklich begonnen worden, auch in den Texten nicht, die in den Didaskalia-Heft abgedruckt und die hier in dieser Synode vorgetragen worden sind. Es geht um die Selbstkritik christlicher Theologie an ihrem eigenen Antijudaismus.

Paulus hat die Körpersprache der Schuld aufgezählt. Er wollte sagen, daß wir als Ganze schuldig sind. Alles an uns ist von der Sünde entfremdet. Er sagt uns auch, daß unsere Leiber von Christus befreit werden, aus der Schuldverstrickung befreit werden, und wir die Schuld sehen lernen, weil unsere Augen neu werden. Nur die Opfer wissen, welche Worte Schlangengift enthalten; nur die Opfer können die Füße fleißiger Deutscher als Füße, die zum Blutvergießen laufen, identifizieren, auch heute – ich rede jetzt nicht von der Zeit 1933 bis 1945. Es ist so naheliegend, nicht sehen zu wollen, was wir bewirken mit unserem Wohlstand auf Kosten anderer Völker und einer Theologie und Kirche, die ihre Schuld immer noch verdrängt. Es hilft, auf die Stimmen der Opfer zu hören; es hilft, das Neue Testament zu lesen und es auf unser Leben, unsere Schuld und unser Glück zu beziehen. So lernen wir, mit allen Sinnen zu glauben, auch mit den Füßen und den Händen.

Literaturhinweise

Leo Hirsch, Jüdische Glaubenswelt, Basel 1978.

Kirche und Israel. Sechs Bibelarbeiten und Vorträge vor der Landessynode der Ev. Kirche von Kurhessen-Waldeck, in: Didaskalia. Schriftenreihe der Ev. Kirche von Kurhessen-Waldeck, hrsg. von E. Giesler und J. Beisheim, Heft 34, Kassel 1989.

Elisabeth Moltmann-Wendel, Wenn Gott und Körper sich begegnen. Feministische Perspektiven zur Leiblichkeit, Gütersloh 1989.

Erich Spier, Der Sabbat, Institut Kirche und Judentum, Berlin 1989.

Luise Schottroff – Christine Schaumberger, Schuld und Macht. Studien zu einer feministischen Befreiungstheologie, München 1989.

Das Sakrament gegen die Zertrennungen

Predigt zu Galater 3,26–29*

Liebe Gemeinde,
ich möchte mit einer kleinen Geschichte beginnen, die der große schwarze Prediger Howard Thurman, dessen Bücher Martin Luther King immer mit sich trug, überliefert hat. »Während meiner Knabenzeit kümmerte sich meine Großmutter viel um mich. Sie war als Sklavin geboren und lebte bis zum Bürgerkrieg auf einer Plantage in der Nähe von Madison, Florida. Zu meinen regelmäßigen Pflichten gehörte es, alles Lesen für meine Großmutter zu übernehmen – sie konnte weder lesen noch schreiben. Zwei- oder dreimal die Woche las ich ihr aus der Bibel vor. Es machte mir einen tiefen Eindruck, wie äußerst sorgfältig sie war in der Auswahl der Heiligen Schrift. Zum Beispiel konnte ich viele der sehr frommen Psalmen lesen, manches aus Jesaja, wieder und wieder die Evangelien. Aber die paulinischen Briefe niemals – ausgenommen, nach langen Unterbrechungen, das 13. Kapitel des ersten Korintherbriefs. Meine Neugier war grenzenlos, aber es war nicht üblich, sie über irgend etwas zu befragen.

Als ich älter war und schon halb durchs College, verbrachte ich zufällig am Ende der Sommerferien einige Tage zu Hause. Mit einem Gefühl großer Kühnheit fragte ich sie eines Tages, warum sie mich nichts aus den Briefen des Paulus lesen ließ. »In den Tagen der Sklaverei«, sagte sie, »hielt der Pfarrer des Masters (des Sklavenherrn) gelegentlich Gottesdienste für die Sklaven ab.« Der alte Mann McGhee war so gemein, daß er einen Negerpfarrer nicht zu seinen Sklaven predigen ließ. Und der weiße Pfarrer brauchte als Text immer etwas von Paulus. Mindestens drei- oder viermal im Jahr benutzte er einen Text: »Ihr Sklaven seid gehorsam denen

* Hinweis auf den Predigtkontext

gegenüber, die euere Herren sind ... wie Christus gegenüber.« Dann ging er hin und zeigte, daß es Gottes Wille war, daß wir Sklaven wären und wie Gott uns segnen würde, wenn wir gute und glückliche Sklaven seien. Ich versprach meinem Schöpfer, daß falls ich jemals lesen lernen würde und falls die Freiheit je käme, ich diesen Teil der Bibel nicht lesen würde.« (Howard Thurman, Jesus and the Disinherited, Richmond, Indiana 1984) »If I ever learned to read and if freedom ever came, I would not read that part of the Bible.«

Ich wünsche mir, Howard Thurmans Großmutter könnte mit uns, heute, hier Galater 3, 28 lesen, meditieren und feiern hören. Eigentlich wollte ich diese Predigt mit einem kleinen »Lob der Bibel« beginnen, aber diese alte Sklavin hat mich gebremst oder dialektisch korrigiert. Ich will die Bibel immer noch loben, weil sie das Manifest der Freiheit enthält, das wir gehört haben, aber ich behalte die, die Apartheid und Patriarchat mit Hilfe der Bibel bis heute rechtfertigen, im Auge, alle die, die Geschlechts-, Rassen- und Religionsunterschiede zu Herrschaftszwecken ausbeuten und die die Klassenherrschaft verewigen wollen. Ich lobe die Bibel, weil sie eine Vision der Freiheit darstellt und dramatisiert.

Das Manifest der Freiheit aus dem Galaterbrief stammt höchst wahrscheinlich aus der vorpaulinischen Missionsbewegung, es ist eine Taufdeklaration aus den Kreisen frühchristlicher Geisttheologie, in der Frauen in Hauskirchen und in der Mission Führungsrollen hatten. Es stammt aus den kurzen Tagen der Freiheit. »Zur Freiheit hat uns Christus befreit ... laßt euch nicht wieder in das Joch der Sklaverei spannen.« (Gal 5,1) Freiheit ist das zentrale theologische Thema des Galaterbriefs und mit diesem Begriff der eleutheria wird die Situation der Christen vor Gott und in der Welt zusammenfassend ausgedrückt. »Zur Freiheit seid ihr berufen.« (Gal 5,13) Genau aus diesem Grund durfte kein schwarzer Prediger die alte Sklavin aus Florida belehren; er hätte ja vielleicht die ganze Bibel lesen können und sie entdecken können als die große Verbündete derer, die sich nach Befreiung sehnen.

Der Jubel der Befreiten durchklingt den Brief. Er bestimmt auch das Taufversprechen derer, die zum Glauben gekommen waren und die nun bekannten:

In Christus gilt nicht Jude noch Grieche,
nicht Sklave noch Freier,
nicht männlich und weiblich,
wir sind alle eins in Christus.

Ich stelle mir jetzt eine junge Frau vor, die im ersten Jahrhundert Christin wurde. Ich stelle sie mir als Sklavin vor. Sklaven waren zur Zeit des Paulus rechtlich nicht Personen, sondern Sachen. Sie wurden unter dem Gesichtspunkt betrachtet, daß sie Körper waren: Körper zur Arbeit und Körper zum sexuellen Gebrauch durch die Herren. Die junge Frau, die ich mir vorstelle, wurde mit 11 oder 12 Jahren zuerst von ihrem Besitzer sexuell mißbraucht; jetzt machen sich die heranwachsenden Söhne über sie her. Alle Frauen wurden unter dem Gesichtspunkt der Benutzbarkeit angesehen: zum sexuellen Gebrauch, zum Gebären und zur Arbeit. Ich stelle mir vor, wie diese junge Frau es wagt, Mitglied einer winzigen christlichen Zelle zu werden. Sie erlebt die Taufe und spricht das feierliche rituelle Bekenntnis mit. Wiedervereinigung der Menschen miteinander wird da proklamiert, es ist egal, ob du Nordafrikanerin bist oder Europäerin, ob du Haussklavin des geilen alten Mannes bist oder Färberin, die den Gestank der Häute nicht los wird und darum gemieden wird. Die Zwangsordnung der patriarchalen Ehe ist unwichtig, es gibt eine neue Form der Zusammengehörigkeit »in Christus«. Die »familia Dei« orientiert sich nicht wie das Patriarchat an Körperkraft und Gewalttätigkeit, an einer Rechtsordnung, die das älteste Unrecht zementiert, und an einer Religion, die genau diesen Zustand noch einmal, himmlisch, absegnet.

Die junge Sklavin muß das Evangelium gehört haben wie eine Träumende. »Wenn der Herr die Gefangenen Zions erlösen wird, werden wir sein wie die Träumenden.« (Psalm 126,1) Sicher, es ist nur ein ritueller Zuspruch in einer winzigen Gruppe, die sich heimlich trifft, die in der normalen Welt der Gesamtgesellschaft nichts bedeutet, und doch ist diese Veränderung des symbolischen Universums, an dem auch sie teil hat, alles für sie. Sie stürzt nieder, sie kann nicht sprechen, stammelt, manche verstehen das Wort »Abba«, das sie ruft. Die erste Gestalt der Freiheit ist die Ekstase, das Überwältigtsein vom Glück. Sie singt, die Tränen der furchtbaren

Jahre brechen hervor, sie zieht das alte Kleid aus, an dem jeder sie erkennen und das bedeutet demütigen konnte, sie taucht unter ins Wasser der Reinigung. Der Himmel geht über allen auf, auch in der miesen Wohnung der kleinen Leute, wo all dies sich vollzieht. Und sie hört die Stimme ihr sagen: »Dies ist meine liebe Tochter, an der ich Wohlgefallen habe.«

Was ist Freiheit, liebe Freundinnen und Freunde? Ihre erste Gestalt ist die Ekstase. Vor kurzem feierten die Menschen in Europa die Französische Revolution. Sie zu ehren dichtete Friedrich Schiller seine Ode an die Freude, 1790:

Freude, schöner Götterfunken,
Tochter aus Elysium,
wir betreten feuertrunken
Himmlische, dein Heiligtum.

Das ist die Ekstase der Freiheit. Jahrhundertelang teilte die Klassengesellschaft die Menschen, bis in die Kleidung war sichtbar, wohin jemand gehörte und wo er oder sie nichts zu suchen hatte. »Deine Zauber binden wieder, was die Mode streng geteilt.« Aufhebung der Trennung. Wiedervereinigung des zertrennten Lebens mit sich selber, wie Hegel dann formulieren wird. War es nur ein Rausch, nur eine Trunkenheit wie das Abbageschrei der Galater? Und die Taufe, diese Dramaturgie der Freiheit, diese szenische Inszenierung des Gott-auch-in uns, hat sie Folgen? Was ist denn aus dem weder Sklave noch Freier, nicht männlich und weiblich geworden? Hat die Freiheit nur diese ekstatische Gestalt? Hat sie auch einen Leib? Waren die Sinne an der Freiwerdung beteiligt, wie Elisabeth Moltmann-Wendel es uns sehen gelehrt hat? Gab es soziale Konsequenzen? Und wenn schon nicht in der gesamten Gesellschaft, so wenigstens in der Gemeinschaft der Heiligen, in dem, was wir Kirche nennen?

Jahrhundertelang haben die Exegeten sich Mühe gegeben, diese sozialen, revolutionären Konsequenzern abzuschwächen. Sie haben der jungen Sklavin bescheinigt, daß sie nur ein oberflächliches Verständnis des Evangeliums habe, wenn sie es tatsächlich auf Freiheit hin auslegt! Sie haben im sogenannten tieferen Verständnis die Gleichheit auf Gott bezogen, vielleicht noch auf den Tod, den großen Gleichmacher, aber nicht auf die Welt und ihre Ungleichheit. Macht, Besitz und Privilegien blieben dort, wo sie immer schon waren. Als drängte das In-Christus-sein nicht auf Verwirklichung! In der Theologie, die ich gelernt habe, wurde das Zauberwort »eschatologisch«, am Ende aller Tage, zur Zähmung der Freiheit benutzt. Es war einer dieser unausgesprochenen Zwänge unter den Theologie-treibenden, daß wir Freiheit nur zu nennen wagten, wenn das Adjektiv »eschatologisch« sie scheinbar radikalisierte, in Wirklichkeit aber distanzierte und entrealisierte.

In der Taufformel des Galaterbriefs wird die Freiheit benannt, mit ihren guten negativen Namen. Nicht dieses, so nicht, nicht wie ihr euch das denkt! Habt keine Angst vor den Neins, die Freiheit braucht sie. Nicht erst die Französische Revolution, schon der Galaterbrief begreift, daß die Grundlage der Freiheit die Gleichheit ist. Ohne égalité keine liberté! Die Gemeinden der frühen Jesusbewegung waren Gemeinschaften von Gleichen, das ist ein wichtiges Ergebnis feministischer Forschung. Bestehende Ordnungen wie die Superiorität einer Rasse, eines Geschlechtes, einer Wirtschaftsform, die Sklaven brauchte, um zu funktionieren, waren – im symbolischen Universum der Religion – entwichtigt, so drängte es die Menschen nach sozialer Veränderung. Zumindest in der Kirche sollte das Neue Sein sichtbar werden, wenigstens hier sollte die Macht nicht hierarchisch, durch ewige Ungleichheit befestigt werden. Bis auf den heutigen Tag leiden wir unter den vielen Niederlagen der Freiheit bei ihrem zweiten Schritt. Manchmal denke ich, wir haben das neue Kleid der Gleichheit, den Mantel der Gerechtigkeit nie angezogen. Nackt, halbgetauft, nach den alten Kleidern der Macht der Wenigen, der Erniedrigung der Vielen schielend, stehen wir da. Wir wagen es nicht, mit allen Sinnen zu glauben.

Aber dieses Leiden an der Unfreiheit, am Weiterbestehen der Privilegien, die blutige Terrororganisationen oder milden Konsumismus benötigen, um sich aufrechtzuerhalten, kann uns die Vision der Befreiung nicht löschen. Fallt doch nicht in den Irrtum der Buchhalter, liebe Schwestern und Brüder, die meinen, weil der zweite Schritt nicht möglich, ortlos, utopisch sei, lohne es sich nicht, den ersten zu tun. Christus anziehen heißt, die alten Kleider dieser

Welt abzulegen, die Schuhe, die über Leichen gehen, zu verbrennen und die Kosmetik, die uns die Luft zum Atmen vergiftet, wegzuwerfen. Christus anziehen heißt auch mit Christus nackt werden.

Ich denke noch einmal an die junge Frau aus Galatien, die Sklavin, die sich taufen läßt. Geht sie nicht anders, aufrechter, wenn sie aus der Taufe und von Gottes Nähe umhüllt zurückgeht in ihren Alltag, ihre Misere? Jetzt ist sie Abrahams Kind und Erbin nach der Verheißung. Sie leidet nicht weniger, ich denke, eher mehr. Ihre Sehnsucht ist größer geworden. Die Taufe gibt uns nicht den Sieg, wie der Kaiser Konstantin sich einbildete. Sie hilft uns, die ersten Schritte in die Freiheit zu tun.

Anne Jensen

Faltonia Betitia Proba – eine Kirchenlehrerin der Spätantike

Askese als Emanzipation?

Auf der Suche nach ihren frühchristlichen Ahnfrauen und Vormüttern haben die feministischen Theologinnen die »Witwen und Jungfrauen« der frühen Christenheit neu entdeckt. Brachen diese doch mit der traditionellen Frauenrolle, verließen ihre Ehemänner oder ihre Verlobten, verweigerten sich als Lustobjekte und Gebärmaschinen, interessierten sich nicht für Haushalt, Kinder und Familienleben. Im Bewußtsein einer neuen Unabhängigkeit und Gleichheit schnitten Asketinnen ihre Haare kurz und trugen unweibliche Kleidung. »Du wirst oft schwanger sein und unter Schmerzen Kinder gebären« und »Der Mann wird über dich herrschen« (Gen 3,16) – unter diesen altbekannten Folgen der Ursünde der Menschheit hatten sie nicht mehr zu leiden. Für sie galt ein anderes Bibelwort: »Freue dich, du Unfruchtbare!« (Weish. 3,13)

Diese Vertreterinnen einer frühchristlichen »Emanzipation durch Verweigerung«, auf die besonders die amerikanischen Forscherinnen hingewiesen haben, sind für uns ebenso verwirrend wie faszinierend. Aber eignen sie sich als Gegenstand einer Festschrift für Elisabeth Moltmann-Wendel unter dem programmatischen Titel »Mit allen Sinnen glauben«? Stehen sie nicht den Anliegen einer heutigen feministischen Theologie, die auf Ganzheitlichkeit und Körperlichkeit setzt, diametral entgegen?

So sicher ist das nicht. Eine asketische Praxis ist körperbezogener als ein leibentrückter Rationalismus. Ein Streben nach Vergeistigung steht nicht unbedingt im Widerspruch zu einer Verleiblichung des Geistes. Und damals, als man sich gerade von der Erdmutter emanzipiert hatte und die Welt zu vermessen begann, galt verständlicherweise eine andere Wertskala als heute, wo alles bereits vermessen ist und das Heimweh nach der Mutter Erde uns wieder gepackt hat.

Doch wenn auch die Entscheidung zahlreicher christlicher (wie auch nicht-christlicher) Frauen und Männer für ein Leben ohne Ehe in der Spätantike keineswegs immer mit grundsätzlicher Leib- und Sexualfeindlichkeit einherging, so leistete sie doch langfristig der Doktrin der Rigoristen Vorschub: Die Ehe sei eine Institution des Alten Bundes, die im Neuen zwar fortdaure, aber als ein Zugeständnis an die Schwachen anzusehen sei; denn die »Vollkommenen« führe der Heilige Geist auf den Weg der Enthaltsamkeit. Die Folge dieses Denkens: Unter den Christen gab es nun zwei Klassen, die in einem hierarchischen Verhältnis zueinander standen: die »Weltlichen« und die »Geistlichen« – bei letzteren dachte man zunächst an das Mönchtum, nicht an den Klerus. Für das weibliche Geschlecht bedeutete dies: Jungfrauen standen weit höher im Kurs als Ehegattinnen. Nach dieser Ideologie konnte allenfalls den enthaltsamen Frauen eine gewisse Gleichstellung zugestanden werden – für die verheirateten dagegen schien die alte Unterordnung weiterhin zu gelten.

Entsprach diese Vorstellung der Lebensrealität und dem Selbstverständnis verheirateter Christinnen in den ersten Jahrhunderten? Waren auch sie der Meinung, daß sie an der neuen Gleichheit in Christus keinen Anteil hatten? Wenn man die alten Quellen sorgfältig studiert, lassen sich in den asketisch orientierten Texten die Spuren einer anderen – antiasketischen – Tradition entdecken: Vermutlich verbirgt sich dahinter die schweigende Mehrheit der Christen, die ja weiterhin heiratete und ein bürgerliches Leben führte! Viele sahen Ehe und Ehelosigkeit als gleichberechtigte Lebensformen an und bewerteten Sexualität nicht negativ[1].

Von Frauen sind nur vier Schriften aus der Frühzeit des Christentums erhalten geblieben, die alle der Aristokratie angehörten[2]. Ist es ein Zufall, daß drei der Verfasserinnen mit Sicherheit verheiratet waren? Noch auffälliger: Keine von ihnen kennt ein christliches Unterordnungsgebot für Ehegattinnen. Am deutlichsten wird dies im großen Heilsepos von *Faltonia Betitia Proba* († 370), denn bei ihrer Nachdichtung der biblischen Erzählung von der Erschaffung der Menschen und ihrer ersten Sünden fällt der Strafspruch über

Eva sehr kurz aus: Die Folge ihrer Schuld ist der Tod – vom Beherrschtwerden, von Schwangerschaften und Geburtsschmerzen als Strafe oder Fluch ist nicht die Rede. Das Werk dieser christlichen Römerin soll nun – nicht zuletzt im Hinblick auf die in diesem Band Geehrte – im Mittelpunkt stehen: War sie doch mit Begeisterung Theologin, aber auch überzeugt und gern Lebensgefährtin eines Mannes und Mutter mehrerer Kinder.

Es läge nun vielleicht nahe, den Blick vorrangig auf Probas Frauenbild zu lenken[3]. Doch es kann nicht das Interesse einer umfassenden feministischen Forschung sein, Schriften von Frauen immer nur unter diesem Aspekt zu untersuchen, zumal wenn diese einen ganz anderen Gegenstand haben. So soll es nun darum gehen, die Grundintuition dieses theologischen Entwurfs zu fassen – eines höchst ungewöhnlichen literarischen Werks, das ein Klassiker und Lehrbuch blieb, solange die westliche Christenheit Latein lesen konnte. Dann geriet es in Vergessenheit. Nur noch Spezialisten kannten ihren Namen, doch in falscher Einschätzung antiker Literaturgattungen taten sie ihr Heilsepos, das in Form eines Cento (Flickgedicht)[4] aus Vergilversen komponiert war, als seltsames Machwerk ab. Erst um die Jahrhundertwende begann erneut eine positivere Rezeption.

Probas »geniale Idee«

Im siebten Jahrhundert spendete dagegen der spanische Kirchenvater und Enzyklopädist *Isidor von Sevilla* († 636) der Centonendichterin noch höchstes Lob:

> Proba, die Gattin des Prokonsuls Adelphius, wird deswegen als einzige Frau unter die Kirchenmänner gezählt, weil sie sich um das Lob Christi verdient gemacht hat, indem sie einen Cento über Christus verfaßte, der aus vergilschen Versen zusammengesetzt ist. Indes nicht ihren Eifer bewundern wir, sondern wir loben die geniale Idee.[5]

Die »geniale Idee« – vermutlich war sie Proba in der Zeit gekommen, als der Kaiser Julian (360–362) sich selbst vom Christentum abwandte und einen letzten Versuch unternahm, die alte Religion der Griechen und Römer wieder in ihre Rechte einzusetzen, weil er bei ihr das Ideal der Menschlichkeit, der »humanitas« besser aufgehoben wähnte als bei »den Galiläern«. Diesen wollte er den Zugang zu den klassischen Rhetorikschulen verwehren, weil sie die dort vertretenen religiösen Überzeugungen verachteten. »Sollen sie doch bei Matthäus und Lukas in die Schule gehen!« spottete er.

Die »geniale Idee« – worin bestand sie? »Vergil soll die Werke Christi besingen« (23): Proba trennte Inhalt und Form der Vorlage und schuf durch die Umdeutung auf Christus hin einen »besseren Vergil« (3 f.) – so das Urteil des Schreibers, der ihr Werk auf Wunsch des Kaisers Arkadius kopierte und mit einer kurzen Widmung an diesen versah. Worin bestand der qualitative Unterschied? Für die Verfasserin war das eindeutig: Die alten Dichter – wie auch sie selbst vor ihrer Bekehrung – hatten den Krieg verherrlicht; dieser Vergilcento nun soll im Dienst eines christlichen Friedensreiches stehen. Proba versteht sich nicht nur als Dichterin: Statt der Musen ruft sie den Heiligen Geist an und wird durch ihn zur Prophetin. Ihr Werk ist Verkündigung.

Also eine Absage an die Botschaft Vergils unter Beibehaltung seiner vollendeten Sprachkunst? So einfach machte die Theologin es sich nicht. Zwar ist ihr Epos für Christen geschrieben: Es setzt die Kenntnis der biblischen Erzählungen voraus und ist als Deutung der Schrift auch für jene verständlich, die die Werke des römischen Dichters nicht kennen. Aber die christliche Verkündigerin hat Vergil keineswegs nur als Steinbruch für wohltönende Hexameter benutzt. Für sie war dieser »heidnische« Dichter gerade in Kernpunkten seiner Botschaft ein »Prophet Christi«: Das von ihm erwartete »Goldene Zeitalter« hatte im Reich Gottes, das mit Jesus angebrochen war, seine Erfüllung gefunden; der trojanische Held und Halbgott Aeneas, der über alle Versuchungen siegt und mit der Gründung des Römischen Reiches seine himmlische Sendung erfüllt, ist »typos«, Vor-Bild Christi, denn dieser war der Bringer eines ewigen Friedensreiches – weit mehr als der Kaiser Augustus, dem die Verheißung zunächst gegolten zu haben schien. Die ungewöhnlich zärtliche Liebe, die Aeneas seinem irdischen Vater Anchises bekundet, ist Prophetie der Liebe Jesu zu seinem Vater im Himmel. Kindesliebe – Elternliebe: »pietas« ist für Proba der Inbegriff der göttlichen Zuwendung zum Menschen wie der menschlichen Hinwendung zu Gott.

Aus dieser Liebe ist die Welt hervorgegangen und am Ende des Schöpfungswerkes steht das Abbild so großer Liebe: der Mensch, »tantae pietatis imago« (118). Eben diese Liebe vermag das verlorene Heil neu zu schaffen: »Vicit iter durum pietas – die Liebe hat die Härten des Weges besiegt« (664), lautet die Botschaft des Auferstandenen an seine Jünger. Hier legt Proba Christus jene Worte in den Mund, mit dem der Vater Anchises seinen Sohn Aeneas begrüßt, der ihn im Dunkel der Unterwelt, in der Tiefe des Hades aufgesucht hat.

Aeneas und Christus

Die Höllenfahrt Christi, für die frühe Kirche und bis heute für die Ostkirche Inbegriff des österlichen Erlösungsgeschehens, hat in der Höllenfahrt des Aeneas ihr prophetisches Vorbild: Ist eine solche typologische Lektüre des römischen Mythos legitim? Was hat der von Vergil besungene Held und Halbgott, der Krieger und König mit dem armen Wanderprediger aus Nazareth gemein? Uns mag diese Parallelsetzung abwegig erscheinen[6] – Probas Zeitgenossen waren in dieser Frage durchaus nicht einer Meinung. Schon damals lehnten manche der hellenistischen Christen die alte Religion als »Heidentum« ab und hätten am liebsten jede Beschäftigung mit der alten Literatur und Philosophie verboten. Viele andere betrachteten dagegen ihr religiös-kulturelles Erbe als ein »altes Testament«, das genau so wertvoll und wichtig war wie Gesetz und Propheten. Beide Testamente wurden in gleicher Weise als »praeparatio evangelica« angesehen, als gottgewirkte Vorbereitung der Menschheit auf das Kommen Jesu.

Warum also sollten nur die jüdischen Propheten, Priester und Könige als »Vor-Bilder« Christi dienen dürfen, die griechischen und römischen Helden dagegen nicht? Im Gegenteil: für Proba war Jesus der Held schlechthin. Sie scheut sich nicht zu beschreiben, wie er bei seinem ersten Auftreten die Menge ebenso durch seine Jugend und Schönheit fasziniert wie durch seinen edlen Geist: ein Jesus umgeben von einer Aura aus Vitalität und Tapferkeit.

Zentral ist bei ihr die Beschreibung der Taufe Jesu – auch hier folgt sie nur der frühkirchlich-ostkirchlichen Tradition: Die »Epiphanie«, die Erscheinung des Gottessohnes vor den Weisen wie vor Johannes dem Täufer und allem Volk war ursprünglich ein älteres und größeres Fest als der Tag der Geburt in Bethlehem. Von Proba wird diese Szene am Jordan ausgeweitet: Gott erteilt Jesus den Auftrag, die Völker zu regieren und gibt ihm dafür Anleitungen – so wie bereits Aeneas göttliche Weisung empfing, als er ausgesandt wurde, um ein neues Reich zu gründen.

Nachdem der Getaufte die Versuchung durch Satan abgewehrt hat, steigt er auf den Berg, um die »magna charta« des Gottesreiches zu verkünden. In einer langen Redekomposition faßt Proba äußerst kunstvoll die gesamte Verkündigung Jesu zusammen und zeichnet die Dynamik ihrer Entwicklung von der »Frohbotschaft« der Seligpreisungen zur »Drohbotschaft« in der Ankündigung des Endgerichtes nach.

»Nachdem er auf den hohen Berg gekommen war, gab er, die unendliche Macht, den Männern Recht und Gesetz, die Geheimnisse des Vaters; dem zweifelnden Herzen schenkte er Hoffnung und löste die Sorgen« (463 ff.). Doch dann nimmt Jesus Menschen wahr, die sich in Kämpfe verwickeln, und er versucht, ihnen »göttliche Liebe« mitzuteilen: »Lernt Gerechtigkeit«, »helft den Armen« ... Jenen Reichen, die kein Mitleid kennen, werden Strafen verheißen – mit Bildern aus der vergilschen Höllenbeschreibung. Die Predigt endigt mit dem Aufruf zur Entscheidung angesichts des bevorstehenden Gerichtes Gottes.

Nun wäre die Erwählung und Sendung der Apostel zu erwarten und eine Schilderung der Krankenheilungen Jesu. Doch dergleichen suchen wir im Cento vergebens. Die einzelnen Apostel, Repräsentanten der zukünftigen Amtskirche, spielen bei Proba keine Rolle, sondern gehen in der Gruppe der Jünger auf. Eine andere Berufungsszene schildert sie dagegen sehr ausführlich: die Begegnung mit dem reichen jungen Mann. Offensichtlich war er für die Verfasserin der Prototyp eines Menschen auf der Schwelle der Bekehrung zum Christentum. Ihm tritt ein Jesus entgegen, der nicht verlangt, alles zu verlassen. Er möge den Reichtum verachten, sich Gottes würdig erweisen, ein Leben voll guter Taten führen. Nicht einmal der Hinweis auf ein »keusches Heim« fehlt. Nachdrücklich wird Hilfsbereitschaft gegenüber den Armen gefordert. Hat Proba damit der radikalen Botschaft Jesu die Zähne ausgebrochen? Oder hat sie die Radikalität dieser Botschaft in ein konkretes Ethos für ein christliches Gemeinwesen umzusetzen gesucht?

Das Vor-Bild Christi ist der Reichsgründer Aeneas: Dies erklärt, warum Proba unter den Wundern Jesu ein einziges auswählt, und zwar eines, das wir vielleicht für zweitrangig halten: die Stillung des Sturmes. In der Aeneis droht das erhoffte Reich verlorenzugehen, weil der Held abwesend ist, während die Seinen in eine Schlacht auf der See verwickelt werden und ihnen der Untergang droht. Doch schließlich kommt der Retter und wendet das Unheil ab und nimmt sein Reich in Besitz. Diese Prophetie erfüllt sich in Jesus: In Probas Heilsepos steht nun er auf dem Schiff und gebietet den Stürmen: »Er ist der Steuermann, er ist der Meister« (558).

Danach erzählt die Dichterin die Passionsgeschichte. Bei den Synoptikern ist die Vertreibung der Händler aus dem Tempel der Anlaß für die Verhaftung Jesu, eine Szene, die Proba ihrerseits aufgreift. Es folgt die Beschreibung des Abendmahls mit erstaunlich viel Anklängen im Detail an die biblische Vorlage. Jesus sieht sein Leiden voraus und akzeptiert es: »Ein einziger wird für viele geopfert« (598). Dann wird die Hinrichtung geschildert, bei der Jesus ein einziges Mal spricht: »Warum knüpft ihr Fesseln? Seid ihr eurer selbst so sicher? Nach mir wird euch schlimmere Strafe treffen und ihr werdet eure Taten beweinen.« (621) Wieder hat Proba mit ihrer Auswahl eine Deutung vorgenommen: Jesus stirbt weder mit einem verzweifelten Schrei noch in frommer Resignation, sondern er gibt sein Leben hin mit der Furchtlosigkeit und Tapferkeit eines Helden.

In der Auferstehungszene läßt Proba die Poesie des Schöpfungsmorgens sich erneuern: Die »Mutter Erde«, die die Menschen hervorgebracht hatte, wird ihre Kinder nun mit Freuden wiederaufnehmen – so verheißt es Jesus den versammelten Jüngern, bevor er ihnen als letzten Auftrag und Unterpfand eines in dreimaliger Wiederholung ans Herz legt: den Frieden.

Wenn ein Gedanke in Probas Theologie zentral ist, so dieser: Jesus ist der Begründer eines Friedensreiches auf Erden. Und die Kirche? Und die christliche Distanz zur Welt? Hier ist Proba die Vertreterin der »politischen Theologie« ihrer Zeit, die wir nicht als einen irdischen Machtanspruch mißdeuten dürfen, wie wir ihn im Westen aus den späteren Auseinandersetzungen zwischen Kaiser und Papst kennen. In der frühkirchlich-ostkirchlichen Tradition[7] stehen Kirche und Welt sich nicht antagonistisch gegenüber, sondern sind versöhnt im christlichen Reich. Nach dem Tod Jesu konnte der Teufel noch eine Weile den Endsieg verhindern, doch der Mut der Martyrer und Martyrerinnen hatte ihn schließlich vollendet: Rom war bekehrt – das Reich Christi begann den Erdkreis ohne Waffen zu erobern.

Feministische Anfragen

Ist diese politische Utopie Probas, die sie mit vielen ihrer Zeitgenossen teilte, möglicherweise genährt von einer »feministischen«, gar matriarchalen Friedensvision? Eine erste Bilanz ist da eher ernüchternd. Heutige Feministinnen werden die Nasen rümpfen angesichts einer Theologie, die »Vater, Sohn und Cie« noch verstärkt durch die Vaterbindung des Helden Aeneas. Sie werden es übel vermerken, wie sexistisch die Sprache der Dichterin ist: Fast immer verwendet sie die maskuline Pluralform ja, sie scheut sich nicht, die Schar der Jüngerinnen und Jünger gelegentlich als »viri« (Männer) zu bezeichnen. Daß sie die Frauen bei der Auferstehung nicht nennt, ist vielleicht noch einigermaßen wettgemacht durch ihr Desinteresse an den Aposteln. Schwer zu verzeihen ist dagegen, daß sie Eva als Wahnwitzige zeichnet, eine Verführerin nach vergilschem Muster.

Und wie steht es mit Probas Verherrlichung der Ehe? Schreibt sie hier nicht die biederen Tugenden einer römischen Matrone fest, ohne die große Freiheit vom alten Ehezwang zu würdigen, die das Christentum ermöglichte? Letzteres ist zweifellos richtig: Eine Empfehlung freiwilliger, lebenslanger Enthaltsamkeit wird man im

Cento vergeblich suchen. Doch eines können ihr selbst die kritischsten Feministinnen nicht unterstellen: sie sei ihrem Mann eine gehorsame Dienerin gewesen und somit eine Komplizin des patriarchalen Systems. Offensichtlich war es für Proba selbstverständlich, in einer partnerschaftlichen Ehe zu leben und ihr Talent öffentlich zu entfalten. Und so hat sie es anscheinend nicht für nötig befunden, Frauenbefreiung auf die Fahnen ihres christlichen Reformprogramms zu schreiben.

Weit günstiger sieht die feministische Bilanz allerdings aus, wenn man sie auf der Ebene der von Proba vertretenen Werte ansieht. Machtgier denunziert sie als Wurzel allen Übels . Sexualität wird dagegen nicht als »böse Begierde« verdächtigt. Ihr zorniger Jesus, der die Reichen und Mächtigen bedroht, steht heutiger Befreiungstheologie durchaus nahe. Ihr immer wieder betontes Engagement für den Frieden bleiben exemplarisch. In ihrem Heilsepos ist Raum für Poesie und Schönheit, für Erotik, Liebe und Glück.

Hier wäre es nun verlockend, in *Proba* die eminente Vertreterin eines »weiblichen« Paradigmas von Theologie im Rom des vierten Jahrhunderts zu sehen. Ihr gegenüber stünde *Hieronymus,* der bekannte Übersetzer der Bibel und strenge Asket – Inbegriff des »männlichen« Paradigmas. »Integrieren« wäre die Parole der Theologin – »abgrenzen« das Streitwort ihres maskulinen Gegenübers. »Kirche-in-der-Welt«, »Vergil-und-das-Evangelium« ist ihre Botschaft – »Kirche-gegen-die-Welt«, »nichts-als-die-Bibel« seine schroffe Erwiderung. Zunächst schien sogar Proba den Sieg davonzutragen, denn die römische Aristokratie vertrieb den übereifrigen Asketen schließlich aus der Metropole. Doch die spätere Tradition wollte es anders: Hieronymus wurde zum Kirchenlehrer erhoben, die Dichterin dagegen geriet in Vergessenheit.

Niemand wird bestreiten, daß in dieser Karikatur viel traurige Wahrheit steckt. Und dennoch: So einfach ist es nicht. Zum Kreis um Hieronymus gehörten viele Frauen – und viele Männer teilten die Ansichten Probas. So kann es auch feministischen Theologinnen nicht einfach darum gehen, dem weiblichen Paradigma gegen das männliche zum Endsieg zu verhelfen. Über das Weibliche und das Männliche hinaus muß das Menschliche und Christliche im Blick bleiben, eine immer neue Versöhnung der Geschlechter.

1. Ausgaben und Übersetzungen

lat: Probae Cento (ed. *Carolus Schenkl*), CSE 16 (Poetae Christiani Minores I), Wien 1888, 511–609; lat./ital.: Il centone di Proba Petronia (ed. *Caterina Carridi*), Neapel 1971. lat./engl.: The Golden Bough, the Oaken Cross. The Virgilian Cento of Faltonia Betitia Proba, ed. *Elizabeth A. Clark/ Diane F. Hatch*, (American Academy of Religion. Texts and Translations Series 5) Chico, California 1981; engl.: *G. Ronald Kastner/Ann Millin/ Jeremiah Reedy*, Proba, in: A Lost Tradition. Women Writers of the Early Church (ed. *Patricia Wilson Kastner* u. a.), Washington 1981, 33–69.

2. Literatur

Filippo Ermini, Il centone di Proba e la poesia centonaria latina, Rom 1909; *Ilona Opelt*, Der zürnende Christus im Cento der Proba, in: JAC 7, 1964, 106–116; *Maria R. Cacioli*, Adattamenti semantici e sintattici nel Centone virgiliano di Proba, in: SIFC 41, 1969, 188–246; *Reinhart Herzog*, Die Bibelepik der lateinischen Spätantike. Formgeschichte einer erbaulichen Gattung 1, München 1975 (dort: Proba, XLIX–LI, und: Der Cento Probae. Maro mutatus in melius, 3–51; *Elizabeth A. Clark*, Faltonia Betitia Proba and Her Virgilian Poem: The Christian Matron as Artist, in: dies., Ascetic Piety and Women's Faith (Studies in Women and Religion 20), Lewiston, NY 1986, 124–152; dies. (mit *Diane F. Hatch*), Jesus as Hero in the Virgilian Cento of Faltonia Betitia Proba, aaO. 153–171; vgl. auch den Kommentar von Clark/Hatch in: The Golden Bough ... (s. o.); *Vinzenz Buchheit*, Vergildeutung im Cento Probae, in: Grazer Beiträge 15, 1988, 161–176; *Anne Jensen*, Die ersten Christinnen der Spätantike (IV. Probas Cento und ihr Frauenbild), Vortrag am 7. 7. 1990 bei der Katholischen Akademie Hamburg, veröffentlicht in: Auch wir sind Kirche. Frauen in der Kirche zwischen Tradition und Aufbruch, (hg. *Veronika Straub*), München 1991.

Anmerkungen

1. Vgl. etwa *Hieronymus,* Über die beständige Jungfrauschaft Mariens. Gegen Helvidius.
2. Es sind: 1. die von *Perpetua* stammenden autobiographischen Teile aus dem »Martyrium von Perpetua und Felicitas«; 2. Der »Cento« von *Proba;* 3. Die »Pilgerreise« der *Egeria;* 4. »Die Geschichte von Cyprian und Justina« von der Kaiserin *Eudokia.* Alle vier Schriften wurden in amerikanischer Übersetzung kommentiert herausgegeben in: A Lost Tradition ... (s. o.).
3. Dies habe ich an anderer Stelle kurz skizziert: *Jensen.* Die ersten Christinnen ...; ausführlich untersucht worden ist die Frage von *Elizabeth Clark* (s. o.).
4. Cento (»Flickgedicht«) vom griechischen *kentôn:* aus Flicken zusammengenähte Kleidung oder Decke; Zur Cento-Technik vgl. *Herzog* und *Opelt* s. Literaturliste; Editionen und Untersuchungen ebd.
5. *Isidor von Sevilla,* Von berühmten Männern XVIII.22 (PG 83, 1093) bzw. V (ed. Carmen Codoñer Merino); vgl. auch: Etymologien I, 38,25f. (Pl 82,121). Bei Isidor findet sich noch der Nachsatz: »Trotzdem findet sich dieses Werk in der Liste der apokryphen Schriften« – eine Tatsache, die ihm offensichtlich nicht verständlich ist. Gemeint ist das sogenannte *Decretum Gelasianum* (6. Jh.), das den »Cento über Christus« zu den apokryphen Büchern zählt.
6. Paradoxerweise hat gerade *Ilona Opelt,* die das Werk der Dichterin literarisch aufwertete, sie auf Grund ihrer Christusdarstellung theologisch verurteilt und darin den Grund des »kirchlichen Verdiktes« gegen Proba *vermutet.* Doch ein solches Verdikt hat es nicht gegeben noch wurde je ihre Christologie kritisiert.
7. Vgl. dazu: *Anne Jensen,* Das Ideal der »Symphonia« im byzantinischen Reich, in: dies., Die Zukunft der Orthodoxie (Ökumenische Theologie 14), Zürich-Einsiedeln-Köln 1986, 47–56.

GERHARD MARCEL MARTIN

Frauen und Männer im apokryphen Thomas-Evangelium

Eine Textmeditation

Betrachtet man die Logien des Thomas-Evangeliums unter dem Aspekt, wie in ihnen von Männern und Frauen die Rede ist, heben sie sich zunächst kaum von neutestamentlichen Befunden ab: *Jünger* werden viel konstanter und häufiger erwähnt als Jüngerinnen (bei Thomas tauchen nur Maria in Logion 114 und Salome in Logion 61 auf), Gleichnisse und Bildreden handeln – genauso wie im Neuen Testament – viel öfter von Männern und deren Aktionen und deren Geschick als von Frauen (vgl. Logien 8f., 21, 57, 63ff., 76, 98, 103). Frauen sind nur in den Logien 96f. die Subjekte:

> 96: Jesus sprach: Das Reich des Vaters gleicht einer Frau. Sie nahm ein wenig Sauerteig; sie (verbarg) ihn in Mehl. Sie machte ihn zu großen Broten. Wer Ohren hat, möge hören!
>
> 97: Jesus sprach: Das Reich des (Vaters) gleicht einer Frau, die einen Krug trägt, der voll Mehl ist, und die (einen) weiten Weg geht. Der Henkel des Kruges zerbrach; das Mehl strömte herab hinter ihr auf den Weg. Sie merkte (es) nicht; sie wußte nichts vom Mißgeschick. Als sie in ihr Haus gelangt war, stellte sie den Krug auf den Boden. Sie fand ihn leer.[1]

Das zuerst genannte Logion hat eine enge, wiewohl deutlich variierende Parallele im Neuen Testament (Mt 13,33/Lk 13,20f.). Es berichtet von der alltäglichen Arbeit und macht darüber staunen, daß eine geringe Menge Sauerteig genügt, um große Brote zu machen. Und eine mögliche Botschaft daraus auf der Gleichnisebene könnte lauten: Was unscheinbar anfängt, kann große Auswirkungen haben. Geradezu unscheinbare Anfänge können ungeheure Wirkungen haben.[2] Das Logion 97 aber setzt zwar auch mit einer alltäglichen, typischen Verrichtung einer Frau ein, die Geschichte fährt dann aber reichlich untypisch, in gewissem Sinne fast konstruiert, ja absurd fort. (Wie) kann gänzlich unbemerkt der Henkel des vermutlich auf dem Kopf getragenen Kruges ausbrechen und der Krug sich gänzlich entleeren? In jedem Falle muß der Henkel tief hinuntergereicht haben am Gefäßrand. Läßt man sich auf das Erzählte überhaupt weiter ein, muß weiter gefragt werden: Liegt hier ein Warngleichnis vor – mit der Pointe: Das darf auf keinen Fall passieren! – und muß hier eine Frau dafür herhalten, am Schluß als die Dumme, die Ungeschickte und Unbewußte dazustehen?

Der Verdacht ist nicht so leicht aus der (Interpretations)welt zu räumen, zumal diesem Logion unmittelbar ein Reich-des-Vaters-Gleichnis folgt, in dem ein Mann eine für das Thomas-Evangelium typische und eine typisch männliche positive Rolle spielt. Ich möchte mich über den (Um)weg dieses Männer-Gleichnisses indirekt, aber – wie ich hoffe – gerade so lohnend und erfolgversprechend dem Gleichnis von der Frau mit dem Krug nähern. Ich gehe davon aus, daß beide Gleichnisse in ihrer unmittelbaren Textnähe in einer bewußten bzw. unbewußten Spannung zueinander stehen.

> 98: Jesus sprach: Das Reich des Vaters gleicht einem Mann, der vorhatte zu töten einen mächtigen Mann. Er zog aus der Scheide das Schwert in seinem Hause. Er durchbohrte die Wand, um zu wissen, ob seine Hand stark sein werde. Dann tötete er den Mächtigen.

Hier ist das Gegenbild zur (passiven) Frau, der *etwas zustößt*. Das Gleichnis erzählt von einem aktiven Mann mit einer Mordabsicht, der *selber zustößt*, der vor der Tat zu Hause erprobt, ob er Energie und Präzision genug hat für den Kampf auf Leben und Tod. So wie im Lukasevangelium – vorbildhaft – erzählt wird von dem Menschen, der vorher die Kosten berechnet, ob er das, was er vorhat, auch ausführen kann: einen Turm zu bauen – und von einem König, der sich überlegt, wie es gelingen kann, mit Zehntausend gegen Zwanzigtausend anzurücken (Lk 14,28 ff.). Es geht hier nicht darum: wer der König ist, welcher Turm gebaut werden soll oder wo der Feind steckt – weder bei Lukas noch bei Thomas –, sondern – an welchen martialischen Bildern auch immer – um eine Haltung, um eine Einstellung, um die selbstkritische Frage: Werde ich genug Stoßkraft – genug Energie haben für eine notwendige Auseinandersetzung in Sachen »Reich Gottes«? Diese Metapher meint eben nichts Harmloses, Süßliches, sondern das »Reich« verlangt alle Kräfte und kann sogar etwas Gewalttätiges an sich haben. Entschlossenheit und Entscheidung, ein Kampf auf Leben und Tod können unausweichlich werden. Bei allem ist die Selbstprüfung nötig. Damit der Lebensentwurf gelingt und nicht kläglich scheitert, muß ich äußere und innere, mächtige und übermächtige Instanzen – mit kalkuliertem Risiko – außer Kraft setzen. Genauso wie Jesu Lebensweg und Wege in seiner Nachfolge nicht durch eine abgepolsterte, halb betäubte Mitte, sondern oft durchaus durch Extreme führen.

Aber nun hat das Thomas-Evangelium geradezu seinen Witz darin, daß es das eine nicht ohne das andere sagt: Das Reich Gottes steckt nicht nur in dieser absoluten Präsenz und Aktivität, sondern es ist auch und zugleich eingefangen in der Wirklichkeit jenes anderen Bildes von der Frau mit dem Krug. Sie bleibt bis zum Schluß, bis sie zu Hause ist, halb-träumend, unbewußt. Sie merkt nicht, was auf dem weiten Weg geschieht. Aber sie wird nicht verurteilt wegen ihrer Unaufmerksamkeit. Wer hier nichts als ein Warngleichnis finden will, bei wem die Frau nur herhalten muß für einen unausgesprochenen, dann aber um so deutlicheren Vorwurf, macht sich die Lektüre zu leicht. Wie aber dann? Das Gleichnis – wörtlich/bildlich genommen – sagt: Das Reich hat – jedenfalls auch – die Pointe des passiven Geschehens und unbewußten Geschehenlassens, die Pointe, leer nach Hause zu kommen. Darin ist es ein Gegenbild gegen zu vieles oder ausschließliches Schätze-Anhäufen, gegen zu viel Ernte-Einfahren (vgl. Logion 63 und seine neutestamentlichen Parallelen), gegen zuviel abendländisches Aktivitätskommando. Und, setzt man die Logien vom Attentäter und von der Frau mit dem Krug in direkte Beziehung zueinander, könnte man hier ein Gegenbild gegen zuviel und ausschließliches Schwert-in-der-Hand und die Sache-im-»Griff« finden. Ausgerechnet der Henkel, der Teil des Gegenstandes, an dem ich ihn festhalte, bricht ab! Am Ende unserer Frauengeschichte – so stelle ich mir vor – ist die Frau so »haltlos« wie das Gefäß – verströmt, leer, die Wandung eingerissen.

Ist das eine traurige Geschichte, die zu den sonst so positiven Assoziationen vom Reich nicht passen will? Aber ist die Frau nicht – immerhin! – zu Hause angekommen? Und ist sie nicht frei? Frei von der Fixierung, gute Hausfrau und Ernährerin zu sein?! Könnte vielleicht auch in orientalisch-westlichen Denk- und Vorstellungsbereichen Leere eine positive Bedeutung haben? Nach anderen Aussagen des Thomas-Evangeliums kommt man in die Nähe des Reiches, wenn man den »Wein abschüttelt« (Logion 28), »der Welt gegenüber fastet« (Logion 27), also Verzicht leistet, Normalprogramme und Überaktivitäten abbaut.

Wir hatten weiter oben gefragt, ob im Gleichnis von der Frau mit dem Krug eine Frau dafür herhalten muß, am Schluß als die Dumme, die Ungeschickte und Unbewußte dazustehen. Ich hoffe, daß nach allem nachvollziehbar geworden ist, warum gerade eine Frau dazu geeignet erscheint, den Anspruch des Reiches, der männliche Aktivität eingrenzt und Macho- und Machterhaltungen erheblich relativiert, zu versinnbildlichen. Ganz so, wie in Logion 22 von *Kindern* erzählt wird, daß sie loslassen, während der Mann als Hausherr zum Festhalten, zur aktiven Verteidigung aufgerufen ist. Nicht-»typische« *Männer* begegnen selten. Zu erwähnen wäre vielleicht Logion 57, das von einem Mann erzählt, der den Lolch unter dem guten Samen bis zur Ernte nicht ausreißen läßt. Des weiteren wären manche direkten oder indirekten Selbstaussagen Jesu näher zu erörtern, etwa Logion 86, daß der Sohn des Menschen »keinen Ort hat, um sein Haupt zu neigen und zu ruhen«, und Logion 65, in dem der Sohn des Weinbergbesitzers zum *Opfer* wird.

Lassen wir die Frage nach der Breite der Männer-Vorstellungen im Thomas-Evangelium an dieser Stelle auf sich beruhen. In unserem Zusammenhang wichtig ist, daß die Wirklichkeit des Reiches nicht nur Männergeschichten, sondern jedenfalls auch die Geschichte von der Frau mit dem Krug positiv zu versinnbildlichen vermag. Zum Sein und Werden des Reiches gehört der aktive, prüfende Durchbruch durch die Wand genauso wie das unbemerkte Abbrechen des Henkels. Der lange, traumhaft-unbewußte Weg veranschaulicht etwas vom Reich genauso und anders wie der jeweilige Augenblick der Entscheidung und der Bewußtheit. Das Gewahrwerden am Ende des ganzen Weges zu Hause gehört zum

Reich ebenso wie die Vorbereitungen für den nächsten radikalen Schritt. Ob freilich die Rollen auf Männer und Frauen gerecht und wirklich zutreffend verteilt sind, soll hier nicht diskutiert werden. Als ob nicht auch die Frau mit Tatkraft und Entschlossenheit »ihren Mann stehen« könnte und müßte; und als ob man nicht auch von Männern Geschichten erzählen könnte und sollte, daß und wie sie lernten, loszulassen. Den männlichen *Hörern* der Logien wird es offensichtlich ohnehin zugetraut und zugemutet, sonst wären sie nicht die Adressaten!

Mit dieser Schlußperspektive nähern wir uns dem letzten Logion im Thomas-Evangelium. Von welcher Zumutung einer Frau gegenüber ist hier die Rede?

> 114: Simon Petrus sprach zu ihm: Maria soll von uns weggehen! Denn die Frauen sind des Lebens nicht wert. Jesus sprach: Siehe ich werde sie ziehen, daß ich sie männlich mache, damit sie auch zu einem lebendigen Geist wird, der euch Männern gleicht. Denn eine Frau, die sich zum Manne macht, wird eingehen ins Reich der Himmel.

Natürlich kommt im Votum des Petrus das patriarchale Selbstbewußtsein zum Ausdruck, dessen Spuren in der orientalisch-abendländischen Religionsgeschichte fast allgegenwärtig sind. Wieviel innere und äußere Spaltung von Mann und Frau, wieviel Abspaltung des Weiblichen liegt solch einem Votum zugrunde! Auch Jesu Antwort hebt diese Spaltung nicht eigentlich auf, sondern bestätigt sie. Er unterscheidet sich von Petrus nur darin, daß er für Maria einen Weg innerhalb der Jüngerschaft sieht, während Petrus sie einfach ausgeschlossen sehen will. E. Pagels schreibt, hier komme das für die damalige Zeit Selbstverständliche zum Ausdruck, »daß die Männer die legitime Gesamtheit der Gemeinde bilden, während den Frauen Teilnahme nur erlaubt ist, wenn sie sich den Männern assimilieren.«[3] Soweit – so gut bzw. aus gegenwärtiger Perspektive kaum akzeptabel und bereits innerhalb unserer soweit vorgetragenen Interpretation weder das erste noch das letzte Wort.

Viele Forscher haben sich auf die Suche nach religionsgeschichtlichen Parallelen zu den Aussagen dieses Logions gemacht; dies kann in seiner Fülle und Problematik hier nicht referiert werden. Ich möchte aber die mir am plausibelsten erscheinende Erklärung aus dem Anschauungsbereich des Alten Testamentes, wie sie Buckley entwickelt hat, in Kürze darstellen.[4] Buckley findet die dem Logion zugrunde liegende »Hierarchie der Erlösung« – die Frau soll zum Mann werden, der Mann wird zum bzw. ist lebendiger Geist – in dem zweiten Schöpfungsbericht der Hebräischen Bibel (Gen 2). Dort wird erzählt, Gott habe den Menschen (adam) aus der Erde vom Ackerboden gebildet, ihm Lebensodem in die Nase gehaucht; und »so ward der Mensch (adam) ein lebendes Wesen« (gleichzusetzen mit: »lebendigem Geist«) (Gen 2,7). Erst danach – so erzählt dieser Mythos – pflanzt Gott den *Garten* in Eden, setzt den Menschen dort hinein, schafft die *Tiere* und schließlich – aus der Rippe Adams – eine Frau (Gen 2,21 f.). Heißt Erlösung – wie auch immer näher zu verstehen – zurückgehen zu den Ursprüngen (und diese Grundidee findet sich an den verschiedensten Stellen und in den verschiedensten Bildern und Begriffen des Thomas-Evangeliums), so ist die *Frau* als Geschöpf in diesem Mythos tatsächlich vom Anfang, vom Schöpfungsbeginn und vom Schöpfer *weiter* entfernt als alle anderen Kreaturen. Sie muß erst wieder zurück in die Menschheit, hin zu »adam«, um dann wieder – weiter zurück durch das Paradies hindurch – zum »lebendigen Geist« zu werden, wie Jesus in unserem Logion formuliert. Bei »Adam« aber, so sehr dies Wort in Gen 2 wie an anderen Stellen primär »Mensch«, »Menschheit« heißt, schwingt immer auch der männliche Eigenname Adam, Adam als Mann mit. Im kosmogonischen Countdown, in einer »›backward‹ creation«[5] ist also Adam als Mann dem Ursprung immer näher geblieben als die Frau. Auch Paulus kann bekanntlich aus diesem patriarchalen, ideologisch hochwirksamen Sprachwitz bzw. Doppelsinn des Wortes »adam« gegen die Gleichberechtigung von Mann und Frau argumentieren.

Daß die »zwei zu eins« werden müssen (Logien 22, 106; vgl. Logien 4,11) heißt in der Erlösungs-Logik dieses Logions, daß die Frau – soziologisch, spirituell, vielleicht auch rituell[6] – zunächst den Weg hin zu den Männern antreten muß. »... eine Frau, die sich zum Manne macht, wird eingehen ins Reich der Himmel« (Logion 114); und dabei bietet Jesus seine Hilfe an: »Ich werde sie ziehen ...« Er widerspricht der ungeheuren Behauptung des Petrus, die Frauen seien des Lebens nicht wert. (Womit mit größter Wahrscheinlichkeit ja das »ewige Leben« und nicht das endliche, gegenwärtige Leben [bios] gemeint ist.) Aber er bietet eine Lösung an im Rahmen der Theologie und Ideologie des Patriarchats und innerhalb der vorgegebenen Hierarchie: Frau zu Mann zu lebendigem Geist.

Gibt es eine tiefenpsychologische und spirituelle Aktualisierung auch dieses Logions? Daß eine Frau, um ganz, um »ein lebendiger Geist« zu werden, die Spaltung Mann: Frau überwinden muß, daß sie Kontakt aufnehmen muß mit »Adam« – mit dem Mann und der Menschheit, zumal in ihrer historisch bedingten patriarchalen Verfaßtheit – das scheint mir der im Thomas-Evangelium vorwärtstreibende Impuls, der bis heute seine Wahrheit und seine Wirklichkeit oft noch nicht hinreichend gefunden hat: Die Frau sucht den »animus« innen und außen auf dem Weg der Individuation. Aber selbst diese Einsicht, so zutreffend sie sein mag, reproduziert bzw. provoziert nur dann nicht weitere patriarchale *Mißverständnisse*, wenn ihre Ableitung aus dem Thomas-Evangelium mit historischer Kenntnis und Kritik vorgetragen wird. Ich für meinen Part habe den Eindruck, daß ich mit diesem Logion deutlich an die Grenzen einer Interpretation gekommen bin, die historische und ideologische Kritik weitgehend außenvor läßt.[7]

Der Rest der *Aktualität* dieses Logions scheint mir jedoch in der *Offensichtlichkeit* der ideologisch-patriarchalen Verzerrungen und Ausblendungen zu bestehen. Es ist nicht wahr, daß der Mann als Mann dem »lebendigen Geist« des vorparadiesischen Adam, daß der Mann *als Mann* der dem Ursprung nähere Vertreter der Menschheit sei und geblieben wäre. Geistes- wie naturgeschichtlich ist der Mann vielmehr mit vielen plausiblen Gründen der Spätere, der Abgeleitetere, das Entbehrlichere, der dem Ursprung Entfremdetere. Und darum hat in Wahrheit *er* zumeist den längeren Weg zurückzufinden zum Ursprung. Entsprechend bliebe in der dem Logion 114 zugrunde liegenden »Hierarchie der Erlösung« gänzlich ausgeblendet, daß und wie der Mann seinerseits auf den Weg der Individuation der »anima« innen und außen begegnen muß, statt sie wie Petrus in gröbster Weise zu projizieren. Erst dann würde er als Kreatur – aus der Frau geboren (vgl. patriarchal negative Konnotationen dazu in den Logien 15 und 46) – wirklich auf der Erde ankommen, sein Leib-Sein und sein Leib-Haben nicht zu instrumentalisieren in Gefahr sein. Erst der nicht mehr »animose« Mann wäre nicht mehr »abgehoben«, leib- und kosmosflüchtig oder – das entgegengesetzte Erscheinungsbild derselben Entfremdung – fixiert auf diesen – durchaus vorletzten – Ursprung seines Seins.

Und schließlich: Verständlicherweise sehr viel zugänglicher, weil weniger krass gefärbt von einer Herrschaftsideologie der Männer, scheint mir nach allem die Forderung in Logion 22, »die zwei zu eins«, »das Männliche und das Weibliche zu einem einzigen« zu machen, um ins Reich einzugehen. Hier ist nichts von einer Forderung zu finden, das Weibliche müsse männlich werden, sondern hier kommt die Erwartung einer prä- oder post-hierarchischen Vereinigung zum Ausdruck, die die Verzerrungen und Ausblendungen des Patriarchats weder zum Ausgangspunkt hat noch in der Zielangabe perpetuiert.

Anmerkungen

1. Deutsche Übersetzung von *E. Haenchen,* wie sie in der von K. Aland herausgegebenen Synopsis quattuor evangeliorum, Stuttgart 1963 (13. rev. Auflage/2. Druck 1986) 517–530 vorliegt.
2. Vgl. *J. Jeremias,* Die Gleichnisse Jesu, Göttingen 1962[6], 145ff.; kritisch aber auch A. Lindemann, Zur Gleichnisinterpretation im Thomas-Evangelium, ZNW 71 (1980), 214–243, 226f.
3. *E. Pagels,* Versuchung durch Erkenntnis. Die gnostischen Evangelien, Frankfurt a. M. 1981, 95.
4. *J. J. Buckley,* An Interpretation of Logion 114 in *The Gospel of Thomas,* Novum Testamentum 27 (1985), 245–272.
5. *Buckley,* a.a.O., 246.
6. Vgl. *Buckley,* a.a.O., 266ff.
7. *G. M. Martin,* Werdet Vorübergehende. Das Thomas-Evangelium zwischen Alter Kirche und New Age, Stuttgart 1988.

Pnina Navè Levinson

Der Feststrauß

Aus der Werkstatt der jüdischen feministischen Theologie

Überlegungen

Für die meisten von uns bedeutet dieses Arbeits- und Lebensgebiet auch die Suche nach Aussagen früherer Epochen. In den USA entstand der Ausdruck: »unsere brauchbare Vergangenheit«. Die Erforschung jüdischer Lebenszeugnisse, ihr Niederschlag in den Werken des jüdischen Rechts – die Halacha – und in der narrativen Theologie – die Aggada – ermöglicht uns zu ermessen, welche Ansatzpunkte es in unserem Überlieferungsgut gibt. Das ist auch für diejenigen wichtig, die zunächst von ihrem persönlichen Zorn gegen Traditionen bewegt werden. Denn wir müssen unbedingt die Perimeter erkennen, die uns als Menschen einer Gemeinschaft des geschichtlichen Gedächtnisses bedeutsam sind. Wir wollen nicht an einem Nullpunkt beginnen, sondern sehen, wie die biblischen Grundlagen weitergeführt wurden, wie sie sich im konkreten jüdischen Leben fanden –, in eben jenem Leben, dessen Fortbestand immer wieder als Wunder empfunden wurde. Wir lernen die Worte der Rabbinen vor fast zwei Jahrtausenden, die in ihrer Frauenehrung so weit gingen zu sagen: »Wegen der frommen Frauen wurde Israel aus Ägypten erlöst« (Babylonischer Talmud, Sota, »des Ehebruchs Verdächtigte«, 11b). In jeder Gegenwart brauchten jüdische Frauen taktische Schritte und Machtpositionen innerhalb jüdischer Lebenssysteme. Das ist auch heute nicht anders. Um jedoch *jüdisch* zu sein, benötigen wir diesen genannten Kontext. Daher ist die kenntnisreiche Diskussion über halachische, rechtliche Fragen so wichtig. Wie Christen ihr Kirchenrecht vorfinden, so haben wir die lebensbestimmende Halacha, das jüdische Religionsrecht. Es ist allerdings viel umfassender in seiner Thematik und betrifft alle Lebensbereiche. Da es ein Präzedenzrecht ist, geht es weniger um Paragraphen und mehr um Überlegung und Diskussion. Mehrheits- und Minderheitsmeinungen werden bewahrt, denn es herrscht der Respekt vor Andersdenkenden. Auch kann die Zeit kommen, wo andere Entscheidungen mittels der Weisheit der Minderheit das Gebot der Stunde sind.

Heutige Fragen betreffen u. a. die Ordination von Frauen als Rabbiner (P. Navè Levinson 1986). Dabei wird auch das biblische Vorbild bedacht, nämlich die Prophetin und Richterin Debora. Es ist interessant, das Material in der Mischna und dem Talmud sowie deren mittelalterlichen Kommentatoren heranzuziehen. So meinten französische Rabbiner des 13. Jh., daß zwar im allgemeinen Frauen keine Richter seien, aber das Volk sie in dieses Amt hob; wahlweise, daß sie nicht selbst richtete, sondern »nur« die Männer ausbildete (Tossafot, »Glossen«, zum Babylonischen Talmud, Nidda, »Menstruierende«, 49b. – Vgl. Navè Levinson 1989, Kap. »Debora und Jael«). Ähnlich meinten sie auch von Hulda (2 Kön 22), daß sie ein Lehrhaus hatte, in welchem sie die Ältesten in der vergessenen Tora unterwies (aramäischer Targum und Raschi-Kommentar zu Vers 14). Der provenzalische Kommentator D. Kimchi (12. Jh.) meinte, daß sie insbesondere den Frauen die Gotteslehre beibrachte (Navè Levinson 1989, Kap. Hulda).

Wir sehen das durchgehende Prinzip, daß Judentum stets »Bibel plus« ist. Dieser exegetische und halachische Prozeß blieb niemals stehen. Daher können auch heutige orthodoxe wie nicht-orthodoxe jüdische Denominationen die Halacha heranziehen. Für die progressiven Richtungen gilt das Wort des Theologen M. M. Kaplan (1881–1983): »Die Tradition hat ein Votum, aber kein Veto«. Hingegen gehen Traditionalisten davon aus, daß die Halacha »an sich« unveränderlich ist, obwohl es tatsächlich stets das Mittel der Umdeutung und der daraus folgenden rabbinischen Takkana, »Anordnung«, gab –, weil die Tora »die Tora des Lebens«, »der Baum des Lebens« ist. Orthodoxe Denker betonen, wie etwa der Frankfurter Rabbiner Samson Raphael Hirsch (1808–1888), der Gründer der Neu-Orthodoxie, daß in *ihrem* Sinn getroffene Neuerungen lediglich eine Ausfaltung der gottgegebenen »Tora min haschamajim«, der göttlichen Offenbarung, seien. Im Unterschied dazu verstehen alle übrigen, mehrheitlichen jüdischen Denominationen die Tora als göttlich inspiriert, aber menschlich formuliert und daher aus ethischen und soziologischen Gründen veränderbar. Die fruchtbare Diskussion um diese Themen macht die Lebendigkeit des pluralen Judentums aus. Dabei äußern sich die verschiedensten Temperamente, Charaktere und Interpretationen. Es ist nicht anders als im Christentum. Mein Lehrer Gershom Scholem meinte: Juden sind wie andere Leute, nur noch mehr so.

Für die folgenden Beispiele ist zu bedenken, daß die Grenze zwischen Halacha und Aggada fließend ist. Im organischen rabbinischen Denken herrschen ganzheitliche Vorgänge, die erst im nachhinein in ein Schema organisiert werden (M. Kadushin 1952).

Der Feststrauß in Bibel und Tradition

Im biblischen Festkalender, Lev 23, wird das herbstliche Wallfahrts- oder Laubhüttenfest beschrieben (Verse 39–43): Es ist ein Erntedank und dient der Erinnerung an Israels Wüstenwanderung. Das Zeichen des Festes ist der Strauß, im rabbinischen Hebräisch: der Lulaw. Vers 40 lautet in der Lutherbibel: »Und sollt am ersten Tage Früchte nehmen von schönen Bäumen, Palmenzweige und Maien von dichten Bäumen und Bachweiden, und sieben Tage fröhlich sein vor dem Herrn, eurem Gott.«

Enger an den hebräischen Urtext und an die jüdische Umsetzung im Leben hält sich die jüdische Gemeindebibel von Leopold Zunz und Mitarbeitern (L. Zunz 1838):

»Und nehmet euch am ersten Tage eine Frucht vom Baum Hadar, Palmzweige und Zweige vom Baum Abot und Bachweiden, und freuet euch vor dem Ewigen, euerm Gott, sieben Tage.«

Der Text führte die Former der Traditionen zu Entscheidungen über die hier genannten »Vier Arten«, hebr. arba'a minim, sowie über ihre Beschaffenheiten und Anzahl. Als Symbol eines so wichtigen Dankfestes sollte es kein beliebiger froher Strauß sein, wie es die Lutherbibel und ähnliche Übersetzungen nahelegen. Sondern die Halacha ist es, die ihrerseits die Exegese und damit die Wiedergabe bestimmt. Hinzukommt die Eisegese, das Hineindeuten, einer vielschichtigen Symbolik. Weitere Phasen des halachischen Prozesses befassen sich mit der Durchführung des religiösen Rituals. Heutzutage ist das auch faszinierend für die Nachkommen solcher Juden, die sich einst von jedem Ritual als »irrational« abwandten. Teil des »Forschens und Tuns«, Midrasch und Ma'assä, ist das Aufzeigen der auf Frauen bezogenen Überlieferungen und ihre Weiterführung.

Zunächst sollten wir jedoch die Pflanzennamen betrachten. Also *nicht* »Früchte vom schönen Baum«, sondern *»eine Frucht* vom *Hadar-Baum«*. »Hadar« heißt »Pracht« und ist Name der Zitrus-Arten und seit der Zeit des Zweiten Tempels wird eine besonders kostbare und prächtige Frucht gewählt, Citrus medica cedra, hebräisch: Etrog. »Abot«, d. h. »dicht verzweigt«, wurde mit der üppigen Myrthe gleichgesetzt. Das hebräische »Kappot Temarim« wurde verstanden als noch geschlossener Wedel, »Hände« der Dattelpflanze. Der Strauß besteht aus einem Etrog, einem Dattelpalmzweig, zwei Bachweidenzweigen und drei Myrthenzweigen. Der Beliebigkeit enthoben, gehört der Lulaw nunmehr zu den spezifischen Kennzeichen der jüdischen religiösen Kultur. Kritisch kann angemerkt werden, daß manchmal ein übertriebener Wert auf die Vollkommenheit der Pflanzen gelegt wird, was zu überhöhten Preisen besonders des Etrog führt. Jedoch ergab sich dies aus der Liebe zum biblischen Wort und eingedenk der Errettung aus der ägyptischen Sklaverei unserer Mütter und Väter.

Symbolische Deutungen

In der narrativen Theologie sind die »Vier Arten« des Lulaw Gegenstand von Predigten und Meditationen, deren Fragmente sich in der Midrasch-Literatur zu den biblischen Büchern finden, vor allem im Midrasch Rabba zu Leviticus, in den Kapiteln zu unserer Perikope, *Emor,* »Sprich!« (Lev Kap 23–24): im Midrasch Kap 30, 8ff., und Parallelen in anderen Sammlungen. Die Deutungen des Straußes beziehen sich auf Menschen, Völker, Jahreszeiten, Orte sowie auf Gott. Die Gottsuche der Meister führte zu dem unbefangenen Umgang mit diesen aus der Natur entnommenen Symbolen, was deshalb möglich war, weil den HörerInnen eine Vergottung der

Natur fernlag. Allerdings werden hier teils andere Wortbedeutungen genommen, wie es der spielfreudigen jüdischen Allegorese entspricht: Hadar, »Pracht«, ist Gott, denn »Glanz und Pracht ist vor ihm« (Ps 96,6); die Dattelpalme bezieht sich auf ihn, denn »der Gerechte blüht wie die Dattel« (Ps 92,13); das hebräische Wort für Weiden, Arawot, bezieht sich auf ihn, von dem es heißt: »Machet Bahn ihm, der auf Arawot, ›Wolken‹, reitet« (Ps 68,5; bei Luther eine weitere Bedeutung des Wortes: »in der Wüste«).

Solche Deutungen waren für Juden ebenso selbstverständlich wie der auch von Jesus übernommene Anruf Gottes als »Vater« oder die jesajanische Trostrede, daß Gott wie eine Hebamme ist und wie die Mutter, die uns tröstet (Jes 66,9; 13). Das wird leider oft verschwiegen. Um Juden und Jesus auseinanderzudividieren, wird immer wieder behauptet, daß als erster Jesus »Abba« sagte, was fälschlich mit »Papi« übersetzt wird. Abba ist die aramäische Form, die dem hebräischen Aw oder in der Anrede Awi, Awinu, entspricht – Vater, mein Vater. So wird es z. B. in der autorisierten aramäischen Bibelübersetzung der antiken Synagoge, dem Targum, verwendet, siehe das Fachwörterbuch von Levy, Bd. 1 (Nachdruck 1963).

Als Sinnbild für Menschen bedeuten die Vier Arten das Herz, die Augen, die Lippen und die Wirbelsäule, »denn durch diese Organe haben alle anderen Körperteile Bestand und werden durch sie geleitet«.

Als Sinnbild der Gemeinschaft zeigen sie das gegenseitige Angewiesensein auf: »Er Etrog ist Israel: Er duftet und schmeckt. So gibt es in Israel Menschen, die Tora und gute Werke haben. Die Dattelpalme ist Israel: Sie hat Früchte ohne Duft. So gibt es in Israel Menschen, die Tora haben, aber keine guten Werke. Die Myrthe ist Israel: Sie duftet und ist nicht genießbar. So gibt es Israeliten, die gute Werke haben, aber keine Tora. Die Bachweide ist Israel: Sie hat weder Früchte noch Duft. So gibt es Israeliten, die weder Tora noch gute Werke haben. Gott spricht: Ich kann sie nicht untergehen lassen! Sie sollen alle einen Bund, einen Strauß bilden und einander entsühnen.«

Zur Myrthe ist anzumerken, daß das Gleichnis nicht auf alle Sorten zutrifft. Mein Mann hat oft dieses Gleichnis gepredigt. Aber aus der Volkskunde in Israel und Mallorca lernten wir, daß die schwarzen Beeren genießbar sind und eine wunderbare Marmelade ergeben. Auch die inspirierten Gleichnisreden unserer Meister sind manchmal »mit einem Körnchen Salz« zu nehmen – oder einer Handvoll Zucker!

In einer weiteren Deutung beziehen die Meister die Vier Arten auf die drei Stammväter und auf Josef, auf Grund von Ps 77,16: »Du hast dein Volk erlöst mit Macht, die Kinder Jakobs und Josefs«: »Der Etrog ist unser Vater Abraham, denn Gott machte ihn voller Pracht des Altseins, wie geschrieben: ›Und Abraham war alt‹ (Gen 24,1). – (Zu Hadar steht hier das Verb hiddér, das an das Schriftwort anklingt: wehadarta pné sakén – ›ehre = schmücke‹ die Gegenwart des alten Menschen (Lev 19,32.) Kapott Temarin, der Palmzweig, ist unser Vater Isaak, denn er war auf dem Altar gebunden, kafut. Der Myrthenzweig ist unser Vater Jakob, denn wie die Myrthe Abot ist, dicht mit Blüten besteckt, so hatte er Söhne, dicht an dicht. Die Bachweide ist Josef. Denn wie sie vor den anderen Pflanzen im Strauß welkt, so starb er vor seinen Brüdern.«

Parallel zu den Vätern, sozusagen paritätisch, bezieht sich eine weitere Deutung auf die vier Stammütter Israels: »Die Vier Arten bedeuten die vier Mütter. Die Frucht des Prachtbaumes ist unsere Mutter Sara, denn Gott machte sie voller Pracht des Altseins, wie geschrieben: Abraham und Sara waren alt (Gen 18,11). Der Palmzweig ist unsere Mutter Rebekka, denn die Dattelpalme hat Früchte und Dornen, so brachte Rebekka einen Frommen und einen Bösewicht hervor. Der Myrthenzweig ist unsere Mutter Lea, denn wie die Myrthe Abot ist, dicht mit Blüten besteckt, so hatte sie Söhne, dicht an dicht. Die Bachweide ist unsere Mutter Rahel, denn wie sie vor den anderen Pflanzen verwelkt, so starb sie vor ihrer Schwester.«

Zum Umgang mit der Schrift

Diese Predigtstücke des Midrasch zeigen, wie die Rabbinen auf Grund der Ursprache ihr kreatives Denken entwickelten. Ähnlich ging der Philosoph Philon von Alexandrien als Prediger seiner griechisch-sprachigen jüdischen Gemeinde vor. Von ihm und den Rabbinen übernahmen auch die Kirchenväter den symbolisierenden Umgang mit dem Schriftwort.

Für das Judentum galt stets, daß dennoch der einfache Schriftsinn Vorrang behält, um so Kindern und Erwachsenen die jüdischen Lebensformen und -inhalte vorzuleben und zu vermitteln. Dem gilt auch die Absicht der narrativen Theologie, besonders über Frauen. Besonders hochgeachtet waren stets die Kinder als Garanten der jüdischen Zukunft. Sie sind vor Gott die Bürgen für die Tora: »Aus dem Munde der Kleinkinder und Säuglinge gründest du Macht«, d. h. Tora (Ps 8,3). Ebenso betreffen die Vorschriften des jüdischen Lebens die Frauen, die als erste am Sinai die Gebote erhielten. So verstehen Juden den Vers »Sprich zu dem *Hause* Jakobs und den Söhnen Israels« (Ex 19,3; Midrasch Exodus Rabba 28,1 u. ö.). Die Frau ist das Zuhause des Mannes – in anderen Bildern auch: seine schützende Mauer.

Im Umgang mit der Hebräischen Bibel ist es wichtig, solche wirkungsgeschichtlichen Fakten zu kennen. Auch wo wir Dinge kritisch betrachten, sollten wir lernen, indoktrinierte antijüdische Stereotypen zu durchschauen und auszuräumen. Zu diesen gehören Behauptungen von der angeblichen Zweitrangigkeit der Frauen und Kinder im Judentum, die erst durch Jesus »befreit« wurden. Das gleiche gilt natürlich auch für das Umlernen der Dinge, die evangelische Christen und Katholiken übereinander zu wissen meinen, und für Fehlinformationen von Juden über das Christentum. Von Jesus wissen die meisten Juden nur durch das Gute oder Schlechte, das seine Gemeinde ihnen antut.

Zur Halacha

Die biblischen Imperative an den Menschen gehören sprachlich zwei Grundformen an: Tu!, oder: Tu nicht! Daher spricht man von Geboten des Tuns oder Geboten des Lassens. Andere Bezeichnungen sind zwar verbreitet – »Gebote und Verbote«, englisch: »positive and negative commandments«, jedoch drücken diese nicht den Kern der Sache aus.

Beginnend mit der religiösen Mündigkeit – Mädchen mit zwölf Jahren, Knaben mit dreizehn – sind der Tradition verbundene Juden verantwortlich für die Erfüllung der Gebote. Von den 613 biblischen Geboten gibt es rund 70, die gegenwärtig anwendbar sind. Männer wie Frauen sind auf die Gebote des Lassens gleichermaßen verpflichtet, wobei die meisten inklusiv sind, andere hingegen geschlechtsspezifisch. Hier möchte ich einen neuen Terminus weitergeben, den ich von der amerikanischen Forscherin Ann Johnson lernte: statt »inklusiv« sagt sie »genderful« (A. Johnson 1987, 17). – Auch die meisten Gebote des Tuns sind inklusiv. Ausnahmen bilden Gebote des Tuns, die an eine bestimmte Zeit gebunden sind bzw. von den Meistern so definiert wurden, meist auf Grund des üblichen Brauchs. Von einigen solchen Geboten sind Frauen befreit. Dies ist jedoch kein durchgehendes Prinzip, das verdeutlichen z. B. die Vorschriften betreffs des ungesäuerten Brotes, die Mazza, am Pessachfest, vor allem jedoch die wöchentliche Sabbatruhe, die ohne Unterschied von Geschlecht oder sozialem Stand für alle gilt (vgl. die beiden Versionen des Sabbatgebots: Ex 20,8–12 und Deut 5,12–15). Das gleiche betrifft auch das Gebot der Freude an den Festtagen.

In den Versen zum Laubhüttenfest finden wir die Gebote des Freuens, das Wohnen in Laubhütten und das Nehmen des Lulaw. Was das Wohnen bzw. das Einnehmen der Mahlzeiten in der Hütte anbelangt, so gehört dies zu den zeitgebundenen Dingen, von denen Frauen nach der Halacha befreit sind. Das stimmt mit den Vorstellungen von Privatheit und Würde der Frauen überein, besonders angesichts des unvermeidlichen Gedränges in diesen oft kleinen provisorischen Räumen auf engen Balkons oder in einem Teil des Hofes. Nun legen jedoch viele traditionalistische Familien Wert darauf, auch unter finanziellen Opfern Wohnungen mit mehr Raum unter freiem Himmel zu haben. Es haben sich dafür eigene Baustile entwickelt, die kennzeichnend für entsprechende Wohnviertel besonders in Israel geworden sind. Die so gewonnene Lebensqualität kommt den übrigen 51 Wochen des Jahres zugute. – Die Laubhütte soll keine permanente Überdachung haben. Durch ihre Spalten sollen die Sterne sichtbar sein.

Infolge des veränderten Bewußtseins und der Modernisierung

auch in strikt traditionalistischen Kreisen wird heute zugleich betont, daß die Freistellung der Frauen von einigen religiösen Pflichten keineswegs eine Ausschließung oder ein Verbot bedeutet. Interessant sind mir die Ausführungen des sefardischen, d. h. orientalischen Oberrabbiners von Tel-Aviv, Chajjim David Halevi (1968), besonders weil er auch die aschkenasischen, d. h. westlichen Traditionen heranzieht. Das ist nicht nur in Israel wichtig, sondern auch in vielen anderen jüdischen Gemeinschaften mit Menschen verschiedener Herkunft, von Hamburg bis New York, von Bombay bis Buenos Aires. Er schreibt (S. 131): Es ist gottgefällig, daß Frauen und Mädchen dieses Gebot erfüllen, »und es ist ein Gebot für jeden Mann, seine Frau und die Töchter des Hauses mit sich in der Laubhütte sitzen zu lassen, auf daß sie sich im Schatten der göttlichen Gegenwart bergen, ihre Seelen läutern und die Gnade Gottes mit seinem Volk Israel erleben, so daß die Ehrfurcht vor Gott stets über ihnen sei.« – Die Laubhütte ist ein Symbol für die Gegenwart Gottes, und in mystischen Traditionen werden feierlich die Sieben Hirten Israels als Gäste, aramäisch: Uschpisin, geladen: Abraham, Isaak, Jakob, Josef, Moses, Aaron und David.

Feministische neue Rituale sollten gewiß auch Israels Hirtinnen und Schützerinnen dazunehmen. (Einen Überblick über solche Rituale bringe ich in meinem nächsten Buch.)

Noch ausdrücklicher betont Ch. D. Halevi die aktive Teilnahme der Frauen am Ritual des Feststraußes. Dieses besteht darin, daß er täglich – mit Ausnahme des Sabbats – in beiden Händen gehalten geschwungen wird, wobei Gott gedankt wird, der uns dieses aufgetragen, befohlen hat. Einige Autoritäten bezweifeln, daß jemand, der davon »befreit« ist, es zugleich »aufgetragen« bekommt. In der üblichen Gründlichkeit werden solche Fragen in der halachischen Fachliteratur diskutiert. Halevi, eine weithin anerkannte striktest orthodoxe Autorität, vergleicht das Gebot des Lulaw mit der des Blasens des Schofar, Widderhorns, am Neujahrsfest, unter Heranziehung alter und neuerer orthodoxer Autoren:

»Die Mizwa (= Gebot) des Lulaw ist zwar an eine bestimmte Zeit gebunden und Frauen sind von ihr befreit. Dennoch gilt hier das gleiche wie für das Blasen des Schofar, des Widderhorns, am Neujahr.« Dazu schreibt er (dort, S. 112): »Obwohl Frauen wegen des

Zeitfaktors davon befreit sind, können sie das Schofar blasen, litkoa Schofar. Ebenso kann ein Mann für sie blasen, damit sie ihre religiöse Pflicht erfüllen. Unser Meister (= Josef Karo, Autor des bis heute grundlegenden Kodex Schulchan Aruch; 16. Jh., Land Israel) schrieb, daß sie dabei keinen Segensspruch sagen und man ihn nicht für sie spricht. Aber Rabbi Moses Isserles (der aschkenasische Ergänzer des Kodex; 16. Jh., Polen) schrieb, es ist Brauch, daß Frauen bei dem Erfüllen einer zeitgebundenen Mizwa einen Segensspruch sagen. (...) Wo Sefardinnen ebenfalls diesen Brauch haben, sollen sie ihn beibehalten. Man soll keinesfalls beanstanden, wenn Frauen den Segen sprechen.«

Zum Verständnis dieser Erörterungen ist wie gesagt zu bedenken, daß die Dankesform für Gott lautet, »der uns geboten hat«, dieses Bestimmte »zu tun«: Ist es redlich, dieses auch bei freiwillig getanen, also nicht »gebotenen«, Dingen zu sagen? Dafür spricht u. a., daß ein solcher Segen für das nachbiblisch festgesetzte Entzünden der Sabbatlichter von den Frauen gesagt wird – eine Anordnung der Pharisäer, »um die Frauen zu erfreuen«.

Halevi wendet die von ihm zitierten Traditionen auch betreffs des Lulaw an und erklärt (dort, S. 131): »Wir hörten die Aussagen großer Autoritäten, daß die Frauen es so hielten. Ich selbst bezeuge, daß ich in meiner Kindheit in Jerusalem sah, wie die größten Rabbiner den Lulaw ihren Frauen gaben und diese selbst den Segen sprachen. Und daher sollen Sefardinnen, deren Brauch es ist, es weiterhin so halten, ohne daß man ihnen oder denen, die es ihnen beibringen, Vorhaltungen macht.«

Ähnlich argumentiert Rabbiner Halevi in parallelen Dingen. Es geht ihm, dem strikt Orthodoxen, darum, Frauen zu aktiven religiösen Verhaltensweisen und der damit verbundenen Unterrichtung zu motivieren, auch wo es möglich wäre, sich auf Männer zu verlassen, die es stellvertretend tun. Wie andere seiner Kollegen will er damit der drohenden Gleichgültigkeit entgegenarbeiten. Das macht ihn keineswegs zum Feministen, jedoch zeigen sich hier Einstellungen, die kennzeichnend für feministische Rabbiner der westlichen Welt sind, z. B. Mitarbeiter des Jewish Catalog (1974ff.) als Ergebnis der paritätischen Havurah (Chawura)-Bewegung zum Wiederentdecken und Weiterführen eines für sehr verschiedene jüdische Richtungen

»tu-baren Judentums« (Franz Rosenzweig) aus unserer »brauchbaren Vergangenheit« heraus. Darin nähern sich heute FeministInnen und andere religiöse Juden beiderlei Geschlechts.

Schlußbemerkung

In der Begegnung mit unseren christlichen Geschwistern treffe ich zwei gegensätzliche Reaktionen auf die jüdische Tradition. Die einen sagen – das ist doch alles so gesetzlich. Die anderen sagen – wie schade, daß wir so wenig an Symbolen und Riten für das Haus haben!

Den ersteren berichte ich, wie erstaunt ich als Beobachterin bei Synoden war, wo zu jeder gestellten Frage erst ein Kirchenjurist (Frauen gibt es in der Funktion wohl kaum) in vielen landes- und EKD-kirchenrechtlichen Folianten nachsah, ob die Frage erlaubt ist und die Sache überhaupt diskutiert werden kann. Die zweiten frage ich nach ihren frühen Erinnerungen oder nach Besuchen in kleinen Gemeinschaften. Ich meine, wir alle brauchen viel Erinnerung und Erfahrung und den interreligiösen Austausch, da wir alle Minderheiten in areligiösen Umwelten sind. Darüber hilft kein religiöses Establishment hinweg, sondern nur unsere eigene paritätische, inklusive, »genderful« Entscheidung zum Lernen und Tun.

Literaturnachweise

Halevi, Chajjim David 1968: Mekor Chajjim li-Bnot Jisrael (hebr.; halachisches Handbuch für jüdische Frauen). Tel-Aviv.

The Jewish Catalog 1974–1980, 3 Bde. Hrsg. Siegel/Strassfeld/Strassfeld. (Handbuch für ein »Judentum zum Selbermachen«). The Jewish Publication Society of America, Philadelphia. (Das meistgekaufte jüdische Werk der letzten Jahre!)

Johnson, Ann 1984: Miryam of Nazareth. Woman of Strength & Wisdom. Ave Maria Press, Notre Dame University, Indiana. (Feministische Meditationen und Gebete für christliche und zwischenreligiöse Treffen).

Johnson, Ann 1987: Miryam of Judah. Witness of Truth and Tradition. Dort. (Zur Identifikation mit Maria, der Jüdin.)

Kadushin, Max 1952: The Rabbinic Mind. New York. 2. Aufl. 1965.

Levy, Jacob 1924: Nachdruck Darmstadt 1963: Wörterbuch über die Talmudim und Midraschim. 4 Bde., Berlin-Wien. Erstausgabe Leipzig 1976–1989.

Navè Levinson, Pnina 1982: Einführung in die rabbinische Theologie. Wiss. Buchgesellschaft, Darmstadt. 2. Aufl. 1987.

Navè Levinson, Pnina 1986: Die Ordination von Frauen als Rabbiner. Zeitschrift für Religions- u. Geistesgeschichte 38/4, Köln.

Navè Levinson, Pnina 1989: Was wurde aus Saras Töchtern? Frauen im Judentum. Gütersloh, GTB Siebenstern 495.

Zunz, Leopold (Hrsg.) 1938, mit H. Arnheim, J. Fürst, M. Sachs: Die Heilige Schrift. Berlin. 17. Aufl. 1935, Nachdruck Basel o. J. (In der Nachfolge Mendelssohns als Gemeindebibel in einem Band. Angabe der Perikopen und der Prophetenlesungen).

Elisabeth Gössmann

Sinne, Seele, Geist

Zur makro-mikrokosmischen Anthropologie Hildegards von Bingen

In der neueren Forschung wurden und werden bis heute historische Frauentexte so gelesen, als hätten die Autorinnen das zeitgenössische Menschen- und insbesondere Frauenbild, wie es in der offiziellen Tradition der Schulen männlicher Theologen und Philosophen zu finden ist, total verinnerlicht (Dinzelbacher 1988). Wer diese Texte anders liest, gerät in den Verdacht, nicht eine ernsthafte Texthermeneutik zu betreiben, sondern völlig ungerechtfertigt den patriarchalisch denkenden Autorinnen früherer Zeiten moderne feministische Theorien überzustülpen. Der Grund liegt meistens darin, daß die so Rezipierenden den Autorinnen des Mittelalters bereits vor aller Textlektüre ein patriarchalisches Menschenbild unterstellen, was sie dann auch bestätigt finden. Unerkannt bleibt, daß die Autorinnen sich vielfach nur auf die gängige Lehre berufen, um sie dann in durchaus ungewohntem Sinne zu interpretieren und an unvermuteter Stelle sogar zur Replik anzusetzen. Dies wird aber beim ersten Lesen meist nicht wahrgenommen und auch nicht gesehen, daß die Texte mehrbezüglich angelegt sind und mehrfache Lektüre im Original verlangen, sowie eine wiederholte Meditation des Gelesenen.

Als äußere Schwierigkeit kommt hinzu, daß uns die meisten Frauentexte noch nicht in kritischen Ausgaben vorliegen, daß sie unübersetzt oder nur unzulänglich übersetzt sind und daß es an Untersuchungen fehlt, die einerseits die Frauentexte in historischer Kontinuität und andererseits in Vergleich und Gegenüberstellung zur gleichzeitigen offiziellen Schultradition männlicher Provenienz beleuchten. Dabei verläuft die Grenze keineswegs nur zwischen den Geschlechtern, denn auch Frauen wie Hildegard von Bingen und die Helftaerinnen kennen die Scholastik und berufen sich vielmals in bejahendem Sinne auf sie, und auch männliche Mystiker setzen Gegengewichte wie die weiblichen. Dennoch bleibt bei den Frauen die Erfahrung der weiblichen Leiblichkeit der Ansatzpunkt zur Kritik von Gottes- und Menschenbild. Daß wir gewohnt sind, sie Mystikerinnen zu nennen, beruht auf den neutestamentlichen Rede- und Lehrverboten, wodurch Frauen sich auf die literarische Form mystischer Prophetie beschränkt sahen, selbst wenn, wie im Falle Hildegards, keine ekstatischen Erfahrungen vorliegen. Immerhin wurden sie unter dem Begriff »Frauenmystik« auch in der bisherigen Forschung schon wahrgenommen, weshalb es schwer ist, diesen Begriff zu eliminieren, wenngleich uns heute bewußt sein sollte, was er unsichtbar macht: nämlich daß diese Frauen auch Theologinnen sind.

Aus dem häufigen Ansprechen ihres Lesepublikums wissen wir, daß mittelalterliche Autorinnen sich über die möglichen Folgen der Rezeption ihrer Werke Gedanken machten. Waren es doch männliche Autoritäten, die über die Rechtgläubigkeit, Förderungswürdigkeit und Verbreitung ihrer Schriften entschieden. Die ihnen vertrauten Lehren mußten also auch in den Texten der Frauen vorfindbar sein. Wo diese unterwandert bzw. abgewiesen wurden, da geschah es in nicht so leicht zugänglicher oder auch kodierter Form. Aber wer zu lesen verstand und versteht, konnte und kann diese verborgenere Schrift entziffern. Frauen schrieben für Schwestern und Brüder des gleichen oder auch eines anderen Ordens, um ihnen geistliche Nahrung zu geben. Hildegard ist nicht die einzige, bei der die menschliche Leiblichkeit, auch die des Mannes, anders gewertet und das Geschlechterverhältnis in Gegenseitigkeit dargestellt wird.

Am meisten Verwandtschaft mit Hildegards Anthropologie der makro-mikrokosmischen Entsprechungen hat im 12. Jh. die Kathedralschule von Chartres. Aber auch die an sich so welt- und materiefreundlichen Chartrenser konnten nicht umhin, bei der Erklärung der biblischen Schöpfungsberichte die Frau schlechter wegkommen zu lassen: Die Mischung der vier Elemente im Körper des Mannes, so heißt es, sei vollkommener als die im Körper der Frau. Hildegard sagt nichts dergleichen bei ihren verschiedenen Erklärungen der Schöpfungsberichte. Aber sie schweigt nicht nur, sie erwidert auch, indem sie eine andere Elementenlehre entwickelt. Während die

Naturphilosophie des Mittelalters die nach damaliger Kosmos-Vorstellung höher gelegenen Elemente Feuer und Luft im männlichen Körper und die niederen, nämlich Wasser und Erde, im weiblichen Körper überwiegen läßt, sind es nach Hildegard die beiden mittleren, Luft und Wasser, die im weiblichen, und die beiden extremen, Feuer und Erde, die im männlichen Körper überwiegen. So bricht sie die kosmisch legitimierte Hierarchie des Männlichen über das Weibliche auf und erreicht ein Menschenbild gleichwertiger Polaritäten, bei dem Männliches und Weibliches aufeinander angewiesen sind. Der weibliche Körper ist also alles andere als schlechter gemischt.

Von der Elementenmischung im menschlichen Körper hängt die Lehre von den Körpersäften und den dadurch bedingten Temperamenten ab. Bis ins 18. Jh. überlebte jene Art von Temperamentenlehre, die den Frauen auf Grund ihrer Körpersäfte die für kreative Tätigkeit ungünstigeren Temperamente bzw. Temperamentenmischung zuschrieb. Wegen ihrer angeblich feuchteren und kälteren Körperbeschaffenheit (Wasser, Erde) wurde bis in die Aufklärung den Frauen das phlegmatisch-melancholische Temperament, den Männern aber wegen ihrer angeblich trockeneren und heißeren Körperbeschaffenheit (Luft, Feuer) das zu großen Leistungen befähigende sanguinisch-cholerische Temperament zugeschrieben. Diese Tradition, gegen die sich noch im 18. Jh. die Ärztin Dorothea Christiane Leporin-Erxleben zur Wehr setzen mußte, ist schon im 12. Jh. von Hildegard von Bingen mit ihrer Identifizierung der mittleren Elemente als den überwiegend weiblichen entscheidend korrigiert worden. Die Begabungen der Geschlechter unterscheiden sich nicht nach hoch und niedrig, sondern nach qualitativen Prävalenzen. Grundsätzlich ist bei beiden Geschlechtern jedes Temperament möglich. Aber die scholastische Tradition war zu sehr in ihrer patriarchalisch-hierarchischen Sicht der Geschlechterrelation befangen, als daß sie Hildegards Korrektur hätte annehmen können.

Diesem grundlegend anderen Entwurf der makro-mikrokosmischen Geschlechterbeziehung bei Hildegard entsprechen auch die Einzelheiten ihrer Deutung der Schöpfungsberichte und der Sündenfallerzählung. Bei beiden Geschlechtern arbeitet Hildegard je eigene Privilegien heraus. Der Mann, geschaffen aus dem Lehm der Erde und in menschliches Fleisch verwandelt, erhält aus dieser seiner

Herkunft die physische Stärke, die er braucht, um die Erde zu bebauen. Aber die Frau, nicht aus Erde, sondern aus menschlicher Leiblichkeit erschaffen, hatte nach Hildegard eine solche Umwandlung nicht nötig. »Aus dem Fleische genommen, blieb sie auch Fleisch, und deshalb sind ihre Hände geschickt für ein kunstvolles Werk.« Hildegards »et ideo« ist bisher unverstanden geblieben. Die Hildegard-Forscherin Barbara Newman erklärt es zum »non sequitur«, und Bernhard Scholz übersieht das weibliche Privileg, das Hildegard dem männlichen gegenüberstellt, vollkommen, wenn er schreibt: »Die Frau wurde nicht aus Erde, sondern aus Adams Fleisch geschaffen. Daher entbehrt sie des soliden Marks der Erde, das der Mann besitzt. Der erdgeborene Adam wurde einer totalen Metamorphose unterzogen. Die fleischgeborene Eva aber erfuhr diese kraftverleihende Umwandlung nicht.« Dabei ist es doch so einfach: Dem Vorteil des Mannes, der in seiner physischen Stärke besteht, entspricht auf seiten der Frau die größere Geschicklichkeit, die sie, nicht zuletzt auch wegen der Luftartigkeit ihres Leibes, für ihre Funktion bei der Schwangerschaft und ihre Aufgaben bei der Kinderpflege und der Textilienherstellung geeignet macht. In einer Zeit mit stark getrennter Kultur der beiden Geschlechter konnte eine solche Bibeldeutung den Menschen Sinn geben, ohne einseitige Abhängigkeiten zu legitimieren. »Ohne die Frau wäre der Mann nackt«, sagt Hildegard einmal, um die Gegenseitigkeit und das Aufeinander-Angewiesensein der beiden Geschlechter zu verdeutlichen.

Wurden bis in die Renaissance trotz aller uralten Symbolik vom Weltenei die weiblichen Geschlechtsorgane als introvertierte Verkümmerung der männlichen gesehen, so vollzieht Hildegard auch hier schon eine umwertende Deutung. Sie glaubt, daß ursprünglich die männlichen Geschlechtsorgane wie die weiblichen im schützenden Innenraum des Körpers geborgen waren und erst infolge des Sündenfalls nach außen gekehrt wurden. Nimmt sie so das Weibliche als Maß der schöpfungsgerechten Menschennatur? Es soll beileibe keine heutige Patriarchatskritik in Hildegard hineingetragen werden, als habe sie bereits den Ungeist des phallischen Bewußtseins als Sündenfall gegeißelt. Aber das Weibliche als Urmodell des heilen und ganzen Menschseins zu sehen, liegt durchaus auf ihrer Linie.

Prudence Allen geht sogar so weit zu sagen, daß nach Hildegards Lehre vom menschlichen Urstand die Frau ohne Zutun des Mannes gebärfähig gewesen wäre. Die Stelle aus Hildegards »Causae et curae«, die sie dafür zitiert, lautet folgendermaßen: »Die erste Mutter der Menschheit war ausgerüstet wie der Äther, der völlig unversehrt in sich die Sterne trägt. So trug auch sie unversehrt und unverletzt in sich die Menschheit, denn ihr war gesagt worden: Vermehre dich und fülle die Erde.« Allerdings gibt es andere Stellen im gleichen Werk Hildegards, die im augustinischen Sinne von einer konkupiszenzfreien Geschlechtlichkeit im Urstand sprechen.

Bezüglich der Sexualität der Frau gab es auf männlicher Seite im Mittelalter zwei total entgegengesetzte Auffassungen: nach der einen ist sie ein unersättliches Wesen, nach der anderen infolge ihrer kühlen Körperbeschaffenheit ganz und gar frigid. Ein immer wieder kolportiertes, zu Unrecht Albertus Magnus, dem deutschen Scholastiker des 13. Jh., zugeschriebenes Wort lautet: »Die heißeste Frau in Äthiopien ist immer noch kälter als der kälteste Mann in Europa.« Hildegard nimmt die Frau gegenüber beiden extremen Unterstellungen in Schutz, wenn sie ihr das wärmende Element der Luft zuschreibt, das in ihrem Schoß den kalten männlichen Samen zum Leben erweckt, wie sie es in ihrem Werk »Causae et curae« mehrfach beschreibt. Auf Grund der Mittellage ihrer elementaren Körpermischung, Körpersäfte und Temperamente ist die Frau nach Hildegard zu größerer Selbstkontrolle fähig als der Mann. Im gleichen Werk hat sie verschiedene Typen weiblicher und männlicher Sexualität analysiert und angegeben, welche besonders gut zueinander passen und wie die jeweils zu erwartenden Nachkommen geartet sind. Dies war der Grund, daß zu Beginn der Hildegard-Forschung im 19. Jh. dieses Werk entweder für unecht erklärt oder Hildegard die Heiligkeit abgesprochen wurde. Bei der Analyse der verschiedenen Typen von Sexualität nähert sich Hildegard bereits einem Menschenbild, das die Polaritäten nicht nur zwischen den Geschlechtern, sondern ebenso auf individueller Ebene ansetzt. Auch kennt sie einen Typ des Männlichen, der einem bestimmten Typ des Weiblichen nicht unähnlich ist, so daß sie sich auf den Weg zu einem androgynen Menschenbild begibt.

Für Hildegard kann sowohl das Männliche als auch das Weibliche positive wie negative Qualitäten und Bedeutungen haben. Das wurde bisher meist übersehen, weil diejenigen, die Hildegards Frauenbild studierten, das Bild des Mannes bei ihr außer acht ließen und das Positive des Frauenbildes bzw. der weiblichen Symbolik übersahen oder zu Unrecht auf den göttlichen Bereich beschränkten. Für Hildegard ist die männliche Stärke in Gefahr, in Grausamkeit umzuschlagen, und rückt in den Kontext von Gewalt und Vergewaltigung, wenn sie nicht durch mansuetudo (Sanftheit) moderiert ist. Ihre Kritik an der eitlen Überheblichkeit bei den Männern drückt sie mit ihren aus Menschen- und Tierleibern, Weiblichem und Männlichem zusammengesetzten Symbolwesen der Laster verständlich aus, indem sie der Superbia (Stolz) trotz ihres weiblichen grammatischen Geschlechts ausdrücklich eine männliche Brust verpaßt, »da doch der Tumor eitler Größe immer im Herzen dieses Lasters wohnt«. Bedenken wir, daß die Scholastik der Eva bei der Ursünde den größeren Stolz zuschreibt, so ist der Replikcharakter einer solchen Kritik offenbar.

Hildegard schweigt bei ihrer Auslegung der Sündenfallgeschichte von all den bösen Motiven, welche die zeitgenössische Scholastik (in Augustinus-Nachfolge) der Eva unterschob. Sie spricht zwar nicht, wie seit Christine de Pizan viele Frauen der Renaissance, die Eva ganz frei von Schuld, aber sie ist sehr darauf bedacht, die Verführungskraft der Schlange als nahezu unwiderstehlich darzustellen und die Evasschuld als eine solche, die das Erbarmen Gottes hervorrief. Fast mit arithmetischer Genauigkeit spricht sie aber ebenso oft von Adams- wie von Evasschuld.

Ihre negativ beurteilte eigene Zeit nennt Hildegard bekanntlich »tempus muliebris debilitatis«. Alle, die Hildegards Frauenbild für antifeministisch halten, übersetzen dies als »Zeit der weibischen Schwäche« und übersehen die in diesem Ausdruck gelegene Geschichtssymbolik. Denn Hildegard hat eine zyklische oder besser spiralenhafte Geschichtsvorstellung und sieht ihre Zeit als die der Wiederkehr der Evasschuld. Gemeint ist hier also das Weibliche in negativer Konnotation, nicht das Weibliche schlechthin. Angezielt ist damit jedoch die wohl nahezu ausschließlich von Männern begangene Sünde des Kaufs geistlicher Ämter (Simonie).

Aber auch die von Hildegard in naher Zukunft erwartete Epoche der zyklischen Wiederkehr der Zeit des Evangeliums ist eingeführt durch ein weibliches Symbol, diesmal in positiver Konnotation: die aurora Maria, die den sol Christus, also die Sonne der Gerechtigkeit hervorbringt. Bei einer sehr vordergründigen Hildegard-Lektüre, die sie vielleicht bewußt einkalkuliert hat, entsteht der Anschein, als sei die Zeit der Apostel für sie schlechthin männlich-positiv und die eigene schlechthin weiblich-negativ. Daß dem nicht so ist, erkennt man jedoch bei ganzheitlicher Berücksichtigung der Sprache Hildegards. Wenn sie etwa sagt, daß Gott im Alten Bund den Menschen, weil ihre Herzen noch verhärtet waren, ein hartes Gesetz gab, während im Neuen Bund ein sanftes Gesetz dem empfindsamer gewordenen Menschenherzen entspreche, dann stehen hier die negativ bewerteten Eigenschaften der Männlichkeit für das Alte und die positiv bewerteten der Weiblichkeit für das Neue Testament.

Die Klammer zwischen Gottes- und Menschenbild ist in der Theologiegeschichte wie auch heute die Lehre vom Gottesbild im Menschen, der imago Dei. Hildegard unterscheidet sich hier in zweifacher Hinsicht von der zeitgenössischen Scholastik. Sie bezieht die Gottebenbildlichkeit ohne jeden Unterschied zwischen den Geschlechtern auf die Einheit von Sinnen-Seele-Geist und wendet ihr beredtes Schweigen an, wo die Scholastiker sagen, die weibliche Gottebenbildlichkeit sei schwächer oder vom Mann abgeleitet. Die Sinne sind es für sie, die den Menschen wissend, weise und einsichtig machen. Eigenschaften, die in Gott zusammenfallen, im Menschen aber polar auseinandertreten können, bezeichnet sie als »gleichsam männlich« wie die Gerechtigkeit und »gleichsam weiblich« wie die Barmherzigkeit. Obwohl sie die menschliche Gottebenbildlichkeit nicht hierarchisch sieht, hat diese also doch einen Bezug zur Geschlechterdifferenz. Der häufige Gebrauch der Worte quasi und sicut bei Hildegard zeigt aber, daß sie sich klar ist über die Analogie aller menschlichen Gottesrede und keine simplen Übertragungen vom menschlichen auf den göttlichen Bereich machen will. Während die augustinische Tradition im Mittelalter wiederholt, die imago Dei sei dort anzusetzen »ubi sexus nullus est« (wo die Geschlechterdifferenz nicht hinlangt, also in der obersten Geistspitze), beeilt sich Hildegard, die menschliche Analogie zu der göttlichen »vita una in tribus viribus« (ein Leben in drei Kräften) an

Leib, Seele und Geist festzumachen. (Liber divinorum operum ed. Migne, Patres latini 197, 744) Die den Kosmos-Uterus umarmende divina Caritas im gleichen Werk Hildegards ist eines der schönsten Zeugnisse für die Vereinbarung von göttlicher Immanenz und Transzendenz im Mittelalter und nicht zuletzt auch aus der Opposition gegen die materieverachtende neumanichäische Tendenz in mittelalterlichen Häresien hervorgegangen. Diese göttliche Liebe, die mit der Weisheit identisch ist, führt sich in ihrer erschaffenden und erhaltenden Kraft in den weiblichen Formen der lateinischen Grammatik, die ich in der Übersetzung nachzuahmen versuche, folgendermaßen ein:

»Ich bin die höchste feurige Kraft, die ich alle lebenden Funken angezündet und nichts Sterbliches ausgehaucht habe, sondern alles unterscheide, damit es sei. Indem ich den herumgehenden Kreis mit meinen oberen Flügeln, der Weisheit, umstreife, habe ich ihn in die rechte Ordnung gebracht. Aber ich bin auch die feurige Lebenskraft der Substanz der Gottheit, schicke meine Röte über die Schönheit der Felder, leuchte in den Gewässern, brenne in Sonne, Mond und Sternen. Mit dem luftigen Wind treibe ich alles lebensvoll hoch, durch eine unsichtbare Lebenskraft, die alles erhält. Die Luft nämlich lebt in der Grünkraft und den Blüten, die Gewässer fluten, als ob sie lebten, auch der Sonnenball lebt in seinem Licht, und wenn die Mondsichel abnimmt, wird sie vom Sonnenlicht wieder entzündet, daß sie gleichsam von neuem lebt. Alles lebt in seiner Wesenheit und wird nicht für tot befunden, weil ich die Lebenskraft bin, die unversehrte, die nicht von den Steinen abgehauen, noch aus den Zweigen ausgeschlagen ist, in der männlichen Kraft nicht verwurzelt. Vielmehr ist alles Lebende in mir verwurzelt, denn die Weisheit ist die Wurzel, das brausende Wort aber blüht in ihr.« (Pl 197, 743)

Literaturhinweise

(Im Text nicht nachgewiesene Zitate sind aus der hier angegebenen Literatur zu entnehmen.)

Prudence Allen, The Concept of Woman. The Aristotelian Revolution,

Montreal/London 1985. Dies., Two Medieval Views on Woman's Identity: Hildegard of Bingen and Thomas Aquinas, in: Studies in Religion. A Canadian Journal 16 (1987) 21 ff.

Karl Clausberg, Kosmische Visionen. Mystische Weltbilder von Hildegard von Bingen bis heute, Köln 1980.

Peter Dinzelbacher, Das politische Wirken der Mystikerinnen in Kirche und Staat: Hildegard, Birgitta, Katharina, in: *P. Dinzelbacher, D. R. Bauer* (Hrsg.), Religiöse Frauenbewegung und mystische Frömmigkeit im Mittelalter, Köln/Wien 1988, 265 ff.

Peter Dronke, Problemata Hildegardiana, in: Mittellatein. Jahrbuch 16 (1981) 97 ff. Ders., Women Writers of the Middle Ages, Cambridge 1984.

Elisabeth Gössmann, Dorothea Christiane Leporin, in: *Dies.* (Hrsg.), Archiv für philosophie- und theologiegeschichtliche Frauenforschung Bd. 2, München 1985, 217 ff. Dies., Das Menschenbild der Hildegard von Bingen und Elisabeth von Schönau vor dem Hintergrund der frühscholastischen Anthropologie, in: *P. Dinzelbacher, D. R. Bauer* (Hrsg.), Frauenmystik im Mittelalter, Ostfildern bei Stuttgart 1985, 24 ff. Dies., Ipsa enim domus sapientiae. Zur frauenbezogenen Spiritualität Hildegards von Bingen, in: *M. Schmidt, D. R. Bauer* (Hrsg.), Eine Höhe, über die nichts geht. Spezielle Glaubenserfahrung in der Frauenmystik?, Stuttgart-Bad Cannstatt 1986, 1 ff. Dies., Zirkuläres Denken und kosmische Spekulationen im 12. Jh., erläutert an Hildegard von Bingen und Alanus von Lille, in: Hans Waldenfels, Thomas Immoos (Hrsg.), Fernöstliche Weisheit und christlicher Glaube, Mainz 1985, 146 ff.

Hans Liebeschütz, Das allegorische Weltbild der hl. Hildegard von Bingen, Leipzig 1930.

Christel Meier, Prophetentum als literarische Existenz; Hildegard von Bingen, in: *Gisela Brinker-Gabler* (Hrsg.), Deutsche Literatur von Frauen, München 1988, Bd. 1, 76 ff.

Barbara Newman, O feminea forma. God and Woman in the Works of Hildegard von Bingen, Ph. D. Diss., Yale University 1981.

Heinrich Schipperges, Ein unveröffentlichtes Hildegard-Fragment, in: Sudhoffs Archiv für Geschichte der Medizin und der Naturwissenschaft 40 (1956) 41 ff.

Bernhard W. Scholz, Hildegard von Bingen on the Nature of Woman, in: American Benedictine Review 31 (1980) 361 ff.

Evi Krobath

»Weh, ich bin geblendet ...«

Elisabeth Moltmann-Wendel, der Lehrerin und Freundin in Dankbarkeit zugeeignet. – Sie lehrte mich u. a. Frauenbilder zu entdekken, neu zu sehen und der hinter ihrer Symbolik verborgenen Entstehungs- und Wirkungsgeschichte nachzugehen. Darum soll auch dieser Beitrag die Geschichte eines Bildes sein, des Bildes von Ekklesia und Synagoge.

Die Frauen unter dem »Lebenden Kreuz«

Nahe der italienischen Grenze, in dem kleinen Kärntner Ort Thörl, dem »Tor zum Süden«, steht etwas abseits, umgeben von Wiesen und Feldern inmitten einer lieblichen Berglandschaft, die kleine gotische Andreaskirche. Nur wenige Kunstbeflissene verirren sich hierhier, um die in ihrer Gestaltungskraft bemerkenswerten Fresken des Meisters Thomas von Villach zu bestaunen. Ihre Entstehungszeit wird um das Jahr 1480 datiert. Unter den die Seitenwand und das Gewölbe bedeckenden Malereien mit biblischen und kosmisch-himmlischen Motiven befindet sich auch eine der seltenen Darstellungen, die in der Kunstgeschichte als »Lebendes Kreuz« oder »Handelndes Kreuz« bezeichnet werden.[1] Während der am Kreuz hängende Jesus sterbend sein Haupt zur Seite geneigt hat, beginnt das Holz des Kreuzes eine Art gespenstisches Eigenleben zu entwickeln. Aus den vier Enden der Balken wachsen Arme mit Händen hervor, die auf merkwürdige Weise tätig werden. Die Arme sind mit dem gleichen lila Tuch bekleidet, wie es auch das Gewand Jesu auf den Passionsbildern zeigt. Die obere Hand, die sich aus dem mittleren Balken erhebt, öffnet mit einem großen Schlüssel das Tor zum Paradies, diejenige am unteren Ende zerschlägt mit einem Hammer das Schloß der Höllenpforte. Unter dem rechten und linken Kreuzesbalken sind je zwei Frauengestalten sichtbar. Es sind aber nicht die aus der Bibel und Ikonografie vertrauten, nicht die Frauen, die Jesus das letzte Geleit geben. Es sind vielmehr Gestalten, die einer unheilvollen Typologisierung weibliche Körper leihen mußten, um ein trauriges Kapitel abendländischer Kirchengeschichte auf erschreckende Weise sinnfällig werden zu lassen. Es sind zwei einander entgegengestellte Frauengruppen: zur Rechten Ekklesia und Maria, die Seite des Lebens symbolisierend, zur Linken Synagoge und Eva, auf der Seite der Verdammnis und des Todes.

Ekklesia ist mit einem purpurfarbenen Königsmantel bekleidet und reitet auf einem aus Löwen, Ochs, Adler und Mensch zusammengesetzten Wesen, einer Art viergestaltigen Einheit der Evangelisten. Sie trägt in einer Hand die Fahne der Auferstehung, in der anderen das Modell einer Kirche. In harmonischer Einheit, gleichsam als zweite Verkörperung von Ekklesia sieht man neben ihr Maria, die vom Baum des Lebens eine Hostie pflückt, um sie an die vor ihr Knienden weiterzureichen: an Papst, Klerus und Kirchenvolk. Eine leuchtende Aureole umgibt ihr Haupt.

Wie anders das zweite Frauenpaar: In einem grünlich-gelben Kleid sitzt die zusammengesunkene Gestalt der Synagoge auf einem blutenden Esel, dessen Sehnen an Hals und Beinen durchschnitten sind, in der einen Hand einen geknickten Fahnenschaft, in der anderen den Kopf eines Ziegenbockes haltend. Wie üblich sind die Augen mit einem Tuch verbunden, ihre Blindheit demonstrierend. Daneben steht Eva, nackt. Während sie mit einer Hand den Apfel aus dem Maul der Schlange entgegennimmt, reicht sie ihn mit der anderen in verwandelter Form als Totenschädel an die sich in Verzweiflung krümmenden Menschen weiter. Gleichzeitig empfängt sie selbst durch den Schwanz der Schlange, der sich wie ein Dolch in ihr Herz bohrt, den Todesstoß.

Die Bilder lassen an Symbolkraft nichts vermissen: Sie spiegeln die Realität einer juden- und frauenfeindlichen Kirche in drastischer Zusammenschau. Was aber bei dem Motiv des »Lebenden Kreuzes« erschreckend hinzukommt, ist die Tatsache, daß Jesus selbst als Akteur des Geschehens, gleichsam als ihr Urheber eingesetzt wird: denn während seine Hand, die zur Rechten aus dem Kreuzesbalken herauswächst, der Ekklesia die Krone aufs Haupt setzt, durchbohrt

Angeli
Angeli
Ecclesia
Synagoga
Sed infima

die Hand zur Linken die Gestalt der Synagoge mit einem langen Schwert, das dieser durch Kopf, Brust und Hand dringt. Die Krone ist ihr vom Haupt geglitten. Spruchbänder in lateinischer Sprache erklären die Tätigkeit der Hände:

». . . die Rechte die Krone verleiht . . .
er hat als Braut sie erwählt
und mit Mühe vom Tode errettet.«
». . . doch die Linke bezwingt die Verwesung«.

Ein weiteres Spruchband läßt Synagoge klagen: »Weh, ich bin geblendet, durchbohrt und der Krone beraubt . . .«[2] Sollte der Künstler am Ende gar Mitleid mit der von ihm geschaffenen Gestalt empfunden haben? Ist ihr so anschaulich dargestelltes Elend ein indirekter Protest gegen Judenfeindlichkeit? Es ist kaum anzunehmen. Das Abendmahlsfresko in Gerlamoos (Kärnten) macht seine Einstellung deutlich: Während elf christliche »Arier«-Apostel Jesus umgeben, könnte Judas mit Hakennase und Geldbeutel als antisemitische Karikatur dem »Stürmer« entsprungen sein. Das spiegelt die damalige gesellschaftliche Situation der Juden in Österreich. Gehaßt wegen ihrer wirtschaftlichen Tüchtigkeit, hatten sie hier im 15. Jahrhundert besonders zu leiden. So wurden 1421 wegen angeblicher Hostienschändung allein in Enns an der Donau zweihundert jüdische Frauen und Männer öffentlich dem Scheiterhaufen übergeben. In der Folge kam es zu Vertreibungen mit gleichzeitiger Konfiszierung ihres Vermögens. Durch den Trienter Ritualmordprozeß 1475 bekam der Judenhaß in Süddeutschland und Österreich neue Nahrung. 1496, etwa fünfzehn Jahre nach Entstehung der Fresken des Villacher Meisters, wurden die Juden endgültig aus Kärnten und Steiermark vertrieben.

Der Schleier der Synagoge

Die typisierende Gegenüberstellung von Frau Synagoge und Frau Kirche für ein verworfenes Judentum zugunsten eines erwählten Christentums, ist seit dem 9. Jahrhundert ein beliebtes Motiv in der

bildenden Kunst des Mittelalters. Die literarischen Vorlagen aber gehen bis in die Zeit der Kirchenväter zurück und auf deren antijudaistische Interpretation biblischer Texte. Obwohl es durchaus auch Versuche gab, mit dem Motiv von Synagoge und Ekklesia die innere Einheit und Zusammengehörigkeit von Altem und Neuem Testament zu bezeugen, haben sich, v. a. was die Wirkungsgeschichte betrifft, die Schriften der sogenannten Adversus-Iudaeos-Literatur ungleich nachhaltiger durchgesetzt. Eine andere, damit zusammenhängende Problematik erwuchs aus der Tatsache, daß historisch bedingte Situationen und Erfahrungen, zu denen auch Konflikte und teilweise harte Auseinandersetzungen zwischen Juden und Judenchristen, bzw. zwischen juden- und heidenchristlichen Gemeinden gehörten, ihres historischen Kontextes beraubt in verfälschender Weise ideologisiert werden konnten. Auf konkrete Ereignisse Bezug nehmende Aussagen wurden so zu immer gültigen, besonders gegen das Judentum anwendbaren Lehrmeinungen hochstilisiert. Dies war um so leichter möglich, als das Christentum, zur Religion der Sieger geworden, auch die politische Macht bekam, die religiösen Konkurrenten auszuschalten. – Was die Anwendung der Bibel als Argumenten-Lieferantin betraf, konnte von der alttestamentlichen Literatur über die Evangelien bis zum Judenchristen Paulus über den Raster der Enthistorisierung und Typologisierung alles benützt werden, was dem Zwecke dienlich war. So wurde Jakob, als der jüngere Bruder, der über den älteren, enterbten Esau (= Judentum) herrschen soll, zum Prototyp der christlichen Kirche als dem wahren Israel. Mit der gleichen Aussage konnten für das Modell Synagoge – Kirche auch alttestamentliche Frauengestalten Patin stehen: Rahel, als junge, schöne, erwählte für die Kirche gegen Lea, als ungeliebte, »schwachäugige«(!) für die Synagoge. Sara, die Freie, deren Kinder die rechtmäßigen Erben sind, gegen Hagar, die Sklavin, deren knechtische Kinder ersteren (der Kirche) zu dienen haben. – Auf sozial-politischer Ebene, in enger Verflechtung mit der Kirche, wurden auf diese Weise Gesetze legitimiert, die den Juden bereits in der Römerzeit unter anderem die Haltung sowohl christlicher wie heidnischer Sklaven verbot, wie auch späterhin die Beschäftigung christlicher Diener, Ammen und Ärzte, ebenso die Bekleidung öffentlicher, übergeordneter Ämter. Denn wie sollte ein freier Christ dem zum Knecht deklassierten Juden dienen? Vielmehr mußte es umgekehrt sein. Die kirchliche Lehre vom »Servitus Iudaeorum«, der ewigen Knechtschaft der Juden, konnte im 13. Jahrhundert Gesetze rechtfertigen, die die Juden im deutschen Recht zu Menschen ohne Staatsbürgerschaft und zu »Leibeigenen der königlichen Kammer« erklärten.[3]

Zum Motiv der Knechtschaft des Judentums kommt besonders noch das seiner »Blindheit« im Sinne der »Verstockung« hinzu, das die Synagoge zu einer »Heimstätte des Irrsinns und Irrglaubens, die Gott selbst verdammt habe« stempelt, zum Ort, »wo Christus geleugnet wird«. So Ambrosius von Mailand.[4] Hier dienten die Evangelien als Legitimation, die eine im 7. Jh. v. Chr. an Israel gerichtete prophetische Bußpredigt gegen zeitgenössische Ungläubige verwenden, die Jesus nicht als Messias bekennen: »Darum konnten sie nicht glauben, denn Jesaja hat gesagt: ›Er hat ihre Augen verblendet und ihr Herz verstockt, damit sie nicht etwa mit den Augen sehen und mit dem Herzen verstehen und sich bekehren . . .‹« (Joh. 12, 37 ff, par., Jes. 6, 9 ff.). Von daher erhält Frau Synagoge in ihrer späteren bildlichen Darstellung das Merkmal, das ihr traurige Berühmtheit verliehen hat: die verbundenen Augen, den Schleier. Auch Paulus sollte dazu eine bibliche Begründung liefern. Auf die Stelle in Exodus 34, 29–35 anspielend, die er typologisch interpretiert, spricht er von der Decke, die Moses vor sein Angesicht tat, wenn er die Tora verlas, damit die Kinder Israels nicht die vergehende Herrlichkeit (des Gesetzes) darauf sehen sollten. »Aber ihre Sinne wurden verstockt«, denn »bis auf den heutigen Tag, wenn Moses gelesen wird, liegt eine Decke (Schleier) auf ihrem Herzen. Wenn aber Israel sich bekehrt zum Herrn, wird die Decke abgetan.« (2. Kor. 3, 12–18).

In direkter Anspielung auf diese Stelle erscheint Frau Synagoge in einem Evangeliar des frühen 11. Jahrhunderts mit einer Torarolle bekleidet und dem Messer der Beschneidung in der Hand, sich vom Kreuz wegwendend. Daneben besagt ein Spruchband: »Lex Tenet Occasum«, das Gesetz neigt sich dem Ende zu. Ähnlich im Sakramentar vom Tegernsee, wo eine entrollte Tora ein Auge der Synagoge bedeckt, während sie mit dem anderen zum Kreuz zurückblickt.[5] Ein Zeichen der Hoffnung auf ihre mögliche Bekehrung?

Darauf deuten auch Darstellungen, in denen Jesus selbst der Synagoge den Schleier von den Augen nimmt. »Sensa revelat« besagt die Inschrift darunter.[6] In einigen Elfenbeinschnitzereien aus der judenfreundlichen Zeit der Karolinger und auch vereinzelt danach, kann Synagoge sogar noch scheinbar gleichberechtigt mit Ekklesia gezeigt werden. Beide gleich groß und mit aufrechter Fahne im Sinne einer christlich verstandenen Concordia von Altem und Neuem Bund, von Verheißung und Erfüllung. Synagoge trägt hier keinen Schleier vor den Augen, sondern einen Ysopzweig als Zeichen der Versöhnung in der Hand.[7] Doch stehen beide Frauen unter dem Kreuz und es ist nur eine Frage der Zeit, wann Synagoge von dort weggehen kann oder muß, weil sie eigentlich überflüssig geworden ist.

Mit Beginn der Kreuzzüge werden die Darstellungen zunehmend judenfeindlicher. Sie spiegeln einerseits Judenhaß als gesellschaftliche Realität und heizen gleichzeitig die Pogromstimmung an, deren schreckliche Auswirkungen für die jüdischen Gemeinden des Mittelalters bekannt sind. Im Essener Missale (um elfhundert) trägt die Synagoge statt ihrer Krone den spitzen Judenhut oder erscheint im gelben Kleid der Jüdinnen (Freiburger Münster – 14. Jahrhundert). Sie repräsentiert nun nicht mehr den Alten Bund, sondern in Gestalt einer jüdischen Frau das Judentum ihrer Zeit. Mit Marterwerkzeugen in den Händen oder den Werkzeugen des Todes Christi: Speer, Schwamm, Essigkrug und Dornenkrone, wird sie als seine Mörderin gebrandmarkt. In einer Darstellung des Meßopfers stößt Synagoge mit verbundenen Augen einen Speer ins Opferlamm, aus dessen offener Wunde Ekklesia das Blut im Kelch auffängt.[8] Ihre gefallene Krone, der zerbrochene Herrschaftsstab und die Binde vor den Augen sind von nun an ihre stetigen Attribute. Am eindrücklichsten dargestellt durch die großen Plastiken der gotischen Kathedralen von Bamberg, Straßburg u. a. im frühen 13. Jh., lassen diese ob ihrer künstlerischen Vollendung kaum noch die Tragik ihrer theologischen Aussage bewußt werden.

Diese, aus der Sicht der Kirchenväter verblendeten, unwissenden, dem toten Buchstaben des Gesetzes verfallenen, nicht verstehen wollenden, unbelehrbaren, unbekehrbaren Juden, hatten nach dem Untergang ihres Tempels 70 n. Chr. – als nach christlicher Tradition ihre religiöse Existenzberechtigung eigentlich aufhörte – in Wirklichkeit eine Stunde geistiger Erneuerung erlebt. In den Gelehrtenschulen Galiläas war die mündliche Auslegung der Tora schriftlich niedergelegt worden im epochalen Werk des palästinischen Talmud. Die Synagogen wurden geistige Zentren der Verkündigung, Glaubensunterweisung und Bildung, die eine große Anziehungskraft auf ihre heidnische und christliche Umgebung ausübten, wodurch die christlichen Gemeinden unter starken Konkurrenzdruck gerieten. Das war auch der Hintergrund für die berühmt-berüchtigten »Predigten gegen die Juden«, die Johannes Chrysostomos zwischen 386–388 in Antiochia hielt, wo Christen mit Juden seiner Meinung nach zu einvernehmlich verkehrten und Gemeinschaft hatten »mit denen, die Christus kreuzigten«. Seine derben Schimpfworte gegen die Synagoge waren sicherlich für die ersten Brandlegungen von jüdischen Gotteshäusern bald danach mitverantwortlich. »Nenne einer sie Hurenhaus, Lasterstätte, Teufelsasyl, Satansburg, Seelenverderb . . . oder was immer, so wird er noch weniger sagen, als sie verdient hat.«[9] Da die jüdischen Gottesdienste und Feste besonders gern von Frauen besucht wurden, warnte er christliche Männer, sie dorthin gehen zu lassen: »Sie werden den Teufel in ihrer Seele heimbringen.«[10] Ganz ähnliche Beweggründe veranlaßten im 9. Jahrhundert Erzbischof Agobard und seinen Nachfolger Amulo von den Kanzeln Lyons ihre judenfeindlichen Predigten zu halten. Sie waren die Reaktion auf die judenfreundliche Politik der Karolinger, die, in Mißachtung der auf Justinian zurückgehenden gültigen Kirchengesetze, den Juden unerlaubte Freiheiten gestatteten, indem sie sie unter den persönlichen Schutz des Kaisers stellten. Verbote bezüglich Mischehen, Tischgemeinschaft und besonders die Sklavenfrage betreffend, wurden verletzt. Großes Ärgernis erregte auch die philosemetische Haltung Ludwigs des Frommen und seiner zweiten Gemahlin Judith, die am Judentum nicht nur wirtschaftliches, sondern auch geistig-religiöses Interesse hatten und die Predigten jüdischer Rabbinen denen der eigenen Priester vorzogen. In einem Brief an Bischof Nibridius von Narbonne 828 greift Agobard die Symbolik von Ekklesia und Synagoge auf, an die Kirchenväter anknüpfend: »Unwürdig unseres Glaubens ist es, daß auf die Kinder des Lichtes durch ihren Umgang mit den Söhnen der Finsternis ein Schatten falle . . . und daß die Kirche Christi, die ohne Makel und Fehl ihrem himmlischen Bräutigam zugeführt werden soll, durch die Berührung mit der unreinen, altersschwachen und verworfenen Synagoge verunstaltet werde . . . und die unbefleckte Christus anverlobte Jungfrau mit einer Hure beim gemeinsamen Mahle sitzen zu sehen.«[11] – Das Bild der von Christus geliebten Gemeinde, die nach Eph. 5,27 »herrlich sei« . . . »ohne Flecken und Runzel«, war besonders von Augustin aufgegriffen worden, für den Ekklesia die neue »mit dem Wort vermählte Braut«, anstelle der abgesetzten Synagoge des Fleisches war: »Von wem denn ist der Sohn Gottes im Fleisch geboren worden? Von jener Synagoge. Jener wird Vater und Mutter verlassen . . . Und wer ist die Mutter, die er verläßt? Es ist das Volk der Juden, die Synagoge.«[12] – Daß dies, durch kirchliche Lehre und Predigt verbreitet, zum allgemeinen christlichen Glaubensgut gehörte, zeigt u. a. ein italienisches Elfenbeinrelief aus dem 11. Jahrhundert, auf dem ein Engel die kostbar gekleidete Braut Ekklesia dem Kreuz zuführt, während ein anderer Synagoge, als altes Weib dargestellt, das wehklagend die Arme hebt, von dort wegbringt.[13]

Es ist gewiß kein Zufall, daß gerade in der Zeit Agobards die pseudo-augustinische Schrift entsteht, die Ekklesia und Synagoge einander im Streitgespräch gegenüberstellt, »De altercatione Ecclesiae et Synagogae dialogus«: Zwei Frauen streiten sich vor Gericht um das Erbe des Weltreiches. Die Witwe Synagoge, wegen Ehebruchs und anderer Vergehen enterbt, will die Herrschaft an Ekklesia nicht abtreten, die das Land »nach kaiserlichem Recht« besitzt und ihrerseits Anspruch darauf erhebt, da sie jetzt die »Braut des Herrn« und die »gekrönte Herrin« sei, der die andere als Magd zu dienen habe. Als Synagoge sich auf den alten Bund beruft und ihre Argumente mit alttestamentlichen Zitaten belegen will, werden diese von Ekklesia nur benutzt, um sie christologisch zu interpretieren und so die Gegnerin außer Gefecht zu setzen. Der von dieser angeführte Bund der Beschneidung dient ihr lediglich zur zynischen Bemerkung, daß ja demnach jüdische Frauen von der Gnade ausgeschlossen seien! Im Streit um die göttliche Natur Jesu wird Synagoge schließlich als »die unglücklichste, elendste und törichteste aller Frauen und eine Mörderin« beschimpft. Sie muß aufgeben und verstummt.[14] Der Streit ist im Grunde ein fingierter, weil er nur den christlichen Standpunkt darstellt. Synagoge erscheint nicht als wirkliche Repräsentantin des Judentums, sondern lediglich als düsterer Hintergrund, vor dem sich Ekklesia um so strahlender abheben kann. Zeigt die »Altercatio«, wie sehr das Christentum den Antijudaismus und die antijudaistische Exegese für sein Selbstverständnis und seine Selbstbestätigung brauchte?[15]

»Wenn es in dem Europa von damals (Mittelalter) überhaupt keinen lebendigen Juden gegeben hätte, wäre doch das Judentum als Inbegriff einer heilsgeschichtlichen Tatsache ein gewichtiges Motiv der christlichen Theologie geblieben, stellte es doch nach den als klassisch geltenden Formulierungen der alten Kirche die Verkörperung einer durch verhängnisvolle Entscheidung verwirkten Erwählung dar.« So in vornehmer Zurückhaltung der jüdische Historiker Hans Liebeschütz.[16]

Ihren bildlichen Ausdruck findet die »Altercatio« in Elfenbeintäfelchen des 9. Jahrhunderts. Ekklesia, die rechts vom Kreuz das Blut Christi im Kelch auffängt, verläßt ihren angestammten Platz, um zu der vor ihrem Tempel sitzenden Synagoge nach links zu gehen und besitzergreifend die Hand auf die Erdscheibe zu legen, oder um mit drohend erhobenem Zeigefinger Synagoge von ihrem Thron zu weisen.[17] Im Skizzenbuch eines französischen Künstlers aus dem 12. Jahrhundert sitzen Ekklesia und Synagoge im Disput begriffen einander gegenüber. Erstere wirft einen bösen Blick auf die Gegnerin und hebt abwehrend die linke Hand. Synagoges Schleier windet sich in der Gestalt einer Schlange um ihren Kopf, um ihr die Augen zu bedecken.[18] Aus dem Streitgespräch entwickelt sich zunehmend das Motiv eines Turniers, in dem die beiden Frauen gegeneinander zum Kampf antreten. Während Ekklesia mit Kelch und Fahne stolz zu Pferde sitzt, zieht Synagoge im gelben Kleid, mit zerbrochener Lanze und verbundenen Augen auf einem hinkenden Esel in den ungleichen Kampf.[19] Als zusätzliches Attribut erhält sie von nun an einen abgeschnittenen Bockskopf, das Emblem der Wollust. Eine andere Darstellung zeigt Ekklesia zu Pferd, mit Schild und einer auf Synagoge gerichteten Lanze bewaffnet, die der Angreiferin auf einer Sau (!) entgegenreitet und durch den Judenhut gekennzeichnet ist.[20] Den Ausgang der sogenannten »Altercatio« versinnbildlicht die Gestaltung einer Initiale, bei der Ekklesia in Siegerpose auf der unter ihren Füßen liegenden Gegnerin steht und dieser den Kreuzesstab in den Nacken drückt. Schließlich wird Synagoge in einem Sarkophag liegend mit ihren Gesetzestafeln in Händen von Ekklesia und Jesus begraben.[21] – Erst im 15. und 16. Jahrhundert taucht das Motiv des »Lebenden Kreuzes« auf, bei dem Synagoge nicht von ihrem Sohn fortgeschickt, sondern in einer Art »Endlösung« von ihm getötet wird. – Damit verlassen Ekklesia und Synagoge die Bühne der christlichen Ikonografie, um anderen Bildern und einer noch tragischeren Geschichte des Judenhasses Platz zu machen.

Feministisch – theologische Assoziationen

1. »Mit allen Sinnen glauben« – diese Wendung bringt ein feministisch-theologisches Grundanliegen zum Ausdruck: die Sehnsucht nach Ganzheit, nach der Einheit von Denken und Fühlen, die auch Religion sinn-haft erlebbar werden läßt. Darin kann uns die jüdische Religion Lehrmeisterin sein. Damit soll nicht behauptet werden, daß es im Judentum, als Teil einer patriarchalen Gesellschaft, keine frauenfeindlichen und somit zu bekämpfenden Traditionen gäbe. Doch sind diese mit den christlichen schwer vergleichbar, deren eigentlicher Nährboden die hellenistisch-griechische Philosophie und Anthropologie wurde. Dem jüdischen Denken ist eine dualistische Trennung von Leib und Seele, Herz und Verstand fremd. Die Sinnenfreude, die im Feiern der Feste zum Ausdruck kam (und kommt), war sicher mit ein Grund für Christen und besonders Christinnen, jüdische Gottesdienste aufzusuchen (s. o.). Das Tora-Freudenfest (Simchat Tora) zum Beispiel, bei dem die Gemeinde ihrer Freude über Gottes Weisung Ausdruck verleiht, indem sie mit Schriftrollen den Toraschrein umtanzt, läßt sich schwer mit der

Vorstellung einer »toten Gesetzesreligion« vereinbaren. – »Mit allen Sinnen glauben« – sichtbares Symbol dafür ist auch das Anlegen der Gebetsriemen, die, nach der Weisung von 5. Mose 6 Kopf, Herz und Hand – Denken, Fühlen und Handeln – im Gebet vereinen sollen. – Ist es ein makabrer Zufall oder lästerliche Absicht des Freskenmalers von Kärnten, daß das christliche Schwert, das die Synagoge tötet, ihr durch den Kopf, Herz und Hand dringt?

2. Doch, so ist nun weiter zu fragen: Was haben Ekklesia und Synagoge mit feministischer Theologie zu tun, abgesehen von der Tatsache, daß ihnen die Körper von Frauen verliehen wurden? Rechtfertigt allein schon die bildliche Darstellung von Frauengestalten) auch wenn diese der Typisierung einer nicht direkt frauenspezifischen Thematik dienen, überhaupt feministisch-theologische Assoziationen? Ich denke ja.

Die Verwendung der Frau und des weiblichen Körpers in der Absicht, ein ideologisches, theologisches Problem zu versinnbildlichen oder ein wie immer geartetes Produkt zu verkaufen, kann nicht ohne Rückwirkung auf den Betrachter, die Betrachterin bleiben und zwingt daher zu Rückfragen nach den dahinterliegenden männlichen, machtpolitischen Interessen. Das Medium Bild spricht Emotionen unmittelbarer an als das geschriebene oder gesprochene Wort und erschwert kognitive Analyse und kritische Distanzierung. Es verstärkt, je nach Befindlichkeit des Betrachters, der Betrachterin schon vorhandene Aggressionen oder existentiellen Leidensdruck und geht weit über die mit dem Bild angesprochene Thematik hinaus. – Was die typisierende Darstellung der Frau in der christlichen Ikonografie betrifft, läßt sich als häufiges Muster die Gegenüberstellung der sogenannten braven, gehorsamen, reinen zur sogenannten bösen, ungehorsamen und lasterhaften beobachten, egal ob sie Maria und Eva heißen, Ekklesia und Synagoge o. a. Neben anderen Intentionen kommt auch massive Frauenfeindlichkeit zum Tragen. Ebenso wird der Versuch einer patriarchalen Kirche deutlich, Frauen unter Kontrolle zu bringen, ihnen ihren Platz zuzuweisen und sie obendrein nach dem Motto »divide et impera« gegeneinander auszuspielen. So spiegeln diese Bilder zugleich männliche Ängste und Projektionen. Mit der körperlichen Ermordung der Synagoge kommt nicht nur die christliche Angst vor einer sinnenfreudigen Religion, sondern auch die Angst des Mannes vor dem weiblichen Körper auf erschreckende Weise zum Ausdruck. Eine Angst, die oft genug durch Ausgrenzung, Abspaltung oder Tötung »aus der Welt geschafft« wurde.

3. Feministische Theologie, die sich als Befreiungstheologie versteht, hat mit der Leidensgeschichte von Frauen immer auch die anderer unterdrückter und verfolgter Gruppen im Blick, zu denen Männer, Frauen und Kinder gehören. Sie hat ihren Platz nie auf der Seite der Sieger, sondern immer auf der Seite der Besiegten. Im Kontext des Bildes von Ekklesia und Synagoge gesprochen also auf der linken Seite unter dem Kreuz. Der entwürdigte, blind gemachte, seiner Sinne und seines Lebens beraubte Frauenkörper wird zum Sinnbild für das Leiden unzähliger Frauen bis heute, und gleichzeitig zum grausamen Sinnbild des christlichen Antisemitismus als dessen letzter Auswirkung »Israels Leib aufgelöst in Rauch« durch die Schlote von Auschwitz sein Leben aushauchte (Nelly Sachs). Er wird aber zuletzt auch zum Sinnbild des gemarterten Messias selbst, des leidenden Gottesknechts, der nicht »oben« am Kreuz als »Täter«, sondern gleichfalls links darunter als Opfer inmitten seiner jüdischen und christlichen leidenden Schwestern und Brüder »gekreuzigt« wird.

4. Zur feministischen Vision gehört die Solidarität von Frauen. Auch die Vision, daß über den Graben einer zweitausendjährigen, oder erst jüngst vergangenen Geschichte hinweg Frauen sich auf jeden Fall zusammengehörig wissen und nicht mehr von patriarchalen Institutionen gegeneinander ins Turnier schicken lassen. Doch hat der Schwesternstreit jüdischer und christlicher Feministinnen gezeigt, daß uns die Tiefe des Grabens nicht bewußt war. Als christliche Feministinnen, die wir uns nur links vom Kreuz, auf der Seite leidender Frauen wähnten, mußten wir erkennen, im Sog unserer eigenen christlich-patriarchalen, antijudaistischen Tradition ungewollt auch auf die Seite der Ecclesia triumphans geraten zu sein. – Nach einer vielleicht vorschnellen Illusion von Gleichheit und Schwesterlichkeit gilt es zunächst die vielleicht schmerzliche Erfahrung des Anders-seins der Anderen auszuhalten, um sie dann als Bereicherung zu erleben. Im Bewußtsein meiner eigenen Geschichte und Tradition kann ich auch die der »fremden« Schwe-

ster kennenlernen und ernst nehmen, kann ich die Andere anders sein lassen, ohne sie in vorschneller Umarmung erneut ihrer Identität zu berauben. Ich kann mir ohne Angst die Binde von den eigenen Augen nehmen lassen, um sehen zu lernen. Das könnte der Beginn einer neuen Beziehung sein.

Anmerkungen

1. *Friedrich Zauner,* Das Hierarchienbild der Gotik – Thomas von Villachs Fresko in Thörl, Stuttgart 1980, S. 39 ff.
2. Obwohl Zauners Interesse lediglich der kunstgeschichtlichen Bedeutung des Freskenmalens gilt, mutet es doch eigenartig an, daß er sich auch angesichts der besonders brutalen Darstellung jeder Antijudaismuskritik enthält und nur dem allgemein überlieferten Interpretationsmuster folgt: »Synagoge, das Sinnbild der alten Gemeinschaft«, »Ekklesia, das Sinnbild der neuen Gemeinschaft«. Die Darstellung kommentierend meint Zauner: »Das Wissen, das einer alten Einweihung entstammt, hat seine Kraft verloren. Um den Christus aufzunehmen, braucht der Mensch ein neues, lebendiges Denken.« AaO., S. 40 f.
3. *Rosemary R. Ruether,* Nächstenliebe und Brudermord. Die theologischen Wurzeln des Antisemitismus, München 1978, S. 192
4. *Hans Kühner,* Der Antisemitismus der Kirche, Zürich 1976, S. 34
5. Wolfgang Seiferth, Synagoge und Kirche im Mittelalter, München 1964, S. 24 f. (Miniatur im Uta-Evangeliar um 1050, München Staatsbibliothek; Wien, Rossiana, Codex 4/VIII, 143, 11. Jh.)
6. AaO. S. 149–151, Abb. 31 (Fenster, Abteikirche von Saint Denis, Paris 12. Jh.)
7. AaO. S. 18, S. 27 (Nikasius-Dyptichon um 900, Kirchenschatz von Notre Dame, Abb. 2; Elfenbeintafel 9. Jh., Metzer Werkstatt, London, Albert Mus., Abb. 3; Elfenbeintafel aus Lüttich, frühes 11. Jh., Domschatz Tongern, Abb. 12; Elfenbeintafel, Brüssel, Altertumsmus., Abb. 13)
8. AaO. S. 141 f. (Essener Missale, Düsseldorf Landesbibliothek; Tucher-Fenster, Freiburger Münster, nach 1300; Fenster, Kathedrale von Chalons-sur-Marne, Museum, 12. Jh.; Tragaltar von Stavelot, 1150 Brüssel; Missale von Noyon, vor 1250, Art Gallery Baltimore)
9. Kühner, S. 36
10. *Werner Keller,* Und wurden zerstreut unter alle Völker. Die nachbiblische Geschichte des jüdischen Volkes, Zürich 1966, S. 127

11. AaO. S. 196, vgl. auch Seiferth, S. 94
12. Seiferth, S. 53 (Augustins Erklärung zu Psalm 45)
13. AaO. Abb. 11 (Berlin-Dahlem, Staatl. Museum)
14. *Hans Liebschütz,* Synagoge und Ecclesia, Religionsgeschichtliche Studien über die Auseinandersetzung der Kirche mit dem Judentum im Hochmittelalter. Heidelberg 1983, S. 173 f. (Da Liebschütz zur Emigration gezwungen war, konnte sein 1938 fertiggestelltes Manuskript nicht veröffentlicht werden. Dies ist erst 1983 posthum geschehen) Zur »Altercatio« vgl. auch Seiferth S. 56 ff.
15. Dazu Ruether, S. 167
16. Liebschütz, S. 17
17. Seiferth, (Buchdeckel des Bamberger Evangeliars, um 870, München Staatsbibliothek, Abb. 5; Buchdeckel des Evangeliars aus Metz, um 900, Paris Nationalbibliothek, Abb. 6)
18. AaO., Abb. 22 (Amiens, Städt. Bibliothek, um 1197)
19. AaO., S. 48, Abb. 28 (Tucher-Fenster, Freiburger Münster)
20. Katalog für die Ausstellung »Judentum im Mittelalter« im Schloß Halbturn, Burgenland 1978, Abb. 58 (Chorgestühl – Holzschnitzarbeit, Erfurter Dom, um 1400–1410)
21. Ebenda, Abb. 24 (Initiale Q im Homiliar des Beda von Verdun, Verdun, Bibliothèque Municipale, Ende 12. Jh.) Abb. 26 (Bible moralisée, Paris Nationalbibliothek, 1410)

Hannelore Erhart

Zum »Bild« der Frau im theologischen Entwurf Karl Barths

Elisabeth Moltmann-Wendel hat in ihrem Buch »Das Land, wo Milch und Honig fließt. Perspektiven einer feministischen Theologie«[1] deutlich gemacht, »wie stark sich das Christusverständnis im Christentum gegen die Frauentraditionen und angepaßt an die Herrschaftsmodelle entwickelt hat«[2]. Sie weist dies u. a. an Christusdarstellungen des ersten Jahrtausends auf, die »an die kaiserliche Triumphikonographie angelehnt« sind[3] und »nicht kosmische Weite, sondern Sieg und Vernichtung des Fremden« wollten[4]. Ich möchte ihren Hinweis auf die Verbindung von christologischer und geschlechtsspezifischer Problematik auf das »Bild« der Frau bei Karl Barth anwenden. Dabei gehe ich zugleich der Fragestellung nach, welche Relevanz für eine theologische Aussage in der Bedingung besteht, daß wir als Frauen oder als Männer Theologie treiben und damit unsere »Bilder« über uns selbst bzw. das je andere Geschlecht in einer theologischen Anthropologie entwerfen. Ich frage also nicht nur nach der Rolle von Männern oder Frauen, sondern nach den diesen Rollen zugrunde liegenden Denk- und Bewußtseinsformen, die in den jeweiligen sozialen Rollen erworben werden, bzw. die die sozialen Rollen wiederum stützen.

Den sozialen, ökonomischen und politischen Bedingungen für die jeweiligen Denkstrukturen ist in einzelnen Arbeiten nachgegangen worden, dagegen fehlt innerhalb der herkömmlichen evangelischen Theologie weitgehend eine Untersuchung über die geschlechtsspezifischen Determinanden unserer Sprache, unseres Denkens und der Struktur unserer Kommunikation – etwa in Lehre, Verkündigung und Unterricht. So fehlt in herkömmlichen theologischen Entwürfen auch zumeist eine Reflexion darüber, welche Funktion für das Zustandekommen einer theologischen Aussage »Bilder« gewinnen, die Theologen oder auch Theologinnen über ihr eigenes oder über das je andere Geschlecht verinnerlicht haben. Erst ausgelöst durch die neue Frauenbewegung wird in Entwürfen von Frauenforschung, in feministischer Theorie und Theologie der Frage nach dem männlichen »Blick« auf das »andere Geschlecht« und den Bedingungen dieses »Blicks« für die sozialen und kommunikativen Strukturen nachgegangen.

Wenn ich das »Bild« der Frau im theologischen Denken Karl Barths anspreche, ist meine Anfrage nicht wertneutral und objektiv im Sinne Max Webers[5], da keine wissenschaftliche Aussage – auch nicht diejenige herkömmlicher Universitätstheologie – von der Vorbedingung abstrahieren kann, daß sie durch die je eigene Erfahrung und Sozialisation, die als Frau oder als Mann erlebt worden ist, mitgeprägt wurde. Natürlich entwickeln Theologen »Bilder« von Frauen. Wenn sie auch meistens nicht explizit in ihrer Relevanz für das Zustandekommen einer theologischen Aussage zum Thema gemacht werden, bestimmen sie dennoch, wenn auch eher unterschwellig oder verdrängt, die Struktur des Denkens und die theologische Theoriebildung. Feministische Theoriebildung thematisiert diese geschlechtsspezifische Prägung, nicht um sie als biologische Kategorie festzuschreiben, wie dies in herkömmlicher Theoriebildung – auch der theologischen – unreflektiert geschehen ist, sondern um sie als soziale Kategorie[6] aufzudecken und analysierbar zu machen.

Ich habe das Beispiel Karl Barth für diese Fragestellung gewählt und aus seinem umfangreichen Werk Abschnitte aus den Bänden III/1 und III/2 der Kirchlichen Dogmatik[7] genommen, weil beide Bände unmittelbar nach Kriegsende bzw. in den ersten Jahren westdeutscher Restauration (1945 und 1948) erschienen sind und so auch eine Verarbeitung der Erfahrungen des Nationalsozialismus darstellen. Sie ermöglichen damit aus heutigem zeitlichem Abstand heraus zu erkennen, welche »Bilder« über Frauen aus der Erfahrung mit dem Nationalsozialismus in der unmittelbaren Nachkriegszeit theologiebildend geworden sind. Inhaltlich habe ich Abschnitte aus den beiden Bänden Karl Barths gewählt, weil in ihnen die Auslegungen von 1. Mos. 1 und 2 eine zentrale Rolle spielen. Beide biblischen Texte haben die theologische Tradition der Kirchen – vor allem auch der reformatorischen – im Hinblick auf ihre Aussagen über Mann und Frau innerhalb einer Schöpfungstheologie über Jahrhunderte hinaus mitbestimmt[8].

In den beiden Bänden Karl Barths können zwei Beobachtungen gemacht werden, die den Einstieg in Barths Denken evtl. erleichtern:

– Zum einen: Das Register beider Bände verweist darauf, daß in seiner Theologie vorrangig nicht die Rede von »Mann« bzw. von »Frau« ist, denn beide Stichworte fehlen fast vollständig, vor allem in Bd. III/2. Barths Interesse wird daran deutlich, daß er vorrangig entweder das Stichwort »Mensch« gebraucht, also eine Allgemeinkategorie verwendet, oder vereinzelt das Stichwort »Mann und Frau« einbezieht, also Mann und Frau nur in ihrer heterosexuellen Beziehung aufeinander thematisiert. Was will Karl Barth damit aussagen und in welchem Kategoriensystem bewegt er sich damit?

– Die zweite Beobachtung scheint zunächst diesem Befund zu widersprechen: Karl Barth formuliert (KD III/2, S. 344): »Daß dem so ist (nämlich daß die Grundform des Seins in der Mitmenschlichkeit besteht, H. E.) steht uns darin vor Augen, daß wir nicht *Mensch* sagen können, ohne entweder *Mann oder Frau* und zugleich Mann *und* Frau sagen zu müssen« (Hervorhebungen durch Karl Barth). Im Hinblick auf den Gebrauch von 1. Mos. 1 und 2 entsteht für mich die Frage, wann Karl Barth Mann *und* Frau und wann er Mann *oder* Frau sagt. Die reformatorische Theologie, der Karl Barth mit gewissen Einschränkungen folgt, hat in der Exegese von 1. Mos. 1 und 2 eine Trennung in den den beiden Texten zugrunde liegenden Beziehungsstrukturen vollzogen: Galt 1. Mos. 1 im Hinblick auf die Gottebenbildlichkeit von Mann und Frau und stand damit ihr Gottesverhältnis im Zentrum des Interesses, so wurde in 1. Mos. 2 von den Reformatoren der Weltbezug von Mann und Frau thematisiert und innerhalb dieses Bezuges wurde ihre geschlechtsspezifisch definierte Ungleichheit als Schöpfungsordnung festgeschrieben.

Das reformatorische Erbe, an das Karl Barth weitgehend anknüpft, erfuhr durch die Auseinandersetzung mit nationalsozialistischem und deutsch-christlichem Gedankengut zur Zeit der Entstehung der beiden Bände Karl Barths eine intensive Wiederbelebung. Bei der Auslegung von 1. Mos. 1 geht es Barth mit den Reformatoren einerseits um die Betonung der Gleichheit von Mann und Frau in der Differenz zu und vor Gott und in der Gleichheit gegenüber dem Mitmenschen: (KD III/1, 207): »... indem der Mensch selber und als solcher als Gottes Geschöpf besteht ... (ist er) in seiner ganzen Nicht-Göttlichkeit und also Andersartigkeit ein wirklicher Partner ..., *Gottes Gegenüber* ... Und er ist es sodann darin, daß er *selbst das Gegenüber von seinesgleichen* ist ... So ist das tertium comparationis, die *Analogie* zwischen Gott und Mensch sehr schlicht *die Existenz im Gegenüber von Ich und Du*« (Hervorhebungen jeweils von Karl Barth). Hier wird also noch keine geschlechtsspezifische Differenzierung vorgenommen, sondern Mitmenschlichkeit aus der Partnerschaft Gottes mit dem Menschen, d. h. mit Frau und Mann formuliert.

Karl Barth bleibt jedoch bei dieser Formulierung nicht stehen. Es geht ihm bereits in den Aussagen über die Beziehung des Menschen zu Gott anhand von 1. Mos. 1 zugleich um eine geschlechtsspezifische Differenzierung innerhalb der Seite des menschlichen Partners Gottes: (KD III/1, 208): »Was unterscheidet ihn (d. i. den Menschen) vom Tier? Nach Gen 1 zweifellos nur dies: daß eben die *geschlechtliche* Differenzierung die *einzige* ist, in welcher der Mensch geschaffen ist, daß eine Erschaffung und Existenz des Menschen in Gruppen und Arten, in Rassen, Völkern und dergl. nicht in Frage kommt ... so ist der Mensch als Mensch Einer und allein, zwei nur in der Zweiheit von seinesgleichen, in der Zweiheit von Mann und Frau«. Sprechen diese Sätze 1945 andeutungsweise die Ausgrenzung jüdischer Menschen durch die nationalsozialistische Rassenherrschaft als theologisch nicht verantwortbar aus, bleibt die Ausgrenzung von Frauen durch die nationalsozialistische Gesetzgebung mit der Begrenzung und Ausschließung von Frauen in Schule, Hochschule und Berufen und ihrer Verweisung an den Herd bzw. in die Rüstungsindustrie, jeweils gestützt durch nationalsozialistische Weiblichkeitsbilder außer Betracht. Außer Betracht bleibt auch die Reaktion von Kirche, auch der Bekennenden Kirche, auf das staatliche Handeln gegenüber Frauen. Durch den Verweis auf eine innertrinitarische Beziehungsstruktur wird in den Ausführungen Karl Barths eine hierarchische Stufung innerhalb der geschlechtsspezifischen Differenzierung erkennbar (KD III/1, 220): *»Wie sich das anrufende Ich in Gottes Wesen zu dem von ihm* *angerufenen göttlichen Du verhält, so verhält sich Gott zu dem von ihm geschaffenen Menschen, so verhält sich in der menschlichen Existenz selbst das Ich zum Du, der Mann zur Frau«* (Hervorhebung durch Karl Barth). Aus der innergöttlichen Beziehung als einer kommunikativen Gegenseitigkeit entwickelt Barth einerseits die Beziehung Gott-Mensch und andererseits diejenige Mann-Frau; während jedoch innertrinitarisch keine Stufung erkennbar ist, ist sie das de facto in der Beziehung Gott-Mensch, aus der heraus die Beziehung Mann-Frau entworfen wird.

Die in der Schöpfung bereits angelegte geschlechtsspezifische Differenzierung im Gottesverhältnis einerseits des Mannes, andererseits der Frau als einzige Differenzierung und als Vorbild der kommunikativen menschlichen Beziehung untereinander gewinnt nach dem »Zwischenfall«, dem »Sündenfall des Mannes und der Frau« (KD III/1, 213), eine weitere theologische Qualität, indem sie christologisch begründet wird (KD III/1, 213): »Es wird offenbar werden, daß der Mensch Grund hat, nach *dem* Menschen auszublikken, der anders als er selbst, aber gerade darum als der wirkliche Mensch für ihn, an seiner Stelle und ihm zugut im Urbild und nach dem Vorbild Gottes Mann und Frau sein wird: *Jesus Christus und seine Gemeinde«* (Hervorhebungen durch Karl Barth). Damit wird die geschlechtliche Differenzierung erweitert zu einer christologisch-ekklesiologischen und erhält ihre Funktion auch für die Gestaltung christlichen Gemeindelebens. Die Konsequenzen werden andeutungsweise noch in der Auslegung zu 1. Mos. 1 deutlich, indem Karl Barth 1. Mos. 1 mit 1. Kor. 11 verbindet (KD III/1, 229): »Paulus (hat) nach 1. Kor. 11,7 bei dem Mann, der Gottes eikon kai doxa *ist,* tatsächlich durchweg ... an den Mann mit *seiner Frau* und also nicht an Jesus als isolierte Figur, sondern an Jesus den Christus *Israels,* das Haupt *seiner* Gemeinde, gedacht« (Hervorhebungen durch Karl Barth).

Die letzten Überlegungen leiten bereits zur Interpretation von 1. Mos. 2 über, die vor allem in Bd. III/2 vorliegt. Die Gliederung des Bandes läßt noch einmal die Zentrierung auf die Allgemeinkategorie »Mensch« erkennen, zudem wird jeweils im ersten Abschnitt eines jeden Kapitels eine christologische Verankerung gegeben, unter die alle übrigen Aussagen zu stehen kommen. Ich gebe zunächst kurz eine Gliederung dieses Kapitels mit Einschluß der christologischen Abschnitte:

- Der Mensch als Gottes Geschöpf
  Jesus, der Mensch für Gott
- Der Mensch in seiner Bestimmung zu Gottes Bundesgenossen
  Jesus, der Mensch für den anderen Menschen
- Der Mensch als Seele und Leib
  Jesus, der ganze Mensch
- Der Mensch in seiner Zeit
  Jesus, der Herr der Zeit

Aus dieser christologischen Grundsetzung entwickelt Barth nun auch die Interpretation von 1. Mos. 2. Ich gebe auch hier die tragenden Aussagen: Konnte aus den ersten Aussagen im Kontext von 1. Mos. 1 noch eine grundsätzliche Gleichheit von Frau und Mann vor Gott herausgelesen werden, so schiebt Karl Barth diesem Verständnis einen Riegel vor (KD III/2, 377f.): »Die Erkenntnis des rechten durch die Erkenntnis Jesu Christi begründeten und durch sie bestimmten und begrenzten Verhältnisses von Mann und Frau steht im Gegensatz zu einem nivellierenden Enthusiasmus, der es nicht wahrhaben will, daß Beiden gerade im Frieden Gottes je ihr besonderer Ort und Weg zugewiesen ist. Wo es ... nicht um den Ruhm und Trotz des Menschen, sondern um das Lob Gottes, nicht um die Aufrichtung des eigenen Rechtes aus eigener Macht, sondern um das dauernde Danken (geht), da fließt aus dem Evangelium die Notwendigkeit gegenseitiger Unterordnung, in der Jeder Jedem das Seinige gibt. Das ist ja der Sinn der Haustafel: Suum cuique! Sie hat mit Patriarchalismus, sie hat mit einer Hierarchie häuslicher und bürgerlicher Würden und Gewalten wirklich nichts zu tun ...«

Diese »gegenseitige Unterordnung« wird im Kontext der neutestamentlichen Haustafeln von Karl Barth innerhalb der Ehe definiert (KD III/2, 378): »Daß mehr als die Hälfte der ›Haustafel‹ dem Verhältnis von *Mann und Frau*, und zwar hier nun ausgesprochen: von Mann und Frau in der *Ehe* gewidmet ist, ist natürlich kein Zufall«. Die hetero-sexuell vorgeformte Grundlage seiner Theologie erfährt damit eine zusätzliche institutionelle Verankerung.

Innerhalb dieser Vorentscheidungen erfolgen die Bestimmungen einer »gegenseitigen Unterordnung« dann fast zwangsläufig:

– Im Hinblick auf die Frau (KD III/2, 378f., zu Eph. 5): »Es ist kein Zufall, daß die Reihe der Ermahnungen v. 22 gerade mit der an die *Frau* und nicht etwa mit der an den Mann eröffnet wird ... Weil ihre Unterordnung unter den Mann im Lichte dieses Vorbildes (d. i. Christus das Haupt der Gemeinde) steht, darum (v. 24) ist sie notwendig, darum ist es Sache der Frau, sie nicht zu durchbrechen, sondern innezuhalten. Und eben darum ist die Unterordnung der Frau unter den Mann das erste, das interessanteste Problem, das in dem ganzen Bereich in Frage kommen kann. Nicht der Mann, sondern die Frau ist repräsentativ gerade für die Wirklichkeit, in der ja hier alle Angeredeten: Frauen und Männer, Alte und Junge, Sklaven und Herren, stehen ... sie (gemeint ist hier die Gemeinde – aber die sprachliche Fassung bleibt in der Schwebe ... H. E.), der Leib, der allein kraft seiner Verbindung mit diesem Haupt dem Feuer des Verderbens entrissen und also gerettet ist. Das begründet den Vorzug der Frau ... daß sie ... gerade in ihrem Verhältnis zum Mann, gerade in ihrer Unterordnung unter ihn diese Wirklichkeit der Gemeinde in deren Verhältnis zu Christus abbilden, darstellen und bezeugen darf ... Es kann die ganze Gemeinde Christus gegenüber nur die Stellung einnehmen, die der Frau dem Manne gegenüber zukommt. Auch die Männer, auch die Herren, können also Christus gegenüber nur die Stellung der Frau ihrem Manne gegenüber einnehmen ... (Damit ist die Frau) im qualifizierten Sinn Gemeinde ... sie und nicht der Mann ist das Abbild der Christus hörenden, der auch die apostolische Mahnung hörenden Gemeinde.«

Im Hinblick auf den Mann (KD III/2, 379f.; ebenfalls zu Eph. 5): »Der größere Teil des Textes (v. 25–33) ist nun allerdings der besonderen Ermahnung an die *Männer* gewidmet. Auch dieses Übergewicht ist sinnvoll ... im Verhalten des Mannes, der zunächst, nämlich in seinem Verhältnis zur Frau kephale ist: der Übergeordnete, der Erste, der Führende, der Träger primärer Verantwortlichkeit. Gerade darin ist er ja das Abbild der kephale des Ganzen, des Urhebers und Herrn der Gemeinde, des Erretters seines Leibes (v. 23). Im Sein und Tun des Mannes der Frau gegenüber entscheidet es sich also auch, ob das besondere Hören und Gehorchen der Frau ihm gegenüber in jenem Sinn geschieht, in dem es begründet ist, ob sie ihn wirklich hos to kyrio und also notwendig und also nicht bloß im Sinn einer Androkratie, die dann auch wieder in Gynokratie umschlagen könnte, untergeordnet ist ... Zu ihnen (d. i. den Männern, H. E.) ist darum mehr zu sagen als zu den Frauen, so gewiß, wo vom Leben der Gemeinde die Rede ist, vom Sein und Tun Christi mehr zu sagen ist, als vom Sein und Tun der beteiligten Menschen. Um etwas Anderes als um Nachbildung kann es sich nicht handeln ... Christus steht in gleicher Höhe über ihnen und den Frauen ... Aber eben, die Nachbildung seiner Höhe und Niedrigkeit ihnen selbst und den Frauen, der ganzen Gemeinde gegenüber, ist die besondere Männerverantwortung. Diese Nachbildung besteht darin, daß sie die Frauen lieben. Denn Christus hat die Gemeinde ... geliebt. Er hat sich selbst für sie dahingegeben (v. 25) ... er hat sie, da sie unheilig war, geheiligt, da sie unrein war, gereinigt ... er selbst hat sie sich zubereitet ... Sie hat sich selbst ihm und nur ihm zu verdanken ...«

Die Verankerung in der Institution Ehe für die geschlechtshierarchische Differenzierung in den Aussagen Karl Barths wird als nicht ausdrücklich reflektierte Voraussetzung dem Verständnis von 1. Mos. 1 und 2 untergelegt. Sie wird theologisch, sowohl trinitätstheologisch als auch christologisch, begründet.

Mit dieser theologischen Aussage über »die« Frau hat Karl Barth nicht nur die soziale Rolle der Frau, insbesondere der bürgerlichen Frau, schöpfungstheologisch festgelegt – und das heißt, sie keiner Veränderung durch gesellschaftliche Praxis zugänglich gemacht – sondern er spiegelt damit auch Strukturen und Prozesse theologisch wider, die sich im mittel- und westeuropäischen Raum im 19. und beginnenden 20. Jh. durch die Industrialisierung herausgebildet haben. Ich verdeutliche die Grundtendenz dieser Entwicklung anhand des Aufsatzes von Karin Hausen[9].

Im Zerbrechen der Ständegesellschaft durch Prozesse der Industrialisierung werden die sie stützenden Standesdefinitionen unterschiedlicher sozialer Eigenschaften und Tugenden disfunktional. Die nun die gesellschaftlich relevanten Sozialbeziehungen strukturierenden Charakterdefinitionen als Definitionen universal gültiger

Eigenschaften und Tugenden von Männern oder Frauen bestimmen die sozialen Rollen aller am Gesellschaftsprozeß beteiligten Individuen. In der Herausformung der Charakterdefinitionen meldet sich als soziale Trägerschaft das Bürgertum zu Wort, vertreten insbesondere durch die Beamtenschaft. Aus ihrer sozialen Position heraus ist der öffentliche, dem Mann vorbehaltene Bereich, von dem privaten, dem Arbeits- und Lebensbereich der bürgerlichen Frau, geschieden. Die in unterschiedlichen Arbeitsbereichen gewonnenen und ansozialisierten Eigenschaften werden als quasi »natürliche«, im Inneren des Menschen (bzw. theologisch: vor Gott) verankerte definiert. Von daher werden Männer als die zur Kulturarbeit Bestimmten über ihren öffentlichen Status in Beruf oder Amt und als aktiv und rational beschrieben; ihre Erwerbsarbeit ist im eigentlichen Sinne Arbeit. Die Söhne erhalten entsprechend den Erfordernissen der Berufswelt ihre Ausbildung. – Anders dagegen die Frauen: Sie sind durch Ehe und Familie bestimmt. Innerhalb ihres Lebensbereiches von Gebären, Aufziehen der Kinder, Wiederherstellen der Arbeitskraft des Mannes wird ihre unbezahlte (und unbezahlbare) Tätigkeit nicht als Arbeit verstanden. So bleibt auch die Ausbildung der Töchter des Bürgertums außerhalb des öffentlichen Interesses. Dort, wo die Berufstätigkeit der bürgerlichen unverheirateten Frau ökonomisch notwendig wird, da Vater oder Brüder für ihren Lebensunterhalt nicht mehr aufkommen können, stehen ihnen nur solche Berufe offen, die als wesensgemäß für die Frau gelten. Sind sie – etwa als Lehrerinnen – Beamtinnen, so gilt für sie die Coelibatsklausel, die bei Heirat ein Ausscheiden aus dem Beruf verlangt. – Die Ganzheit menschlichen Lebens ist jedoch nicht mehr durch einen einzelnen Menschen, sei er Mann oder Frau, zu erreichen – da ja die Arbeitsbereiche getrennt sind –, sondern nur in der Verbindung von Mann und Frau, von Arbeitsbereichen des Mannes mit denen der Frau. Dies ist nach den Vorstellungen des Beamtentums, das ja sozialer Träger dieser Definition ist, nur in der Ehe möglich.

Die in ihrer Tendenz als quasi durch »Natur« und Biologie – nicht durch den gesellschaftlichen Prozeß – vorbestimmten Charaktereigenschaften und Tugenden einerseits von Männern, andererseits von Frauen, verschleiern im Kontext der sich durchsetzenden Kleinfamilie ihren Herrschaftscharakter innerhalb einer

Gesellschaft, die sich in ihren psychischen und emotionalen Grundstrukturen durch Heterosexualität definiert.

Durch die Einführung der Kategorie »Arbeit« in die feministische Theorie einer Polarisierung der Geschlechtscharaktere und durch den Aufweis der geschlechtsspezifischen Arbeitsteilung ermöglicht es uns Karin Hausen zu erkennen, daß Karl Barth dem Denken der mit der biologischen Kategorie »Geschlecht« anstatt der sozialen Kategorie »Arbeit« operierenden Theorie der »Polarisierung der Geschlechtscharaktere« zuzuordnen ist. Durch die Einführung theologischer Kriterien, die im Zentrum seiner Theologie verankert sind, wird zudem die geschlechtshierarchische Strukturierung der theologischen Anthropologie als unveränderbar herausgestellt.

Damit ergeben sich einige Überlegungen zur Problematik des Wissenschaftsbegriffs aus der kritischen Position feministischer Wissenschaft: Feministische Wissenschaftskritik, getragen von Frauen als Wissenschaftlerinnen und gewonnen in der Analyse ihrer individuellen und gemeinsamen Erfahrungen im Kontext der wissenschaftlichen Institutionen, behauptet, daß »das Überwiegen von Männern in einem Forschungsgebiet ein Faktor ist, der die Theoriebildung substantiell beeinflußt«[10], d. h. daß die Machtbeziehung im wissenschaftlichen Diskurs zwischen Frauen und Männern, in dem Männer über Frauen herrschen, auch die darin entstehenden und definierten Denkformen als Herrschaftsformen bestimmt. Herrschende Denkformen, die herkömmlich von Männern entwickelt wurden und werden und auf die sich in jedem Diskurs neu Männer beziehen, lassen ein Bewußtsein von Frauen als eigenständige Quelle des Wissens oder als einen allgemeinen Ausdruck von Welterfahrung nicht zu, vielmehr wird weibliche Erfahrung, sofern sie zugelassen wird, nur als Teilerfahrung zugelassen, wohingegen die männliche Erfahrung als die allgemeine definiert ist[11].

Anmerkungen

1. Gütersloher Taschenbücher Siebenstern Bd. 486, Gütersloh 1985.
2. Vgl. *Elisabeth Moltmann-Wendel,* Das Land (Anm. 1), S. 138.
3. aaO. S. 138.

4. aaO. S. 139.
5. Vgl. *Max Weber,* Die »Objektivität« sozialwissenschaftlicher und sozialpolitischer Erkenntnis (1904); in: *Max Weber,* Methodologische Schriften, Frankfurt 1968, insbes. S. 11f.
6. Vgl. *Gisela Bock,* Historische Frauenforschung. Fragestellungen und Perspektiven; in: *Karin Hausen* (Hrsgin), Frauen suchen ihre Geschichte. Historische Studien zum 19. und 20. Jh.. Beck'sche Schwarze Reihe Bd. 276, München 1983, S. 24f.; vgl. auch *Gisela Bock,* Geschichte, Frauengeschichte, Geschlechtergeschichte; in: Geschichte und Gesellschaft 14. Jrg. 1988, Heft 3, S. 364–391, insbes. S. 374.
7. Vgl. *Karl Barth,* Die Lehre von der Schöpfung. Die Kirchliche Dogmatik Bd. III, 1 (1945), Zollikon-Zürich 3. Aufl. 1957; Bd. III, 2 (1948), Zollikon-Zürich 2. Aufl. 1959.
8. Vgl. *Hannelore Erhart,* Zur Bibelauslegung der Reformatoren in ihren Trauformularen – aus der Betroffenheit von Frauen heute; in: Politische Lektüre von Bibeltexten – Frauen legen die Bibel aus –. Tagung der Evangelischen Akademie Berlin (West), Dokumentation 55/86, Evangelisches Bildungswerk Berlin 1988.
9. Vgl. *Karin Hausen,* Die Polarisierung der »Geschlechtscharaktere« – Eine Spiegelung der Dissoziation von Erwerbs- und Familienleben; in: *Heidi Rosenbaum* (Hrsgin), Seminar: Familie und Gesellschaftsstruktur. Materialien zu den sozioökonomischen Bedingungen von Familienformen, stw Bd. 244, Frankfurt 1978, S. 161–191.
10. Vgl. *Evelyn Fox-Keller,* Feminismus und Wissenschaft; in: *Elisabeth List, Herlinde Studer* (Hrsginnen), Denkverhältnisse. Feminismus und Kritik, es NF 407, Frankfurt 1989, S. 281–300, hier S. 284.
11. Vgl. *Dorothy E. Smith,* Eine Soziologie für Frauen; in: *Elisabeth List, Herlinde Studer* (Anm. 9), S. 353–422, hier S. 356.

Jürgen Moltmann

Theologie in den Erfahrungen des gelebten Lebens

1. *Männliche Erfahrung feministischer Theologie*

Feministische Theologie will ausgesprochenermaßen eine Theologie der Erfahrung sein und ist es auch. Sie reflektiert die Erkenntnis Gottes und die Gottesrede secundum hominem recipientem, wie es jede hermeneutische Theologie von sich sagt, differenziert aber das Menschliche in das Weibliche und das Männliche, wie es bisher noch keine hermeneutische Theologie getan hat. So wird sie zu einer Theologie in bewußter Reflexion auf die geschlechtsspezifischen Bedingungen der Erfahrung, auf die psychosozialen Bestimmungen der Gefühls- und Denkmuster und nicht zuletzt auf die Erfahrungsweisen unterdrückter, vereinnahmter und sich aus der Internalisierung der vorgeschriebenen Rollen befreiender Frauen.

Was kann *man* aus dieser neuen, konkreten Form existentialer, politischer und befreiender Theologie lernen? Der männliche Lernprozeß, der an der feministischen Theologie entsteht, ist einfach, wirkt zu Beginn schmerzhaft wie jeder echte Lernprozeß und führt zuletzt zur Befreiung des Mannes. Der Mann lernt daraus zuerst die schlichte Tatsache, daß er ein Mann ist und nicht »der Mensch schlechthin« und also nur als Mann und nicht als »Mensch überhaupt« sprechen kann. An dem neuen Selbstbewußtsein des weiblichen Geschlechtes werden ihm seine geschlechtsspezifischen Grenzen bewußt. Er lernt die Eigenart seines eigenen Fühlens und Denkens zu verstehen und zu beachten. Ihm werden die Methoden und Ergebnisse seiner psychosozialen Programmierung zum »Mann« in dieser Gesellschaft bewußt. Er erkennt, was er opfern mußte und was von ihm abgespalten wurde, damit er seine gesellschaftlich privilegierte Stellung einnehmen konnte. Er begreift, daß

Menschsein nicht gleich Mannsein ist und daß darum seine maskulinen Weisen der Lebenserfahrung nicht verallgemeinerbar sind. Also macht er sich auf die Suche nach einer neuen Gemeinschaft von gleichberechtigten und selbstbewußten Frauen und Männern, die in der Lage sind, das Menschsein gemeinsam zu verstehen und es zu gestalten. Die Preisgabe seiner einsamen Privilegien wird bei weitem aufgewogen durch die neue Gemeinschaft, die er findet. Er braucht nicht den Herrn zu spielen, der alles bestimmt und sich für alles verantwortlich fühlt, er kann zum Bruder werden, der am Leben der anderen teilnimmt und seine Lebenserfahrungen mitteilt. Er erfährt sich als Freund in einer befreiten Gemeinschaft von Frauen und Männern ohne Über- und ohne Unterordnung. In dieser Gemeinschaft der gegenseitigen Achtung und wechselseitigen Teilnahme wird auch das vom Herrsein befreite Mannsein mit seinen eigenen Erfahrungsweisen und Handlungsformen wieder als Charisma gewürdigt: Jeder das Ihre, jedem das Seine, alle gemeinsam für die Wiedergeburt des Lebens!

Weil feministische Theologie sich als Theologie existentieller Erfahrung von Frauen versteht, möchte ich in diesem Beitrag versuchen, die Erfahrung des Lebens aus dem beschränkten neuzeitlichen, subjektorientierten, objektunterwerfenden und darin durch und durch androzentrischen Begriff zu befreien und »Erfahrung« wieder auf die Fülle der Lebensbeziehungen und den ganzheitlichen Lebensausdruck zu beziehen.

2.
Neuzeitliche Methode und reduzierte Erfahrung

Die wissenschaftlich-technische Zivilisation begann vor etwa 400 Jahren mit einem Bruch im Verständnis der Wahrheit: An die Stelle der Herrschaft der Tradition durch die Bildung des Geistes an den Texten der Vergangenen trat die Bildung des Geistes durch die eigene Erfahrung und das bewußte Experiment. *Petrus Ramus* und *René Descartes* führten den Begriff der Methode für den richtigen Vernunftgebrauch in die wissenschaftliche Wahrheitsforschung ein, um auf nachprüfbaren Wegen zu gesicherten Erkenntnissen zu kommen. Es war ihre Absicht, die Kräfte der Natur so gut zu kennen wie ein Handwerker sein Geschäft und sie ebenso praktisch zu allem möglichen Gebrauch zu verwerten.[1] Die »Objektivität« der methodisch gesicherten Erfahrung liegt in ihrer Nachprüfbarkeit, und ihre Nachprüfbarkeit gründet in der Wiederholbarkeit des Experiments und der darin gemachten Erfahrung. Mit dieser Beschränkung werden alle kontingenten Erfahrungen und mit ihnen alle geschichtlichen Erfahrungen ausgeschieden. Das menschliche Subjekt der Erfahrung wird als ein sich stets gleiches und seiner selbst unmittelbar gewisses Subjekt von Erkenntnis und Wille vorausgesetzt. Sein Selbstbewußtsein konstituiert die Welt seiner möglichen Erfahrung, wird aber seinerseits durch keine Erfahrung konstituiert, sonst könnte es sich nicht stets gleich und gewiß bleiben. Es gibt keine Welt und keine Erfahrung außerhalb der Welterfahrung des Subjektes. Daraus folgt die Selektion allein der aktiven Erfahrungen und ihre bewußte Erweiterung durch das Experiment sowie der Ausschluß aller passiven Erfahrungen. Durch das Experiment werden Erfahrungen »gemacht«, indem die Natur genötigt wird, auf die Inquisitionsfragen der Menschen zu antworten. Die Natur wird auf die Folter gespannt, um ihr ihre Geheimnisse zu entreißen. Die menschliche Vernunft wird so weit operationalisiert, bis sie »nur das einsieht, was sie selbst nach ihrem eigenen Entwurf hervorbringt«.[2] Das bedeutet nichts anderes, als daß die Vernunft jede ihr methodisch zugängliche Erfahrung der Natur ohne irgendeine Erfahrung, die das Selbst verändern würde, macht. Auch an der Natur bringt die Vernunft nur das zur Erscheinung, was sie selbst produziert, was letzten Endes dazu führt, daß sich das menschliche Subjekt seine eigene »Umwelt« in der Natur einrichtet, sich überall nur selbst widerspiegelt und in allen Dingen nur die vestigia hominis entdeckt. Die Melancholie des Narziß ist die Folge dieser androzentrischen Reduktion der Erfahrung auf die Herrschaft des Mannes über die Natur. Gotteserfahrungen kann es in den Welterfahrungen dieser Menschen nicht mehr geben, denn Gott ist kein Gegenstand möglicher Erfahrung (I. Kant).

Descartes hatte gleichwohl einen Gottesbeweis geführt und zur Grundlage seiner Wissenschaftstheorie gemacht. Es ist der Gottesbeweis aus der Selbstgewißheit des menschlichen Subjektes. Er nahm damit Augustins Reduktion der Theologie auf »Gott und die Seele« auf und machte sie zur Grundlage der wissenschaftlich-technischen Weltherrschaft des männlich-menschlichen Subjektes.[3] Seit Augustin ist es Allgemeingut abendländischen Denkens, daß die Selbsterfahrung zur Gotteserfahrung führt, nicht aber die Sozialerfahrung und auch nicht die Naturerfahrung. Gotteserfahrung im »unmittelbaren Selbstbewußtsein« wurde zur transzendentalen Konstitution des menschlichen Subjektes gemacht, das im Zentrum seiner Lebenswelt steht. Für Augustin und Thomas von Aquin lag der Grund in ihrer Auffassung der Gottebenbildlichkeit des Menschen. Die Gottebenbildlichkeit ist wie ein »Spiegel« in der Seelenspitze, in welchem der Mensch sich selbst und Gott zugleich erkennt und in dem Gott sich selbst und den Menschen zugleich erkennt. *Imago Dei* liegt allein in der geschlechtslosen Seele, der Körper trägt nur gewisse *vestigia Dei*. Darum führt nur der Weg nach innen zu Gott. Hätte man dem biblischen Schöpfungsbericht geglaubt, nach dem Gott die Menschen sich zum Bilde »männlich und weiblich schuf« (Gen 1,27), dann hätte es diese grandiose Fehlentwicklung nicht gegeben. Die ganzheitlichere Sozialerfahrung wäre der Weg zur Gotteserfahrung geworden. So aber hat die Mystik der Gotteserfahrung in der Selbsterfahrung zur modernen »Theorie der durch unmittelbare Selbsterschlossenheit zur aktiven Selbstbestimmung und damit zum Machen von Erfahrung befähigten Subjektes«[4] geführt. Nach dieser Theorie muß man von der »Einheitlichkeit aller erfahrbaren Gegenstände« ausgehen, was nichts anderes heißt, als daß man alle erfahrbaren Gegenstände vereinheitlichen muß. Obgleich schon die Anwendung dieser Theorie der uniformen Erfahrung auf die Natur zu deren Vergewaltigung führt, wird sie in der Anwendung auf die menschliche Intersubjektivität gänzlich unbrauchbar. Es besteht kein Grund, eine besondere Nähe des göttlichen Geistes zum subjektiven Selbstbewußtsein anzunehmen. Der göttliche Geist wird hier vielmehr als »Gemeingeist« (Fr. Schleiermacher) oder als »gemeinschaftliche Gottheit« (Fr. Hölderlin) erfahren. Die neueren nichtsubjektivistischen, sondern relativistischen und holistischen Theorien werden der Vielfalt der Erfahrungen und der Beziehungen, in denen Menschen sich entdecken und finden, besser gerecht.

3.
»Das Leben erfahren«: eine kleine Phänomenologie

Obgleich sich alle Naturwissenschaften als Erfahrungswissenschaften verstehen, gehört in der Philosophie der Begriff der Erfahrung zu den »unaufgeklärtesten«, wie *H. G. Gadamer* bemerkt.[5] Das liegt nicht an der mangelnden Anstrengung des Begreifens, sondern an der einfachen Tatsache, daß wir aus Erfahrungen zu Begriffen, aber nicht aus Begriffen zu Erfahrungen kommen. Erfahrungen betreffen uns elementarer und emotionaler als Gedanken. Erfahrungen sind die Quelle für Vorstellungen und Begriffe, mit denen wir ihnen Ausdruck zu geben versuchen. Jede Lebenserfahrung drängt auf ihren entsprechenden Lebensausdruck. Erfahrung ohne entsprechenden Ausdruck ist wie eine steckengebliebene, verdrängte oder gar nicht gemachte Erfahrung. Daß Erfahrungen »auf den Begriff gebracht werden«, ist nur eine Weise ihres Ausdrucks. Es gibt körperliche und emotionale Ausdrucksweisen, es gibt künstlerische und rituelle Ausdrucksweisen. »Wer nicht tanzt, begreift nicht, was sich begibt«, heißt es z. B. in neutestamentlichen Apokryphen von der Erfahrung göttlicher Gnade.[6] Die Begriffsbestimmung ist nur eine unter vielen Ausdrucksformen von Erfahrung. Nicht auf den Begriff, sondern auf den Ausdruck kommt es an, denn im Ausdruck gliedert, entfaltet und steigert sich das Leben. Im Ausdruck liegt die schöpferische Leistung des gelebten Lebens.[7]

Erfahrungen beruhen auf *sinnlichen Wahrnehmungen*. Aber nicht jede sinnliche Wahrnehmung nennen wir eine »Erfahrung«. Regelmäßige Tätigkeiten wie Wachen und Schlafen nehmen wir gewiß wahr, aber sie werden uns nur nach langer Entbehrung zu einer nennenswerten »Erfahrung«. Was aber meinen wir dann, wenn wir im betonten Sinne von »Erfahrung« sprechen? *Jean-Pierre Jossua* meint: »Erfahrung bezeichnet im weitesten Sinne die Gesamtheit dessen, was dem Menschen im Leben seines Bewußtseins widerfährt ... Erfahrung umgreift die Gesamtheit dessen, was sich der Verstand in Ausübung seiner Tätigkeit erwirbt«.[8] Er nennt Erfahrungen jene sinnlichen Wahrnehmungen, die den Menschen im Personkern betreffen, und der Personkern ist für ihn das Subjekt von Vernunft und Wille. Das ist modern, aber beschränkt androzentrisch gedacht.

Wir machen die meisten Erfahrungen weder mit Bewußtsein noch mit Willen oder in bewußter Absicht. Wir nehmen Ereignisse durch unsere Sinne wahr, sie berühren unsere Körper, sie dringen in unsere unbewußten Seelenschichten ein und nur ein kleiner Teil von ihnen wird uns bewußt und durch den Verstand »erworben«. Die meisten Erfahrungen werden von uns nicht bewußt »gemacht«, sie *widerfahren* uns. Natürlich gehören Verstand und Willen zu ihrer Verarbeitung, aber das Unterbewußtsein und der Körper »verarbeiten« auch. Auch der Körper hat seine Erinnerungen. Uns unbewußte Kräfte arbeiten an den Erfahrungen in uns. Es ist also beschränkt, Erfahrung nur auf das Leben des Bewußtseins und die Tätigkeit des Verstandes zu beziehen.

Die Übergänge von Wahrnehmungen zu Erfahrungen sind fließend. Wir blicken darum auf der anderen Seite auf die *Grenzsituationen,* über die wir auf jeden Fall in der Sprache der Erfahrung sprechen. In elementaren Erfahrungen von Leben, Liebe und Tod treffen uns Wahrnehmungen sinnlicher Art, die uns überwältigen. Sie prägen unsere Lebensgestalt und begleiten uns das Leben lang. Es sind Ereignisse der Vergangenheit, die nicht zu vergangenen Ereignissen werden. Wir werden nicht fertig, sie zu erfahren, denn sie fahren gleichsam mit uns, wohin wir uns auch wenden.

Der Schrecken früher Todeserfahrungen fährt mir noch heute »in die Glieder«, wie man sagt, auch wenn die bewußte »Tätigkeit meines Verstandes« sie 45 Jahre auf den Feuersturm in Hamburg zurückdatiert. Der Schrecken ist mir jederzeit gegenwärtig. Er hat mein Leben geprägt und unter die bohrenden Fragen gestellt: »Wo ist Gott?« und: »Warum bin ich nicht auch tot?« In den Tiefenschichten solcher Erfahrung gibt es offenbar keine »Zeit, die Wunden heilt«. Die Wunden bleiben offen. Darum kann man auch nicht sagen, man habe eine solche Erfahrung »gemacht«, so als sei das nun fertig, erledigt und vergangen. Man bleibt im Erfahren solcher Ereignisse und sucht nach immer neuem Lebensausdruck für sie.

Die *Erfahrung tiefer Liebe* wirkt auf ähnliche Weise auf uns. Sie wird zur bleibenden Gegenwart und hebt auf ihre Weise die Zeit der Vergänglichkeit auf. Sie prägt unsere Gegenwart, weil sie eine neue Lebensgeschichte eröffnet. Sie ist überwältigend, sagen wir, weil der Überschuß des Glücks unfaßlich ist. Diese Erfahrung dringt in tiefe

Seelen- und Körperschichten ein, so daß das Bewußtsein sie vorfindet. Auch im Glück der Liebe kann man nicht sagen, man habe diese Erfahrung »gemacht«, denn einmal hat einen diese Erfahrung eher gefunden und macht etwas aus der betroffenen Person, zum anderen wird man mit dieser Erfahrung nicht so fertig, daß aus dem zukunftsoffenen Prozeß des Erfahrens der abgeschlossene Vorgang der Erfahrung wird. Hat man diese Erfahrung »gemacht«, dann lebt man nicht mehr in ihr, sondern hat sie hinter sich. Aus solchen Erfahrungen mag man »klug werden«, aber man wird nicht wieder jung und kehrt nicht wieder in sie zurück.

Elementare Erfahrungen des Todes und der Liebe kann man weder bewältigen noch begreifen. Sie verlangen nach einem Ausdruck durch das ganze gelebte Leben. Der Todesschmerz findet keinen Begriff, es ist die Klage, die ihm einen solchen Ausdruck gibt, daß Menschen mit ihm leben können. Das überwältigende Glück findet keinen Begriff; es ist der Jubel, der das Leben der Liebenden prägt.

Und was zuletzt *das Leben selbst* angeht, so werden wir nicht begreifen, warum überhaupt etwas da ist und warum gerade wir hier sind. Wir staunen über die Einmaligkeit jedes Augenblicks, wie wir als Kinder über die Erstmaligkeit unserer Lebenstage gestaunt haben. Aus seiner unergründlichen Quelle heraus drängt Leben zum Lebensausdruck. Darum bleiben die tieferen Lebenserfahrungen unabgeschlossen. Wir entdecken uns selbst in ihnen immer wieder anders. Das macht den Reiz des Er-innerns aus.

Diese elementaren Lebenserfahrungen weisen darauf hin, daß wir von Erfahrungen *aktiv* und *passiv* sprechen: Wir machen und sammeln Erfahrungen, Erfahrungen widerfahren und betreffen uns. Der neuzeitliche Erfahrungsbegriff ist nur aktiv gefaßt. Darum wird er »männlich« genannt. Die elementaren Lebenserfahrungen aber sind durchweg passiv. In passiven Erfahrungen liegt das Subjektzentrum nicht in uns, sondern außerhalb unserer selbst. Darum werden wir selbst durch solche Erfahrung verändert.

Das weist auf die Wechselbeziehung zwischen *außen und innen* hin. Ich nehme das Geschehen draußen sinnlich wahr und ich werde der Veränderungen, die es bei mir bewirkt, inne. Erfahrungen haben den Außenbezug im Geschehen und den Innenbezug in der Selbstveränderung. Die Erfahrung des Geschehens und die Selbsterfahrung bedingen einander: Ich kann aus der Erfahrung als ein anderer hervorgehen. Ich kann mich für Erfahrungen öffnen oder verschließen. Die neuzeitliche Annahme, die Subjektstruktur sei erfahrungstranszendent und sich stets gleich, ist eine Konstruktion, die jede Selbstveränderung unmöglich macht. Die Ereigniserfahrung und die Selbsterfahrung müssen nicht gleichzeitig stattfinden. Die Wahrnehmung der eigenen Veränderung verzögert sich oft und kommt bei denen meistens zu spät, die selbstvergessen nur auf das aktive Leben eingeschworen sind.

Die Wechselseitigkeit von außen und innen wird vollends klar, wenn wir von Subjekt-Objekt-Verhältnissen zur *Intersubjektivität* übergehen: Du-Erfahrung und Ich-Erfahrung bedingen sich. Das Bewußtsein des Selbst entsteht erst am Bewußtsein der Anderen. Jedes Selbstbewußtsein ist in diesen Beziehungen vermitteltes Selbstbewußtsein. Ein »unmittelbares Selbstbewußtsein« gibt es nicht. Menschliche Selbsterfahrungen spielen sich im Netz der elementaren Lebensbeziehungen ab. Sie konstituieren und gestalten dieses Netz des Lebens, in dem wir zu uns selbst und zu den Anderen kommen. Um das Leben zu erfahren, brauchen wir Lebensgefährten, die Andere, den Anderen.

Werden Erfahrungen im Beziehungsfeld der Intersubjektivität wahrgenommen, dann werden sie gemeinsam wahrgenommen und stiften Gemeinschaft. Es sind die gemeinsamen Erfahrungen, die menschliche Gemeinschaften konstituieren. Ein Modus der Mitteilung gemeinsamer Erfahrung ist die *Erzählung*, denn sie hält die erfahrene Gemeinschaft am Leben. Viele unserer Gemeinschaften sind Erzählgemeinschaften. Israel ist eine Erzählgemeinschaft gemeinsamer Geschichte mit Gott. Im Zentrum der Christenheit steht die erinnerte Geschichte Christi. Gemeinschaft zwischen den Generationen entsteht in unseren Familien durch die immer wiederholten Erzählungen der Familienstory. Würde diese Erzählgemeinschaft abbrechen, würde das Gedächtnis der Menschheit verlorengehen; es blieben nur beziehungslose, weil geschichtslose Augenblicksmenschen übrig.

Endlich gibt es über die gemeinsamen und die generativen Erfahrungen hinaus auch *kollektive Erfahrungen*, die in äußeren Institutionen und seelischen Einstellungen eine solche Gestalt annehmen, daß sie unser Verhalten und Urteilen anonym steuern. Es können lebensdienliche Muster des Selbstverständlichen sein, es können auch kollektive Verblendungen sein. In großen sozialen Krisen und politischen Umbrüchen werden sie uns bewußt und stehen dann zur Disposition. Sie werden für die, die »drin« sind, immer erst bewußt durch die, die »draußen« sind. Erst die Opfer machen den Tätern ihr Tun bewußt. Darum gehört es zur kollektiven Selbsterfahrung notwendig dazu, die eigene deutsche Welt mit den Augen der Opfer von »Auschwitz« zu sehen, die nördliche Industriegesellschaft mit den Augen der hungernden Kinder im Volk der Dritten Welt wahrzunehmen, den eigenen Wohlstand in dem Seufzen der an unserem Müll sterbenden Erde zu reflektieren. Die Täter sind auf die Außenperspektive ihrer Opfer angewiesen, wenn sie nicht Illusionen nachjagen, sondern sich selbst erfahren wollen. Das Gedächtnis erlittener Leiden hört nicht auf, während das Gedächtnis der Täter kurze Beine hat. Die Wahrheit liegt in den Händen der Opfer, und die Erlösung vom Wahn zur Wirklichkeit kommt von ihnen. Das zeigt noch einmal, daß die männliche Reduktion der Erfahrungen auf einen subjektorientierten, aktiven Erfahrungsbegriff nicht nur am Leben vorbeigeht, sondern auch lebensgefährlich ist. Er ist gewalttätig. Zwar ist jede Werkorientierung auf aktive Erfahrung aus und bedarf der Beziehungsaskese, sonst wird nichts erreicht. Sie muß aber wieder aufgelöst werden, wenn sie das Leben nicht verarmen soll. Werkorientierung und Beziehungsorientierung können rhythmisch vereinigt werden, damit das Leben weder an Selbstbehauptung noch an Selbstauflösung leiden muß.

4. *Immanente Transzendenz*

Um die Fülle der Lebenserfahrungen wieder wahrzunehmen, ist es sinnvoll, mit der feministischen Theologie die exklusive Verbindung von »Gott und die Seele«, Selbsterfahrung und Gotteserfahrung aufzugeben und Transzendenz in jeder Erfahrung zu suchen. Jede Erfahrung, es sei die Sozialerfahrung, die Naturerfahrung oder die Selbsterfahrung, hat eine transzendente Innenseite. Die Erfahrung des Geistes Gottes ist nicht auf den menschlichen Geist beschränkt: »Gottes Weisheit erfüllt den Erdkreis und kennt jeden Laut« und sein »unvergänglicher Geist ist in allen Dingen« (Weisheit Salomos 1,7; 12,1). Gotteserfahrungen ereignen sich *in* und *mit* unseren alltäglichen Welterfahrungen. Jede Erfahrung eines anderen Geschöpfes Gottes ist auch eine Erfahrung des gemeinsamen Schöpfers. Darum sind die immanenten Erfahrungen von transzendenter Tiefe. Wer sie wahrnimmt, begegnet den Lebendigen mit der »Ehrfurcht vor dem Leben« selbst und nimmt die Geschöpfe in seine Gottesverehrung hinein. »Wer Gott so im Sein hat, der nimmt Gott göttlich und dem leuchtet er in allen Dingen, denn alle Dinge schmecken ihm nach Gott und Gottes Bild wird ihm aus allen Dingen sichtbar«.[9] Ist der Heilige Geist die göttliche »Quelle des Lebens« (fons vitae), dann können wir in jeder Lebenserfahrung auf diese Lebensquelle stoßen. Unerschöpflich ist das Leben in jedem Augenblick.

Gott in allen Lebensbeziehungen zu erfahren heißt, das Unendliche im Endlichen, das Ewige im Zeitlichen und das Heilige im Profanen wahrzunehmen. *Alle Lebensbeziehungen in Gott* zu erfahren, ist nur die Kehrseite. Wir nehmen dann die Dinge in ihrer Gottesbeziehung wahr. An die Stelle der anthropozentrischen, subjektorientierten Erkenntnis tritt das Sehen der Dinge auf dem Hintergrund ihres umfassenden göttlichen Horizontes. In dieser Perspektive sehen wir das Endliche im Unendlichen, das Zeitliche im Ewigen und das Profane im Heiligen. Wir nehmen die Welt- und Selbsterfahrungen in die Gotteserfahrung hinein.

Ganzheitlicher zu leben und ganzheitlicher zu erkennen, sind Ziele für einen langen Weg aus der Abspaltung und Isolierung unserer Kultur heraus, besonders für den Mann. Die psychosozialen Einsichten der feministischen Theologie können ihn auf diesen Weg bringen. Es bedeutet, Kräfte zu entwickeln, um sich auf komplexere Lebensgemeinschaften einzulassen, im Netz mehrerer und miteinander verflochtener Beziehungen Leben zu erfahren und die dynamischen Gleichgewichte und Rhythmen zu entdecken, die den großen Lebenszusammenhang der Lebendigen zum Schwingen und Klingen bringen und mitten im Leben von dem lebendigen Gott zu reden, der das Leben liebt.

Anmerkungen

1. *R. Descartes,* Abhandlung über die Methode (1683), Mainz 1948, 145. Dazu *K. Jaspers,* , Descartes und die Philosophie, Berlin 1948.
2. *I. Kant,* Vorrede zur 2. Auflage der »Kritik der reinen Vernunft«.
3. *R. Descartes,* Meditationen, Widmungsschreiben, PhB 27.
4. *E. Herms,* Art. Erfahrung, II, TRE 10, 109f.
5. *H. G. Gadamer,* Wahrheit und Methode, Tübingen 1960, 329.
6. *E. Hennecke/W. Schneemelcher,* Neutestamentliche Apokryphen II, Tübingen 1964, 154f.
7. *W. Dilthey,* Gesammelte Schriften, VI, Stuttgart 1958[4], 317.
8. *J.-P. Jossua,* Art. Erfahrung, NHThG 1, 231.
9. *Meister Eckhart,* Deutsche Predigten und Schriften (ed. J. Quindt), München 1977[4], 60.

Dorothee Foitzik

Begreifen, begeistern, beherzen: Ein eigener Mensch werden

Zu feministischer Praxis und Theorie kirchlicher Jugendarbeit

Während des Großtreffens eines kirchlichen Jugendverbandes, der Katholischen Jungen Gemeinde, im April 1990 hatten rund 200 junge Frauen im Themenzentrum IV »Mit uns muß man(n) rechnen« drei Tage lang intensiv mit Kopf, Herz und Hand/Fuß an Themen gearbeitet, die Mädchen und junge Frauen in Gesellschaft und Kirche unmittelbar angehen. Folgendes Gespräch hätte so oder so ähnlich während der Heimfahrt im Zug stattfinden können. (Ähnlichkeiten mit lebenden Personen und erlebten Situationen sind nicht zufällig):

Exodus-Erlebnisse

Ute: Ich glaube, die Arbeit im Themenzentrum IV war sehr erfolgreich, wenn nicht sogar die ergebnisreichste während der ganzen Veranstaltung. Obwohl die Ansatzpunkte und -wege, die Lösungs- und Strategievorschläge oft so unterschiedlich sind, scheinen Frauen doch mehr Gemeinsames denn Trennendes zu haben.

Gabi: Klar, die Auseinandersetzung mit der eigenen Geschichte, mit Zukunft und Lebensplänen, Familie, Partnerschaft, mit dem eigenen Körper und Sexualität, mit Schule, Studium, Arbeit und Beruf, mit Macht und Ohnmacht von Frauen, mit Sprache, und speziell in der kirchlichen Jugendarbeit mit Christentum und Kirche, gehen doch jede an!

Anne: Sollte frau meinen, aber wie viele gibt es, auch junge Frauen, die die ganze »Frauenfrage« für künstlich gezüchtet, für das Hobby von ein paar »frustrierten Emanzen, die keinen Mann abbekommen haben«, halten?

Ute: Zusätzlich werden Frauen, die für ihre Geschlechtsgenossinnen Partei ergreifen, in manchen kirchlichen Zusammenhängen nicht nur selbst verdächtigt, große Egoistinnen, unsachlich oder naiv zu sein, wenn sie ein neues kirchliches Frauenbild und/oder die wirkliche Beteiligung von Frauen in der Kirche einklagen. Man(n) unterstellt ihnen auch, sie wollten die Mädchen zu Aufrührerinnen machen, die sich dann z. B. nicht mehr damit abfinden, daß Mädchen eben keine Ministrantinnen werden dürfen.

In einigen Gesprächen habe ich mitbekommen, daß der Vorwurf, unsozial oder gar unchristlich zu sein, und wenn er noch so ungerechtfertigt ist, viele Gruppenleiterinnen wirklich schmerzlich trifft. Und obwohl sie sehen, daß an der Situation von Mädchen und Frauen in Kirche und Gesellschaft einiges schief ist, entweder weil sie zahlreiche Diskriminierungen und Benachteiligungen am eigenen Leib erfahren oder bei anderen beobachtet haben, ziehen sie sich wieder zurück, weil sie den vielen Widerständen vor Ort nicht gewachsen sind oder sich entmutigen lassen.

Gabi: Wir Verantwortlichen müssen noch viel mehr tun, um den Mitarbeiterinnen an der Basis den Rücken zu stärken: Ihnen z. B. klarmachen, daß es sich weder um ein persönliches Unvermögen noch um ein individuelles Schicksal handelt.

Anne: Und was ist mit den Mädchen in den Gruppenstunden? – Manche sind dir ja noch böse, wenn du etwas speziell für sie oder mit ihnen machen willst. Sie fühlen sich von den gleichaltrigen Jungen ferngehalten und damit im allgemeinen Konkurrenzgeschäft benachteiligt. Dabei werde ich immer richtig wütend, wenn ich sehe, wie sich diese tollen Mädchen, die wirklich viele Fähigkeiten haben, von den Jungen demütigend behandeln lassen.

Gabi: Das geht mir genauso; ich bedaure es dann aufrichtig, daß es nicht mehr männliche Gruppenleiter und Mitarbeiter gibt, die parallel zu unserer Arbeit auch mal mit den Jungen arbeiten und ihnen Alternativen zum traditionellen »Macho«-Verhalten anbieten. Manchmal finde ich es auch richtig niederschmetternd, einsehen zu müssen, daß wir mit unserer Jugendarbeit neben Schule, Elternhaus und vor allem den Medien doch recht wenig Einfluß auf den Bewußtseinsprozeß von Mädchen haben.

Ute: Diesbezüglich gibt es meiner Meinung nach große Unterschiede: Sicher haben Elternhaus und Schule den kontinuierlicheren Einfluß, insbesondere was das Erlernen von Geschlechtsrollen und die Prägung von Verhalten betrifft, aber gerade in der Phase des Jugendalters, in der die Gleichaltrigengruppe so wichtig ist und andere Vorbilder gesucht werden, ist die Begegnung mit Gruppenleiterinnen und -leitern, die sich ihre Rolle als Frau oder Mann bewußt machen, doch für viele von großer Bedeutung.

Der Widerstand der Mädchen gegen eine geschlechtshomogene Arbeit kann aber trotzdem dann auftreten, wenn wir erst im Jugendalter Kontakt zu ihnen bekommen. Für unsere Arbeit heißt das, wir müssen bei der Planung und Durchführung von feministischer Jugendarbeit immer auch die altersgemäßen Interessen und die Einstellungen der unmittelbaren Umgebung unserer Adressatinnen möglichst genau kennen.

Eine andere Sache sind die Reaktionen auf die Herausforderung durch den Feminismus. Die Frauenbewegung hat in den letzten zwanzig Jahren alle Bereiche menschlichen Zusammenlebens in Gesellschaft und Kirche ganz schön »aufgemischt«: Familie und Privatbeziehungen, Arbeitswelt, Wissenschaft, Politik, Religion, Kunst, Literatur usw.

Angesichts dieser Umwälzungen, auch wenn sie nicht überall so offensichtlich zum Tragen kommen, ist es doch klar, daß sich auch viele Widerstände regen.

Gabi: Da passiert Ähnliches wie bei der Befreiung der Sklaven oder beim Kampf gegen die Apartheid usw. Immer wollen die, die bisher die Privilegien genossen haben, diese natürlich nicht aufgeben. Obwohl es zugleich auch einzelne gibt, die sich in der privilegierten Gruppe nicht mehr wohlfühlen und von daher am Befreiungsprozeß beteiligt werden wollen.

Ute: Der Vergleich ist gut; allerdings geht es bei der Frauenbefreiung immerhin um die Hälfte der Menschheit. Besonders deutlich wird dieser tiefgreifende Prozeß an den Frauen in der sogenannten Dritten Welt, die sich ja in doppelter bzw. dreifacher Unterdrükkung: Geschlecht, Klasse, Rasse befinden.

Anne: Diese Universalperspektive der Frauenbewegung scheint mir übrigens noch viel zu wenig berücksichtigt. Ich denke, jetzt da die Welt immer mehr zusammenrückt, müssen die Aspekte der interkulturellen und multinationalen Arbeit viel mehr Eingang in unsere Programme finden, zumal die Kirchen ja nun wirklich weltweite Organisationen sind.

Begegnung mit der feministischen Theologie

Gabi: Feministische Theologinnen haben diese Erfahrungen mit der biblischen Erzählung vom Auszug aus Ägypten in Verbindung gebracht. Ich finde das ein sehr passendes Bild, denn es umfaßt sowohl die positive Erfahrung des Aufbruches, d. h. Mädchen und Frauen nehmen ihr Leben selbst in die Hand, aber auch das Wüstenerlebnis des Durchzugs, wenn die Betroffenen unsicher werden, mit unterschiedlichen Widerständen konfrontiert werden, sich auch manchmal an die »Fleischtöpfe Ägyptens« zurückwünschen, wo sie zwar unfrei, ihr Leben aber geregelt, Erwartungen und Rollenzuschreibungen klar definiert waren. Das »Gelobte Land« ist zwar noch nicht in Sicht, aber wir tragen sein Bild sozusagen im Herzen und es gibt viele Ahnungen, die zum Suchen richtiger Wege und zum Weiterwandern motivieren, sozusagen be-herzen.

Insbesondere für christliche Frauen steht da wirklich die Verheißung, daß gleiche Lebensmöglichkeiten für Frauen und Männer dem Schöpfungswillen Gottes und der Befreiung durch Jesus Christus entsprechen.

Anne: Mir fällt gerade auf, wie selbstverständlich wir hier und heute die Wörter »Feminismus« und »feministische Theologie« in den Mund nehmen. Ich erinnere mich noch gut an den Protest und die Verdächtigungen, die gerade die Kombination von feministisch und Theologie hervorgerufen hat.

Ute: Feminismus steht immer noch unter »Ideologieverdacht«, denn es gibt viele Befürchtungen, daß die traditionelle Männerherrschaft »in Gedanken, Worten und Werken«, das Patriarchat, durch ein Matriarchat ersetzt werden solle. Innerhalb der Frauenbewegung gibt es ja auch die Polarisierung zwischen sogenannten Gleichheits- und Radikalfeministinnen (H. Meyer-Wilmes) und ihrem jeweiligen Verständnis von der Differenz bzw. Gleichheit der Geschlechter.

Gabi: Aber diesbezüglich den Überblick zu behalten, fair zu streiten und zu versuchen, zu einer Position zu gelangen, ist doch eine Angelegenheit der Frauenbewegung. Ich finde es nicht richtig, daß sich Männer und auch weibliche Gegnerinnen von außen zerstörerisch einmischen, wenn sie Umfang und Ernsthaftigkeit der Frage nicht akzeptieren.

Anne: Dazu gibt es eine Äußerung von Mary Daly, bei der Wiederkunft der Hexenverfolgung würden andere Mittel angewendet; diesmal würden Frauen dazu abgerichtet und legitimiert, die Sache untereinander zu erledigen. Brutal, aber passend, nicht?

Ute: In der feministischen Theologie gibt es diese Polarisierungen ebenfalls; und je nachdem, welchem Verständnis von Frauen und Feminismus die Theologinnen folgen, wenden sie sich eher einer Göttinspiritualität zu oder versuchen, die Männerzentriertheit vor allem der biblischen Religionen, Judentum und Christentum, zu überwinden. Für den letzteren Versuch gibt es unterschiedliche Wege, sei es daß in der Bibel nach weiblichen Bildern und frauenfreundlichen Aussagen gesucht wird, um den sogenannten Androzentrismus in Theologie und Verkündigung zu überwinden. Oder sowohl die einseitige Verwendung von männlichen Bildern für Gott als auch das Denken in männlichen Kategorien sowie die Orientierung männlichen Wertmustern müssen zunächst analysiert werden, bevor zu fragen ist, ob diese Bilder und Inhalte, die Frauen unterdrückt haben und unterdrücken, so beibehalten werden können und noch verkündigt werden dürfen, oder ob nicht eine frauenfreundliche kreative Neuschöpfung stattfinden muß.

Anne: Ja, aber kann man den Theologinnen nicht vorwerfen, sie betrieben »Steinbrucharbeit« an der Bibel, »Häresie«, und was sonst nicht alles?

Ute: Ja, das tut man(n) auch. Aber es geht ja nicht darum, eine »neue Bibel« zu schreiben, sondern sich, genau wie in der traditionellen Theologie und Verkündigung, die Bibelinhalte anzueignen, die den Menschen in der jeweiligen Situation unbedingt angehen. Ein wichtiger Unterschied ist allerdings die bewußte Perspektive: nach einer bedeutenden Bibelforscherin, Elisabeth Schüssler-Fiorenza, muß die »Frauenkirche« immer der Standpunkt sein, von dem aus die Schriften untersucht und je nachdem verworfen oder neu erinnert werden. Die Bibel ist in dieser Betrachtungsweise also kein zeitloses, un-antast-bares Dokument mehr, sondern ihre Inhalte werden so belebt, daß der Anspruch der frohen, befreienden Botschaft für alle Menschen, auch für Frauen, lebendig wird.

Außerdem machen die meisten Forscherinnen den Ausgangspunkt ihrer Untersuchungen deutlich bzw. verweisen auf ihre Verbundenheit mit der Frauenbefreiungsbewegung.

Gabi: Ich finde es übrigens sehr beachtenswert, daß sich viele Praktikerinnen kirchlicher Jugendarbeit in viel größerem Maße mit Theologie und Spiritualität befassen, als es z. B. kirchliche Amtsträger sonst immer von den Verantwortlichen in Jugendverbänden gefordert haben.

Es liegt wohl daran, daß Mädchen und junge Frauen die Beschäftigung mit dem biblischen Erbe und weiblicher Spiritualität als Teil ihres Identitätsbildungsprozesses begreifen. Damit ist die früher so oft diskutierte leidige Trennung und Gegenüberstellung von Politik und Spiritualität aufgehoben – und es bedurfte keinerlei theoretischer oder gar institutioneller Anstrengungen. Da ist irgendwie eine Begeisterung, die andere begeistert.

Anne: Vielleicht liegt es auch daran, daß kein Druck und kein Auslegungsmonopol dahinterstecken; ob gerechtfertigt oder nicht, Jugendliche reagieren auf solche Haltungen eher mißtrauisch.

Und noch etwas, wir merken in den Bemühungen der Theologinnen, daß es sich um den Prozeß einer Suche und immer neuer Entdeckungen, nicht aber um die Errichtung eines neuen Lehrgebäudes handelt; darüber hinaus spricht die feministische Theologie den ganzen Menschen, nicht nur seinen/ihren Kopf an. Ich weiß, das versuchen auch andere Theologen in jüngster Zeit, aber oft bedarf es da dennoch einiger Vermittlungsanstrengungen.

Ute: Na ja, nicht alle sind uns dankbar für unser Interesse an theologischen Fragen; denn wenn die Arbeit an der Bibel, die Beschäftigung mit feministischer Ethik oder das Ausprobieren neuer frauenfreundlicher Liturgieformen nicht im stillen Kämmerlein der Mädchen- oder Frauengruppe verbleiben, stoßen feministisch-theologische Ansätze doch genauso auf Widerstände wie seinerzeit Elemente aus der Befreiungstheologie Lateinamerikas, die die westeuropäische christliche Jugend für sich entdeckt hatte.

Gabi: Mit dem Unterschied, daß im Falle der Frauen das Argument der Nichtübertragbarkeit der Situation nicht zieht. Frauen sind als Frauen vom Feminismus und der feministischen Forschung Betroffene, ob sie das für sich individuell nun annehmen oder zurückweisen.

Ute: Wahrscheinlich steckt die Befürchtung dahinter, wir würden das katholische Prinzip der Autorität des Lehramtes verlassen, und jede betriebe dann ihre eigene Forschung und Lehre. Werden solche Ängste nicht noch zusätzlich durch die umfassende ökumenische Ausrichtung der feministischen Theologie gefördert? Dabei verbleiben die meisten Frauen in ihren Kirchen, aber der Dialog ergibt sich als oberstes Prinzip aus dem gemeinsamen Anliegen der Frauen.

Anne: Tatsächlich dienen viele Inhalte wirklich zur Befreiung; ich denke an die Untersuchungen zum Gottesbild, die gerade für die jungen Frauen so wichtig sind, die noch mit dem Aufseher-Gott, dem alten Mann mit weißem Bart aufgewachsen sind (wohl der, die einen lieben Großvater hatte ...). Die jüngeren Mädchen sind zum Teil glücklicherweise schon mit differenzierteren Bildern konfrontiert worden oder leben eher »bildlos«.

Ich denke an die Ansätze feministischer Ethik, die Mädchen und Frauen von den unangemessenen Schuldgefühlen befreien können, die ihnen eine geschlechtsspezifische Erziehung zu bestimmten Aufgaben und Funktionen als wesenskonform und damit zwingend gültig eingeredet hatte. Andererseits kann ihnen aufgezeigt werden, wo ihre Verantwortung wirklich liegt: Darin, ein eigener Mensch zu werden, ein Verhältnis zu sich selbst zu finden, um dann aus freien Stücken auf andere zugehen, Beziehungen knüpfen und Aufgaben übernehmen zu können, die ihren jeweiligen Fähigkeiten und Neigungen entsprechen.

Gabi: Aber gerade das Prinzip dieses neuen Menschenbildes »Ich bin gut. Ich bin ganz. Ich bin schön.« (E. Moltmann-Wendel) schließt mit ein, daß wir auch ein Verhältnis zu unserem Körper entwickeln. In unserer Religion ist soviel von Leibhaftigkeit die Rede, bis zum Zentrum der Inkarnation und leiblichen Auferstehung; und dann sollte unser Christenleib nur »Kopf« meinen (und den Körper den Modemagazinen und Mädchenzeitschriften überlassen)?

Anne: Für ein Leben- und Glaubenlernen mit allen Sinnen spricht auch die große Resonanz, die die vielen Publikationen finden, die nach den Spuren der Vormütter im Glauben suchen und die biblischen Frauen des Alten und Neuen Testamentes neu lebendig werden lassen; gerade da, wo uns diese Frauen auch in der (methodischen) Vermittlung als Schwestern aus Fleisch und Blut entgegentreten.

Ute: Aber da ist doch viel Spekulation und Phantasie dabei!

Gabi: Na und? Wenn nicht der Anspruch strikt wissenschaftlichen Arbeitens erhoben wird, warum soll es nicht eine theophantasievolle Wiederbelebung längst verschütteter oder verdrängter Traditionen geben?! Und wenn Frauen sich auf der Suche nach ihrer Geschichte und ihren Symbolen durch einen Dschungel der Nichtexistenz schlagen müssen, glaubst du nicht, daß es da viele verschlungene Pfade gibt?

Anne: Vor allem ist es wichtig für die Mädchen und jungen Frauen, daß da etwas Konkretes ist, mit dem man umgehen kann, das gestaltbar ist, das frau be-greifen kann.

Ute: Ähnlich konkret scheint mir das Bemühen um eine frauengerechte Sprache sowohl im Gottesdienst, in Liedern und Texten, als auch in unserer Arbeit. Zwar wird dem oft der Vorwurf der kleinkarierten Wortklauberei entgegengeschleudert, aber die bewußtseinsbildende Wirkung ist nicht zu unterschätzen. Ich kann mich schließlich nur dort wahr-nehmen, wo ich vorkomme.

Gabi: Müssen wir aber nicht unterscheiden, was von den Ansätzen feministischer Theologinnen nun Eingang in die kirchliche Jugendarbeit finden kann und was nicht? In meiner Arbeitsgruppe gab es z. B. große Vorbehalte gegenüber der »Frauenkirche«, wie sie von vor allem katholischen Frauen in den USA gelebt wird. Bedenken richteten sich besonders auf die mögliche Institutionalisierung einer genauso ausschließenden Kirche neben der bestehenden Männerkirche, nur von Frauen gemacht. Schließlich gehörten zum Endziel doch der Aufbau einer geschwisterlichen Kirche, die friedliche Koexistenz von Frauen und Männern und die Aufhebung des Dualismus weiblich-männlich.

Ute: Dieses Fernziel soll ja auch keineswegs aufgegeben werden! Bezüglich der Beschäftigung mit den verschiedenen Ansätzen gilt wie für die anderen Disziplinen der feministischen Forschung, daß frau zunächst an ihrer individuellen Situation und an den Bedürfnissen ihrer Umwelt arbeiten muß. Natürlich geht es nicht darum, von jetzt an alles, was Frauen schreiben und lehren, gut bzw. angemessen zu finden, nur weil es von Frauen kommt.

So werden bezüglich unserer speziellen Situation als Teil der Institution Kirche die Beiträge der Forscherinnen, die sich den Kirchen und ihrem Traditionszusammenhang noch, wenn auch kritisch, verbunden fühlen, eine andere Bedeutung haben als die Schriften der Theologinnen, die sich von der Kirche abgewendet haben. Als Denkanstoß und Herausforderung sind jedoch auch die letzteren wichtig und hilfreich.

Aber gerade die »Frauenkirche« für die Befürworterin separatistischer Anliegen zu halten, erscheint mir unangemessen. Vielleicht handelt es sich da auch um ein Mißverständnis?

Anne: Angesichts der beschriebenen Ängste der Mitarbeiterinnen klingt die Äußerung »We women are church, the rest is detail« (Mary Hunt) natürlich nicht nach Befreiung, wie ich sie gehört habe, sondern eher nach Drohung, besonders gegenüber den Männern in der Kirche, um die sich einige der jungen Frauen sorgen.

Gabi: Die Sorge um die Männer gehört für viele Frauen zu den schmerzlichen Exoduserfahrungen, die ausgehalten werden müssen. Natürlich gibt es Männer, die ihrerseits aus dem Androzentrismus und den festgefahrenen Strukturen von Kirche und Gesellschaft aufbrechen. Befreiung bedeutet ja nicht, daß wir ab heute für immer getrennte Wege gehen. Aber streckenweise werden es unterschiedliche Wege sein; was nicht ausschließt, daß Frauen und Männer nicht immer wieder auch ein Stück miteinander gehen können. Voraussetzung ist allerdings, daß sie sich in die gleiche Richtung – eben auf dem Weg zu einer geschwisterlichen Kirche – bewegen.

Ute: Zugespitzt gesagt habe ich aber bei manchen Jungen und Männern das Gefühl, und das gilt keineswegs nur für die Kirchenmänner, daß sie zwar aufbrechen wollen, aber dann wie trotzige kleine Kinder stehen bleiben (weil der Weg so beschwerlich ist) und so lange quengeln, bis die Mama wieder zurückkommt.

Gabi: Und sie auf den Arm nimmt?!

Anne: Für die kirchliche Jugendarbeit könnte das also heißen, daß beide Wege nebeneinander existieren müssen, sowohl geschlechtsspezifische als auch gemeinsame Arbeit, Feste und Feiern. Denn die Realität beschert ja sowohl viele Aufgaben, die wir gemeinsam bewältigen müssen und wollen, als es auch auf der Ebene der Interessensvertretung für Kinder und Jugendliche gesamtgesellschaftlich und kirchlich einige Themen gibt, die Mädchen und Jungen gleichermaßen betreffen – obwohl auch da der geschlechtsspezifische Aspekt eine Rolle spielt.

Jedenfalls habe ich jetzt wieder richtig Bock – oder Ziege? –, mit den Mädchen und Frauen zu arbeiten!

So oder so ähnlich hätte das Gespräch stattfinden können, auch unter jungen Frauen in anderen Jugendverbänden oder Gruppierungen christlicher Jugendarbeit, die sich in ihren Programmen und ihrer Praxis von der feministischen Herausforderung betreffen lassen. Natürlich haben sich die Mitarbeiterinnen noch weiter unterhalten: über Geschichte und Kriterien der feministischen Pädagogik, über ihre eigene Biographie und Rolle, über den Kontakt zu den Müttern und die Zusammenarbeit mit anderen inner- und außerkirchlichen Frauenverbänden usw. – Hier wird nur anfanghaft sichtbar, in welchem fruchtbaren Verhältnis Praxis und Theorie feministischer Jugendarbeit stehen.

In der sozusagen »dritten Generation« nach den ersten Versuchen zu einer feministischen kirchlichen Jugendarbeit Anfang der achtziger Jahre hat sich an der Situation der Betroffenen noch nicht so sehr viel geändert. Noch scheint es notwendig zu sein, mit jeder Mädchengeneration neu anzufangen, ein »eigener Mensch« zu werden. Das meint nicht die Rückkehr zum »Nullpunkt«, sondern gleichzeitig Rückgriff und Vorwärtsbewegung im Sinne einer spiralförmigen Weiterentwicklung.

Der Buchtitel »Ein eigener Mensch werden. Frauen um Jesus«, der mir in der Anfangsphase der Mädchenarbeit begegnete, ist zu einem Lebens- und Arbeitsmotto geworden, denn schließlich geht es in Praxis und Theorie genau darum, es den Mädchen und uns selbst qualifiziert zu ermöglichen, eigenständige, nichtabhängige Menschen zu werden, die mit allen Sinnen in Beziehung zu Gott und den Menschen treten können.

Hans Küng

Mit musikalischen Sinnen glauben: das Beispiel Anton Bruckner

Ein Essay

Mit *allen* Sinnen glauben: Wenn ich in dem folgenden Beitrag die Bedeutung dieses Wortes an einem konkreten Beispiel aus der Geschichte der Musik erläutere, bedarf dies im Fall von Elisabeth Moltmann-Wendel keiner langen Begründung. Das ist nicht selbstverständlich. Denn bei manchen, die wie sie aus der Tradition des Protestantismus stammen, müßte man erst lange erläutern, warum – wenn schon Musik – man nicht eine Meditation anstellt über Vokal- und Sakralmusik und dann selbstverständlich über Johann Sebastian Bach, Heinrich Schütz, Dietrich Buxtehude oder vielleicht auch noch über Georg Philipp Telemann. Aber über Instrumental- und gar noch Profanmusik und so über Anton Bruckner? Eine Figur aus dem österreichischen Süden, dem Raum katholischer Frömmigkeit? Ein Mann des theologisch verdächtigen 19. Jh. obendrein? Instrumentalmusik aus dem alten Leipzig, Hamburg, Magdeburg oder sonstwo aus der norddeutschen Schule – das mag hingehen. Aber was kann denn aus St. Florian schon Gutes kommen, und dies noch von einem einsam gebliebenen Mann, der zum weiblichen Geschlecht ein unverkrampftes Verhältnis bis zu seinem Lebensende nicht gewann?

Doch Elisabeth Moltmann-Wendel war nie die Apologetin eines eng verstandenen Protestantismus. Seit ich sie Ende der 60er Jahre kennengelernt habe, ja, seit ich mit ihr eng zusammenarbeite an unserem Tübinger Forschungsprojekt »Frau und Christentum«, dessen kenntnisreiche, unbestechliche und loyale wissenschaftliche Beraterin sie seit Beginn der 80er Jahre ist, habe ich sie als eine liebenswerte Frau mit Lust auf neue Erkenntnisse, mit Toleranz gegen Andersdenkende und mit Sensibilität für alle Dimensionen der Wirklichkeit kennengelernt. So hat sie denn auch – von ihrem

Studium her mit moderner Literatur vertraut – in ihrer eigenen Kirche schon früh dafür gekämpft, eine extreme Worttheologie, einen ästhetischen Reduktionismus zu überwinden und der »Leiblichkeit«, »Sinnlichkeit« und »Weiblichkeit« auch im Raum der Frömmigkeit, der Theologie und der Kirche Geltung zu verschaffen. Das Programmwort für diese Festschrift bestätigt dies erneut: Mit *allen* Sinnen glauben!

Denkt man freilich genauer über »Glauben« und »alle Sinne« nach, so erweist sich diese Thematik, will man sie nicht nur mit leeren Programmworten oder unbegründeten Imperativen angehen, als keineswegs einfach. Ich möchte sie behutsam nur in eine ganz bestimmte Richtung verfolgen: der Glaube und sein Bezug zur Musik. Und um hier alle Mißverständnisse zu vermeiden, möchte ich den reinen Worttheologen von vorneherein zugeben, was unter christlichen Theologen nicht umstritten sein kann: daß Sprache für das Menschsein das grundlegende Spezifikum darstellt; daß das Wort auch für des Menschen Religion wesensnotwendig ist; daß die Wortverkündigung insbesondere für den christlichen Glauben, der ja fides ex auditu ist, eine fundamentale Voraussetzung darstellt. Kurz: am Primat des Wortes für das Glaubensgeschehen soll nicht gerüttelt werden.

Aber zugleich dürfte es unumgänglich sein zu fragen: ob es nicht auch sprachlose Äußerungen des Glaubens gibt; ob deshalb nicht auch wortlose Ausdrucksweisen im Gottesdienst ihren Platz haben können; ob man nur mit der Zunge Gott loben kann oder nicht vielleicht auch mit Händen, Füßen und Instrumenten; ob also nicht auch Musik, nicht nur Vokal-, sondern auch reine Instrumentalmusik Ausdruck des Glaubens sein kann. Kurz: Die Frage besteht zu Recht, ob man nicht auch sozusagen mit musikalischen Sinnen glauben kann.

Dies genauer zu überlegen, scheint mir einen Versuch wert. Und deshalb wage ich es, hier einen »Essay« im doppelten Sinn des Wortes vorzulegen: einen ersten »Versuch« (franz. »essai« = Probe, Versuch, vom lat. »exagium« = das Wägen) und eine kondensierte »Abhandlung« (engl. »essay« = knappe literarische Abhandlung). Vielleicht läßt sich unsere Thematik am besten an konkreter Musik exemplifizieren, an einem konkreten Komponisten. Aber bevor wir uns unserem »exemplarischen Fall« zuwenden, sollen hier einige elementare Anmerkungen zu der – nicht nur in der evangelischen Theologie arg vernachlässigten – Problematik von Religion und Musik überhaupt vorausgeschickt werden.

Religion und Musik

Religion und Musik sind beides so elementare und zugleich so vielschichtige und weiträumige Phänomene – die Musik etwa umfaßt alles vom rhythmischen Händeklatschen und Trommeln bis zur romantischen Großsymphonie –, daß sie sich beide kaum präzis definieren lassen. Aber trotzdem meinen alle Menschen zu wissen, was mit Religion und was mit Musik gemeint ist; zahllose Beispiele und Erscheinungen liegen parat.

Wie immer: Religion und Musik sind beide – diachronisch (durch die Geschichte) und synchronisch (quer durch die Kontinente) – *universale* Menschheitsphänomene. Religiöse »Texte« wurden gesungen, längst bevor sie aufgeschrieben wurden. Und religiöses Verhalten hat denn fast in jeder religiösen Tradition auch einen – in Formen und Gebrauchsweisen freilich höchst verschiedenen – musikalischen Ausdruck gefunden.

Doch zugleich ist nicht zu bestreiten, und dies stellt eine grundlegende Schwierigkeit dar: Religion und Musik, höchst komplexe Erscheinungen, sind beide durchaus *ambivalente* Menschheitsphänomene: Wie Religion die Humanität verbreiten, aber auch Unmenschlichkeit rechtfertigen kann, so kann auch Musik zum Guten wie zum Bösen gebraucht werden: Mit Musik wurden Millionen in Krieg und Tod geschickt, mit Musik wurden edelste Gefühle, unbeschreibliche Schönheit und höchstes Glück zum Ausdruck gebracht. Und so kommt es denn nicht von ungefähr, daß die Menschen von Urzeiten her aus der Musik Stimmen der Götter, aber auch Stimmen der Dämonen heraushörten. Und wenn gerade religiöse Menschen die Musik priesen als reinste Form der Geistigkeit, so haben andere sie gerade aus religiösen Motiven verdammt als verwerflichste Form der Sinnlichkeit. Ja, wenn die einen auch Instrumentalmusik zur höchsten Steigerung der religiösen Begeisterung bejahten, so haben sie andere – nicht nur die Kirchenväter, auch Calvin – aus dem Gottesdienst und oft sogar auch aus dem säkularen Leben zu verbannen versucht.

Aus diesem ambivalenten Befund ergibt sich: Musik muß nicht, aber sie *kann* sehr wohl *Ausdruck religiösen Glaubens* sein. Schon die Geschichte zeigt es: Mythen und Sagen der Völker führen die Erfindung oder Entdeckung der Musik auf göttliche Wesen oder deren Beauftragte zurück, wie umgekehrt bestimmte Instrumente und Melodien dem Verkehr mit den Göttern vorbehalten waren und nur zu bestimmten Gelegenheiten von bestimmten Personen gebraucht werden durften. Der Musik wurde so schon in den Naturreligionen eine seelische, ja magische Kraft zugeschrieben, während man in den alten Hochkulturen Indiens und Chinas kosmologische Vorstellungen von der Ordnung der Welt zu erkennen glaubte! Eine Zahl- und Klangsymbolik der Tonart und des Tonsystems, der denn auch von den Pythagoräern und Platon über Kepler bis zu den Rosenkreuzern eine übersinnliche Bedeutung gegeben wurde.

Und im Land der Bibel? In Israel sind Singen, Tanzen und Musizieren – ursprünglich ganz eng zusammengehörend – religiöse Aktivitäten, die mit übermenschlichen Mächten zu tun haben, durch die jenseitige Kräfte im Rhythmus gebunden oder entfesselt werden sollen; erst mit der Zeit setzt sich das gesungene Wort als beherrschende Tonkunst durch und ist hier direkte Ansprache der Gottheit, zuallermeist aus der Gemeinschaft der Glaubenden heraus. Die innere Einstellung entscheidet: Die Glaubenden singen zu Gottes Wohlgefallen (Ps 96; 98), während die Lieder der Gottlosen »Lärm« sind (Am 5,23). Kein Wunder somit, daß auch die Christen des Neuen Testaments Gott loben und sich gegenseitig erfreuen in Psalmen, Hymnen, Lobgesängen, geistlichen Liedern (vgl. Eph 5,19) und auch in der spontanen Inspiration (1 Kor 14,26). Cantica werden in ihren Gottesdienst übernommen (das Magnifikat und das Benedictus aus Luk 1), Christuslieder entstehen schon in frühester Zeit (Phil 2,5–11). Und es überrascht nicht, daß die Erlösten der Endzeit Gott preisen werden mit einem neuen Lied (Apk 14,2f.). Christliche Musik hat zwar einen neuen Inhalt, bedarf aber nicht notwendig eines eigenen Kirchenstils, erst recht nicht der sakralen Absonderung.

Aus all dem wird deutlich: Musik, wie jeder schöpferische Impuls, geschieht nicht an sich, im luftleeren Raum. Sie ist an den Menschen und seine geistige Haltung gebunden, von der es abhängt, welchen Gebrauch er von ihr macht:

– Musik kann *Ausdruck hemmungsloser menschlicher Emotionen* sein, bei den Naturvölkern verbunden mit Gebärde, Bewegung und Tanz, oft bis zur Berauschung, Ekstase und Erschöpfung.

– Musik kann aber auch, wie in den Hochkulturen, *Ausdruck künstlerischer Gestaltung* sein; und lang ist die Geschichte der Musik von der Einstimmigkeit bis zur hochkünstlerischen Polyphonie.

– Musik kann so schließlich auch *Ausdruck, Hinweis und Hinführung* zur Transzendenz, zum Göttlichen sein. Und zwar nicht nur die Vokalmusik, die von und zu Gott redet, sondern auch die Instrumentalmusik, die, aus sich selbst, von Gott schweigt. Und was hat dieses musikalische Geschehen mit dem Glauben zu tun?

Vielgestaltig sind die Voraussetzungen für das Erleben von Musik. Nicht nur die physikalischen Gesetze der akustischen Schwingung, auch nicht nur die physiologische Apperzeptionsfähigkeit des Klanges, sondern auch die psychologische Aufnahmefähigkeit und damit die ganze geistige Haltung des Menschen samt seiner individuellen wie sozialen Situation wirken sich im Bewußtwerden und Erleben von Musik aus; und wechselnd in Raum und Zeit sind die Ausdrucks- und Erlebensformen von Musik bestimmt vom geistigen und gesellschaftlichen Wandel. Aber ohne Zweifel kann sich mit allen anderen sozialen und geistigen Faktoren auch der religiöse Glauben sowohl beim Komponieren wie beim Reproduzieren und beim Rezipieren von Musik auswirken. Und insofern kann der religiöse *Glaube eine musikalische Komponente* selbst dort haben, wo er sich nicht in Worten, sondern nur in Tönen ausdrückt.

Anders gesagt: Wie auch die stumme Haltung und der wortlose Tanz dem religiösen Ausdruck dienen können, so kann dies auch die sprachlose, nicht-vokale, *rein instrumentale Musik*. Als musikalischer Gegenpol zum reinen Sprachgeschehen hat die instrumentale Musik eine selbständige Funktion, die des Wortes zur Erklärung nicht bedarf. Menschliche Musik, diese so ganz andere Wirklichkeit der Töne, als tönendes Symbol einer allerletzten, göttlichen Wirklichkeit. Wortlose Musik ist nicht, wie manchmal behauptet, von vorneherein religionslose Musik, geeignet bestenfalls zum Religionsersatz. Nein, wortlos kann Musik Bedeutendes aussagen, und seit den Zeiten Bachs und der Wiener Klassik scheinen ihrer Ausdrucksgestaltung kaum noch Grenzen gesetzt. Ja, durch ihre emotionale Macht, unvergleichliche Ausdruckskraft und sinnlich-geistige Schönheit kann die Musik von einem ahnenden Wissen um ein »ganz Anderes« zeugen und ein solches auch in anderen erwecken. Und insofern kann solche Musik wortlos aus dem »Herzen« und zum »Herzen« sprechen, so daß zwar nicht jedermann, aber der Glaubende mehr heraushören kann als nur das Innerweltliche. Nicht umsonst reden wir dann oft von »Sphärenklängen«, von »himmlischen Melodien«, von »überirdischer Schönheit« und geradezu »mystischer Bedeutung«.

So kann selbst schon ein einfaches Glockengeläute, das ja im weitesten Sinn auch zur Musik gehört, dem Glaubenden mehr künden als das, was akustisch und physiologisch-psychologisch zu hören ist. Es kann künden von Gottes Herrlichkeit und Gnade. Hochliterarisch ist dies zum Ausdruck gebracht in Thomas Manns später Geschichte vom Papst Gregorius, wo in der Ouvertüre wie im Finale die wundersam ohne Menschenhand von sich aus schwingenden Glocken Roms künden von Gottes Gnade für den sehr großen Sünder und sehr großen Papst Gregorius.

So kann denn Musik selber ohne alle Worte eine wichtige Quelle religiöser Erfahrung sein, und man muß nicht nach Indien reisen, um Erfahrungen von großer spiritueller Dichte zu machen. Ganz fein und dünn ist nun einmal die Grenze zwischen Musik – bei aller Sinnlichkeit doch die spirituellste der Künste – und Religion. Ungeheuer ist die transformative Kraft der Musik, die fast jede Erfahrung zu erhöhen und zu verwandeln vermag. Eine einzigartige Intensität des Erlebnisses aber wird dort erreicht, wo die Musik ihre Energie mit der der Religion im selben Sinn und Ziel vereint. In gewissen Momenten ist es dem Menschen gegeben, sich zu öffnen, so weit zu öffnen, daß er in dem unendlich schönen Klang den Klang des Unendlichen hört. Öffne ich mich da, öffne ich mich ganz im vertrauenden Glauben, so kann ich gerade in diesem wortlosen Geschehen der Musik vom unaussprechlichen Geheimnis angerührt werden, kann ich in diesem überwältigend schönen, erfreuenden, beglückenden Erleben die Anwesenheit einer tiefsten Tiefe, für die das Wort Gott steht, selbst erspüren, erfühlen und erfahren. Wobei gerade hier deutlich wird: Verschließe ich mich, erschließt er sich nicht; höre ich nicht, so redet er nicht; glaube ich nicht, so offenbart er sich nicht[1].

Der Symphoniker Bruckner: ein prekärer Fall von »Religion und Musik«

Diese allgemeinen Anmerkungen mögen den Verständnishorizont bilden, wenn wir uns nun – da ich nun einmal auswählen muß – der ungewöhnlichen Gestalt Anton Bruckners zuwenden, der seinem höchst einfachen christlichen Glauben kaum mit Worten Ausdruck zu geben vermochte und der andererseits eine Musik schrieb, die gerade auch im rein instrumentalen Bereich, ohne alle Worte also, Ausdruck tiefster Gläubigkeit war.

Dabei will ich mich nicht dem Kirchenmusiker Bruckner – dies wäre ein allzu einfaches Exempel –, sondern dem Symphoniker Bruckner stellen, und dies aus zwei Gründen. Zum einen, weil mich die Gestalt Anton Bruckners immer wieder faszinierte: das Verhältnis von schlichtem persönlichem Glauben und einer grandiosen Musik, in der Glauben eine unübertroffene Tonsprache gefunden hat. Und zum anderen, weil gerade Bruckner ein Mann ist auf der Grenze der Geschichte der Musik, die zu überschreiten ich fragwürdig finde.

Dabei ist mir bewußt: Anton Bruckner, der im katholischen Oberösterreich 1824 geborene und 1896 in Wien gestorbene Lehrersohn, Schulgehilfe, Dorfschulmeister und -organist, dann Linzer Domorganist und Chorleiter, war bis zum Ende seines Lebens ein heftig umstrittener Mann. Und zwar nicht als Professor für Harmonielehre, Kontrapunkt und Orgel am Konservatorium, nicht als Organist der kaiserlichen Hofkapelle und konkurrenzloser Orgelvirtuose, auch nicht als Komponist von drei bedeutenden Messen und einem gewaltigen Te Deum, sondern gerade als weltlicher Komponist, als Symphoniker, der erst als 44jähriger seine erste Symphonie zur Aufführung brachte und erst in seiner letzten, der Wiener Epoche, die übrigen acht seiner neun Symphonien komponieren sollte. Ein prekärer Fall von »Religion und Musik«, so scheint es: Die einen belächelten und verkannten Anton Bruckner als einfältigen *»Musikanten Gottes«*, ihn, der seinen Weg als Komponist so skeptisch, furchtsam und zögerlich angetreten hatte. Andere verketzerten und verdammten ihn als *»fürchterlichen Neutöner«*. Lange Jahrzehnte ist er so von den einen enthusiastisch gepriesen, von anderen aber als unübersichtlich und bombastisch, als formlos, ordnungslos, maßlos und geschmacklos abgeurteilt worden. Jedenfalls war der lange Zeit in Wien kaum Beachtete recht glücklich darüber, als er vernahm, daß gerade im fernen schwäbischen Tübingen ein klassischer Philologe seine »Romantische Symphonie« verstanden hatte.

Nicht als Fachmann, wohl aber als Liebhaber der Musik und engagierter Hörer (für den Musik ja schließlich geschrieben wird), gehe ich an Bruckner heran[2]. Ich möchte drei Fragen bedenken:

– Zuerst die Frage nach der *Religiosität:* Bruckners Symphonik war religiös fundiert, ist sie vielleicht gerade deshalb heute wieder neu aktuell?

– Dann die Frage nach der *Modernität:* Bruckners Symphonik war originell und modern, aber war sie – wie damals von Kritikern behauptet – wirklich eine Revolution?

– In der Konsequenz schließlich die Frage nach der *Zukunftsträchtigkeit:* Bruckners Symphonik ist eine Einheit von Gegensätzen, aber könnte sie möglicherweise gerade so Anregung für die Musik der Zukunft, vielleicht eine neue musikalische Synthese sein?

Bruckners Symphonik religiös fundiert – aber vielleicht deshalb erneut aktuell?

Ein Heranziehen von Thomas Manns Roman »Doktor Faustus« wird uns helfen, die im Fall Bruckner aufgeworfene Problematik zu verstehen. Denn im Zentrum dieses Romans steht ein Musiker, Adrian Leverkühn, der sich von der Theologie ab- und der Musik zugewandt hatte, der jetzt aber einen Pakt mit dem Teufel schließt, um die eigene große Produktionskrise zu überwinden. Und dieser Teufel sagt zu Adrian Leverkühn: »Eine hochtheologische Angelegenheit, die Musik – wie die Sünde es ist, wie ich es bin«[3] und verweist auf den in Ästhetik und Dämonologie sich gleicherweise auskennenden Christen Sören Kierkegaard. Das Religiöse sei so gewiß sein, des Teufels, Fach, wie es kein Fach der bürgerlichen Kultur sei. Denn: »Seit die Kultur vom Kultus abgefallen ist und aus sich selber einen gemacht hat, ist sie denn auch nichts anderes mehr als ein Abfall, und alle Welt ist ihrer nach bloßen fünfhundert Jahren so müd und satt, als wenn sie's salva venia, mit eisernem Kochkessel gefressen hätt ...«[4]

Dieses »teuflische« Zitat macht schlaglichtartig klar, was sich zu Beginn der Neuzeit im Verhältnis Musik und Religion geändert hat – nach einer jahrhundertealten Symbiose, von der wir hörten. Es ist die völlige *Säkularisierung der neuzeitlichen Musik*, wie sie sich nach dem Tod Bachs (1750) und Händels (1759), den beiden großen musikalischen Repräsentanten des reformatorischen Christentums, in der europäischen Moderne zwischen 1750 und 1900 abgespielt hat. Das heißt: Die großen Genies der Klassik (Haydn, Mozart, Beethoven) und der Romantik (Weber, Schubert, Schumann) beziehen als Musiker ihre Motivation und Inspiration nicht mehr primär aus dem christlichen Glauben, sondern aus einem spezifisch menschlichen Fühlen und Erleben, das immer mehr auch Reflexe der Naturwelt einbezieht. Es ist *der Mensch*, der individuelle Mensch mit seinen Freuden und seinem Schmerz, der seit jener Wende für seine ganz persönlichen Empfindungen – also an sich etwas Außermusikalisches – in der Musik einen künstlerischen Ausdruck sucht, findet, vermittelt: die Musik wird Mittlerin und Künderin eines menschlichen Daseinsgefühls und Erlebens. Diese Humanisierung und Individualisierung bedeutet faktisch auch eine Säkularisierung, eine Verweltlichung der Musik. Sie erreicht mit der bürgerlichen Revolution, deren grandioser Vertreter Beethoven war, in der zweiten Hälfte des 19. Jahrhunderts mit Brahms und Wagner ihren Höhepunkt: Es ist eine kaum mehr auftragsgebundene und funktionsbestimmte autonome und zugleich vom traditionellen christlichen Kirchenglauben, Christusglauben, Gottesglauben völlig emanzipierte Musik, wenngleich der einzelne Komponist seine eigene (deistische oder pantheistische) Frömmigkeit gepflegt haben mag.

Und *Anton Bruckner*, der geniale Schöpfer von neun Symphonien, die man (wegen grundsätzlich gleichbleibender kompositorischer Problemstellung, Anlage, Klangsprache und Instrumentation) als neun Stufen einer einzigen sich steigernden großen Symphonie verstanden hat? Fällt er hier nicht völlig aus dem zeitgeschichtlichen Rahmen? Die biographische Forschung hebt hervor, wie Bruckner durch Veranlagung, Erziehung und Ausbildung ein introvertierter, weltunerfahrener, völlig unpolitischer, ja, ein im Grunde lebensuntüchtiger Mensch, ein unverheirateter Sonderling war. Erst nach rund 30jähriger kompositorischer Lehrzeit wurde der komponierende Lehrer, Organist und Chorleiter zum schöpferischen Symphoniker, der seine eigene unverwechselbare Tonsprache gefunden hatte: als Bruckner nämlich die spätromantische Harmonik und Klangvorstellung entdeckt (sein »Tannhäuser« – und »Lohengrin«-Erlebnis in Linz 1863/64) und von Wagner und den Programmusikern Hector Berlioz und Franz Liszt die moderne Instrumentation gelernt hatte. Trotzdem ist Bruckner, der ja auch noch als Symphoniker die von ihm dozierte traditionelle Harmonielehre, polyphone Stimmführung, Kontrapunkt und strenge Satztechnik souverän zur Anwendung bringt, bei aller Bewunderung Wagners keinesfalls wagnerhörig geworden: nicht musikalisch und erst recht nicht weltanschaulich. Mit dem etwas bösartigen Bonmot Josef Hofmillers ausgedrückt: »Wagner ist brünstig, Bruckner inbrünstig«.

Ja, der Symphoniker Bruckner (anders auch als Gustav Mahler und Abbé Liszt) ist insofern eine einzigartige Erscheinung, als er in der völlig säkularisierten Musikwelt des 19. Jh. ganz untypisch von einem tiefen, ungebrochenen, ja *kindlichen christlichen Glauben* beseelt war. Das ist das Merkwürdige: die Diskrepanz zwischen naiver Gläubigkeit und hochkomplexer Musik. Das aber macht ihn zugleich zu einem einzigartigen Fall für die These, daß man – jenseits der Worte – mit nichtsprachlichen, musikalischen Sinnen nicht weniger glauben kann als mit sprachlichen. Hätte man Anton Bruckner nach seinem Glauben befragt, Wortfetzen aus traditionellem Vokabular hätte man erhalten. Was er zu »sagen« hatte, er sagte es in der Sprache der Musik. Wie für so viele Menschen auch heute war nicht das Wort das primäre Medium des Glaubens, sondern die Welt der Töne.

Als gläubiger Mensch also entwickelte Anton Bruckner seine hochreflektierte Tonsprache, die er sowohl in seinen weltlichen wie in seinen (künstlerisch gleichrangigen) geistlichen Werken zur Anwendung brachte, auch wenn er, der eigenwilligste Kirchenmusiker der zweiten Jahrhunderthälfte, seine späteren symphonisch gestalteten geistlichen Werke bezeichnenderweise – und zu seinem Leidwesen – nicht mehr liturgisch, sondern nur noch konzertant aufführen konnte (die offiziell tolerierte Kirchenmusik, jetzt im romantisch restaurierten Getto des Cäcilianismus mit Neogregorianik und Palästrina abgekapselt, war von der neuen Entwicklung hoffnungslos abgehängt worden).

Ist Anton Bruckner also ein »religiöser Musiker« (Alfred Einstein)? Bruckner-Verehrer haben hier zweifellos mächtig übertrieben. Denn ein *musikalischer Mystiker,* wie oft behauptet, war Bruckner *nicht.* Man übersteigert den religiösen Grundzug in Bruckners Leben und Wirken, wenn man ihn als großen Metaphysiker preist. Man spekuliert, wenn man ein mystisches Grunderlebnis als Ursprung seiner Musik ansetzt und ihn gar mit Meister Ekkehart und Jakob Böhme vergleicht; von typisch mystischen Einheitsgefühlen und Einheitsdenken jedenfalls findet sich bei diesem Mann eines sehr personal gefärbten christlichen Gottesverständnisses keine Spur. Nein, Bruckners Musik bedarf nicht des Ewigkeitsgemunkels, trinitarischer Exegese und des leicht fatalen Weiheton-Kommentars. Und Bruckners Symphonien dürften kaum die Merkmale der für Bruckner oft zitierten »Gotik« aufweisen, wenn schon, dann mit ihrer Weiträumigkeit und übermächtigen Wirkungen eher die des Barock.

Allerdings, ein *Komponist »absoluter« Musik* war Anton Bruckner ebenfalls nicht. Man kann ja der Meinung sein, daß es »absolute« Musik überhaupt nicht gibt, da auch die intellektuellste Musik von Ort und Zeit, Auftrag und Bestimmung, von irgendeiner »Idee« abhängig ist. Auch wenn Bruckners Symphonien nicht Programmusik sind wie die literarisch bedingten Tondichtungen Liszts oder Berlioz', so sind sie doch auch keine von allen literarischen Motivationen und bildhaften Vorstellungen freie, »ab-solute« Kompositionen. Nicht nur daß auch Bruckner ein Kind seiner Zeit ist: sein Kompositionsprozeß ist nach ausdrücklichen Selbstzeugnissen oft von außermusikalischen Ideen, Bildern und Vorstellungen angeregt, begleitet und »bestimmt«. Bruckners »hermeneutische Anmerkungen« zu den verschiedenen Satzteilen klingen manchen naiv, zufällig und jedenfalls nicht besonders kohärent, aber sie sollten doch nicht vernachlässigt werden: so wenn etwa in der Achten Symphonie – diese wähle ich hier als besonders instruktives Beispiel – der erste Satz in der Reprise eine »Todesverkündigung« enthält und die Koda mit dem Epilog im pianissimo als »Ergebung«, »Totenuhr« oder »Totenglocke« gedeutet wird. Der »Tonbaumeister« Bruckner erarbeitet hier gewiß keine »Programme«, doch nützt er bestimmte Vorstellungsinhalte als Bausteine für seine autonomen musikalischen Gestaltungen.

Welches also auch immer der Stellenwert solcher gelegentlicher Selbstinterpretationen ist, klar wird: In seinen so vielfältigen Symphonien spiegeln sich nicht nur Bruckners allgemein menschliche, sondern auch seine *religiösen* Erfahrungen, seine religiöse Welt. Ja, es ist für Bruckners Symphonik charakteristisch, daß sich bei ihm Profanes und Sakrales verbindet. Ländlerartige Melodien und Choralartiges – beides ist gleichzeitig vorhanden. Gewiß: es gibt auffällige Ähnlichkeiten zu Richard Wagner – so das Hauptthema der Achten Symphonie im ersten Satz mit dem Thema der c-Moll-Arie des Fliegenden Holländers (Erster Aufzug) und manche haben daraus eine »gedankliche« Verwandtschaft mit der vielgestaltigen Gedankenwelt Richard Wagners gefolgert. Doch Vorsicht ist hier geboten. Darf man doch keinen Moment vergessen: Bruckners Geistigkeit ist anders als die Wagners; seine geistigen *und* künstlerischen Zielsetzungen sind grundverschieden. Der hochintellektuell komponierende Musiker Anton Bruckner blieb eben sein ganzes Leben hindurch ein *kindlich religiöser Mensch.* Wagners weltanschauliche Ideen hin oder her: Bruckners *christlicher Glaube* war die Kraft, aus der heraus er die zahlreichen Schwierigkeiten seines Lebens zu überwinden vermochte, auch die schwere künstlerische Krise am Ende seines Linzer Jahrzehnts 1868, die, verbunden mit völliger Überarbeitung und enttäuschter Liebe, zu einem drei-monatigen Kuraufenthalt geführt hatte.

Selbstverständlich hat Bruckner auch dann, wenn er Nichtreligiöses vertont hat, immer als religiöser Mensch komponiert, dem alle

Musik letztlich von Gottes Gnade »geschenkt« ist. Als Musiker war er deshalb alles andere als eine gespaltene Existenz, verband er in sich vielmehr, ähnlich wie Johann Sebastian Bach, den »weltlichen« Symphoniker und den »geistlichen« Kirchenmusiker zu einer Einheit; insbesondere seine Neunte Symphonie und sein »Te Deum« bringen dies zum Ausdruck. In seiner persönlichen Grundeinstellung, Grundhaltung und Grundintention war Anton Bruckner also selbst dort, wo er keine religiösen Themen vertonte, wo er durchaus profane Vorstellungen und Bilder aufnahm, im – wenn man so will – gut katholischen, umfassenden Sinn ein »religiöser Musiker«, der viele seiner Werke mit dem Signum »O.A.M.D.G« (»Omnia ad majorem Dei gloriam«) versah und der so nicht nur »Te Deum« und Neunte Symphonie, sondern alles »zur größeren Ehre Gottes« schrieb. Musik als Gottes-Dienst also: nie erotisiert flackrig und oszillierend wie die Wagners, sondern durchströmt von großer Gewißheit.

Wie aber stellt man sich zu Bruckner als religiösem Musiker heute? Oder allgemeiner gefragt: Wie steht es eigentlich mit einer bürgerlichen Kultur und Musik heute, die »vom Kultus abgefallen« ist und das Religiöse weithin ausgeschaltet hat? Können soziale Hoffnungen und politische Motivationen religiöse Inspiration so leicht ersetzen? Ist es vielleicht so, wie Leverkühns Lehrer Kretzschmar vermutete, »daß die Säkularisierung der Kunst, ihre Trennung vom Gottesdienst, einen nur oberflächlichen und episodischen Charakter trage«[5]. Ja, »Doktor Faustus« kann uns auch bei der Klärung des zweiten Komplexes behilflich sein: Modernität.

Bruckners Symphonik originell und modern – aber eine Revolution?

Frage: Was ist der tiefste Grund, warum Doktor Faustus überhaupt einen Pakt mit dem Teufel abschließt? Antwort: Weil nach den großen Meisterwerken von Klassik und Romantik das Komponieren zu schwer, verzweifelt schwer geworden war: »Droht nicht die Produktion auszugehen? Und was an Ernstzunehmendem noch zu Papier kommt, zeugt von Mühsal und Unlust.«[6] Das war schon das

Problem des Studenten Leverkühn, der den Eindruck bekommen hatte, »als ob fast alle, nein, alle Mittel und Konvenienzen der Kunst *heute nur noch zur Parodie taugten*«[7]. Kurz, das Problem, das schon hier im Raum der Musik angesprochen ist, ist das der »historischen Verbrauchtheit und Ausgeschöpftheit der Kunstmittel, der Langeweile daran und des Trachtens nach neuen Wegen«[8].

Und Anton Bruckner? Ist nicht gerade er die beste Bestätigung dieses epochalen Phänomens? Nach Jahrzehnten des Unverständnisses und der Vorurteile wird sein künstlerischer Rang – und nicht nur seine geniale Begabung für die Orgel, die schon zu seinen Lebzeiten auch in Paris und London bewundert wurde – nein, wird auch Bruckners musikgeschichtliche Bedeutung als *origineller und hochmoderner Symphoniker* heute zumindest im deutschen und angelsächsischen Sprachraum (weniger aber in den romanischen Ländern) anerkannt. Oft wird er heute mit Beethoven, Schubert und Brahms in einem Atem genannt. Aber ist der Avantgardist Bruckner (zusammen mit seinem jüngeren Zeit- und Weggenossen Gustav Mahler) nicht gerade so ein beredtes Zeugnis dafür, daß die romantische Symphonie jetzt auf ihrem Höhepunkt, aber auch an ihrem Endpunkt angelangt war und sich in ihren Kunstmitteln erschöpft hatte? War Bruckner darin nicht Richard Wagner ähnlich, insofern ein Weitergehen auf diesem Weg kaum mehr möglich war? In der Tat: Bald nach 1900 zeigen sich bei Komponisten des Übergangs wie Claude Debussy, Alexander Skrjabin und Richard Strauss Symptome einer Erschöpfung der Tonart[9]. Nicht daß man die Romantik schlechthin verwarf; »Ausdrucksmusik«, die seit dem 18. Jh. (Philipp Emanuel Bach und Gluck) in Gebrauch gekommen war, wollte auch die neue Musik, auf ihre Weise, bleiben. Aber das romantische Pathos, die romantische Hypertrophie, ihre melodisch-harmonische Kompliziertheit lehnte man ab; die traditionellen Mittel der Melodik und Harmonik erschienen jetzt abgenützt, verbraucht, erschöpft; und die antiromantische Stimmung ergreift um den Ersten Weltkrieg nicht nur viele Musiker, sondern auch viele Dichter und Maler. So etwas wie ein Paradigmenwechsel – ein Wechsel der Gesamtkonstellation bei allen bleibenden Elementen und Konstanten schien fällig.

So etwas wie ein Paradigmenwechsel ist denn auch tatsächlich erfolgt: In Thomas Manns Roman tut Adrian Leverkühn, was in der musikalischen Wirklichkeit *Arnold Schönberg* getan hat. Natürlich nicht er allein, und zu Unrecht wird im Roman der stilistische Revolutionär Igor Strawinsky (samt der Pariser »Six«) als neoklassizistisch abqualifiziert. Aber es ist keine Frage, daß es Arnold Schönberg war, der eine neue, selbstgemachte musikalische Sprache in die Musikgeschichte eingeführt hat: die »Komposition mit 12 nur aufeinander bezogenen Tönen«, die Dodekaphonie. Und diese revolutionäre Tat hatte ein völlig neues Klanggewand zur Folge; selbst dort, wo man dann traditionelle Formen der Passacaglia, des Walzers, der Sonate, der Suite oder des Konzerts verwendete: eine neue Harmonik und Melodik, ein neuer Rhythmus und ein neues Metrum. Arnold Schönberg – ein Musiker, an dem sich die Geister scheiden.

Aber gibt es hier nicht eine Parallele: Haben sich nicht auch an Anton Bruckner die Geister damals geschieden? Und wurde nicht gerade seine monumentale Achte Symphonie (unser Beispiel) mit ihrer ganz eigenen strukturellen Logik selbst von seiner nächsten Umgebung kaum verstanden? Und wenn diese Musik bei der Uraufführung am 18. Dezember 1892 (durch die Wiener Philharmoniker unter Hans Richter) vom Publikum auch enthusiastisch gefeiert wurde, so wurde sie doch gleichzeitig von einem Mann wie Brahms (bei der Uraufführung anwesend) und vom damals führenden Musikkritiker Wiens, Eduard Hanslick, völlig abgelehnt. Die Achte habe ihn »als Ganzes befremdet, ja abgestoßen«, schreibt Hanslick, ja er fürchte, daß »diesem traumverwirrten Katzenjammerstil« die Zukunft gehören könnte[10].

Hanslick konnte nicht ahnen, daß die Zukunft weithin Arnold Schönbergs »Zwölftonmusik« gehören würde. Auf ihr baut die spätere serielle oder Reihenkomposition auf, und sie hat schließlich indirekt selbst auf Schönbergs Antipoden Strawinsky und die meisten neueren Kompositionen Einfluß ausgeübt. Eine Musik, die nun noch ganz anders – man denke an den »Pierrot Lunaire« (1912) – als traumverwirrter Katzenjammerstil beschimpft wurde. Und doch scheint mir hier – und darauf will ich hinaus – ein *epochaler Unterschied* vorzuliegen zwischen den Neuerungen bei Bruckner und den Neuerungen etwa bei Schönberg – von den seriellen, aleatorischen und elektronischen Kompositionen der 60er Jahre ganz zu schweigen. Denn Bruckners Kritiker hatten zwar recht: Bruckner hatte zweifellos von Wagner den riesigen Apparat des Orchesters und die raffinierte, andersartige Harmonik, Chromatik, Instrumentation und Motivtechnik übernommen – mit der Folge, daß er fälschlicherweise vielfach als Wagner-Epigone mißverstanden wurde. Aber Bruckners Kritiker sahen nicht genügend die sich doch deutlich durchhaltende *Kontinuität* seiner Symphonik – vor allem in der Orientierung an Grundton und Tonart, aber auch in Aufbau, Thematik, Formvorstellungen und entwicklungsmotivischer Verarbeitung –, die Kontinuität mit der Symphonik Schuberts und Beethovens, ja auch mit der Kontrapunktik des Barock und der Vokalpolyphonie des 16. Jh., Palästrinas und Gabrielis.

Das bedeutet nun: dieselbe Grundkonstellation, dasselbe Paradigma, war bei Bruckner noch durchaus gegeben. Gewiß: der innere Aufbau, die Klarheit der Gliederung und Logik der Gestaltung ist bei Bruckner wegen der gewaltigen Dimensionen und Komplexität seiner Symphonik auch heute noch manchmal schwer zu durchschauen: Statt zweier Themen ganze Themengruppen, oft drei oder mehr weiträumig entwickelt und zu immer neuen Höhepunkten gesteigert – dies mußte sich auswirken auf Kohärenz, Transparenz und Länge der Sätze (allein das Adagio von Bruckners Achter Symphonie hat die Länge von Beethovens *ganzer* Achter Symphonie!). Und trotzdem und gerade so steht die Brucknersche Symphonik bei aller Originalität und Modernität noch durchaus auf der Linie der seit dem 16. Jh. geltenden abendländischen Tradition, in der der Grundton als musikalischer Schwerpunkt und das Prinzip der Tonart, also Tonalität und Konsonanz, herrschen. Ja, Bruckners Symphonik, die zunächst zwischen die Fronten der Brahms- und der Wagner-Anhänger geraten war und sich erst mit der Zeit als eine eigenständige dritte Größe durchgesetzt hatte, blieb bei alledem noch ganz und gar in der romantischen Grundkonstellation, im *romantischen Paradigma* von Musik.

Ganz anders aber jetzt Schönberg und die »Neutöner« unseres Jahrhunderts. Da gibt es bei allen Verbindungen eine wesentliche Differenz. Ich möchte mit Musikwissenschaftlern lieber nicht über Epocheneinteilungen streiten; man kann sie, je nach Gesichtspunkt, auch in der Musikgeschichte verschieden ansetzen. Und Krisenphänomene des romantischen Paradigmas lassen sich zweifellos schon früh feststellen: Die seit fünf Jahrhunderten gültige Tonart war im 19. Jh. zunehmend aufgelöst, die Logik der Tonalität zumindest faktisch verworfen und die Konsonanz – jene große Errungenschaft eben gerade der europäischen Musik – immer mehr aufgegeben worden.

Aber – es läßt sich doch nicht leugnen: Was sich dann eine Generation *nach* Bruckner in der allgemeinen Geschichtszäsur um den *Ersten Weltkrieg* auch in der Musik abspielte, war, wiewohl wie jeder Paradigmenwechsel schon lange vorbereitet, doch schließlich etwas total anderes, als was Brahms, Wagner und Bruckner zusammen an Veränderung gebracht hatten: Man höre nur zuerst Bruckners Achte und dann Schönbergs erste Komposition ohne tonalen Schwerpunkt, den Liederzyklus nach Georges »Buch der hängenden Gärten« (1908); man höre aber auch in anderer, stilistischer, Hinsicht Strawinskys »Sacre du printemps« (1913) oder Edgar Varèses »Hyperprism« (1923): Diese neue Musik – und Schönberg zeigt für mich eben nur die radikalste technische Form – dürfte doch gewiß nicht nur mir als ein radikaler musikalischer *Epochenbruch* erscheinen, als eine revolutionäre Veränderung der musikalischen Gesamtkonstellation, der mit ihr gegebenen künstlerischen Überzeugungen, Leitwerte und Maßstäbe, konkret: eine Erschütterung des Grundtonbewußtseins, eine totale Revision der Melodik, eine Befreiung von allen tonalen Bindungen, eine Vorherrschaft der Dissonanz und Melodielosigkeit, eine völlig neue Tonsprache und so eine von grundlegenden traditionellen Regeln emanzipierte Ästhetik. Kurz, dies alles erscheint mir als ein *epochaler musikalischer Paradigmenwechsel,* der wohl noch einen radikaleren Umbruch bedeutet als im 16. Jh. der Paradigmenwechsel von den mittelalterlichen Kirchentonarten zu den modernen Tonarten, oder der Paradigmenwechsel im 18. Jh. von der barocken Polyphonie zum sogenannten »empfindsamen Stil«, zur »Vorklassik«, zur Musik als einem Ausdruck der persönlichen Empfindung, Gefühlsbewegung, Stimmung und Ahnung, die im Hörer ein Mitempfinden und Mitfühlen dieser Seelenvorgänge hervorrufen soll.

Dies bedeutet nun freilich auch: Es besteht ein qualitativer Unterschied zwischen der Ablehnung der damals ungewohnten, fremdartigen Musik Bruckners und der späteren Ablehnung der fremdartigen Zwölftonmusik Arnold Schönbergs oder gar der späteren seriellen, »aleatorischen« oder elektronischen Musik. Wer hier parallelisieren möchte, frage sich: Kritisierte man im Falle Schönbergs und der Späteren nicht doch zu Recht einen wirklichen Epochenbruch, eine atonale Musik, die eben nicht nur eine andere Art des Ausdrucks brachte, sondern eine völlig andere Musik? Und als vorläufiges Resultat schließlich die »Musique Concrète« aus Tönen und Geräuschen der Alltagswelt und der technischen Welt, eine elektronisch fabrizierte und manipulierte Musik? Eine Musik, die mit der tonalen Musik zwischen Monteverdi und Bruckner trotz gelegentlicher Zitate, Parodien und Variationen nur wenig zu tun hat? Noch zugespitzter und provokativ gefragt: Wenn der avantgardistische Bruckner von den in der abendländischen Musiktradition beheimateten Zeitgenossen zu Unrecht kritisiert wurde, dann der Revolutionär Schönberg und andere Zeitgenossen – ich betone: von diesem traditionell-abendländischen Standpunkt her – nicht vielleicht doch mit einem gewissen Recht?

Bruckners Symphonik als Einheit von Gegensätzen – Anregung für die Zukunft?

Wie wird es weitergehen mit der zeitgenössischen Musik? So fragen sich viele nicht zu Unrecht. Die Situation ist verwirrend, unübersichtlich und jedenfalls gespalten. Mozart hatte noch beinahe so viel U-Musik wie E-Musik geschrieben. Und heute? Gibt es eine Lösung für den gegenwärtigen so gespaltenen Kulturbetrieb? Pop- und Rockmusik für die Massen und auf der anderen Seite von Rundfunkanstalten finanzierte und fast nur für Rundfunkanstalten produzierte esoterisch abgespaltene Labor-Musik, die in ihrer Publikumsferne noch immer ihr Publikum sucht? Bereits im »Doktor Faustus« wird die Problematik des modernen Musiklebens scharfsinnig diagnostiziert: »Eine tiefere Trennung und Entfremdung denn je zwischen dem Guten und dem Leichten, dem Würdigen und dem Unterhaltenden, dem Fortschrittlichen und dem allgemein Genießbaren« sei »das Schicksal der Kunst geworden.«[11] Worin aber bestünde die Aufhebung der Entfremdung? Die Aufgabe für den Komponisten heute wäre die »Vereinigung des Avancierten mit dem Volkstümlichen«, die »Aufhebung der Kluft zwischen Kunst und der Zugänglichkeit, Hoch und Niedrig, wie sie einmal von der Romantik, literarisch und musikalisch, in gewissem Sinn geleistet worden ist«, von der Romantik, die »eine Sprache zu reden« vermochte, »die auch der musikalisch Unbelehrte verstand, wie er (Webers) Wolfsschlucht, Jungfernkranz, Wagner verstanden hatte«[12]?

Die Romantik mit ihrem Kunstniveau *und* ihrer Verständlichkeit – für die Symphonik vielleicht gar Bruckner – also doch das Vorbild? Nach der großen Befreiung von der Tradition, wie sie mit den Namen Schönberg und Strawinsky verbunden ist, scheint die Lage der zeitgenössischen Musik heute verwirrender und unübersichtlicher denn je. Manche Musiker sprechen selber von »Babylon« und Sprachverwirrung: Jeder hat seinen Personalstil und will von anderen nichts wissen. Oft eine Musik, die man nicht mehr »spielt«, die kein »Spiel« mehr ist, nur noch »musikalisches Material«, Klänge und Töne, die (elektronisch oder anderswie) »erzeugt« werden und die von Geräuschen denn oft kaum mehr zu unterscheiden sind. Freiheit wovon? Das war um den Ersten Weltkrieg klar: von der großen romantischen Tradition. Aber Freiheit wozu? Diese Frage harrt heute – angesichts der fast totalen Willkür – mehr denn je ihrer überzeugenden Beantwortung.

Nur so viel scheint bisher klar: Die traditionelle Eurozentrik erscheint wie in der Politik und den Bildenden Künsten so auch in der Musik immer mehr abgelöst. Durch eine Musik aus allen möglichen Nationen und Traditionen (Vorläufer: Mozarts »alla turca«) entsteht in Melodik und Rhythmik vielleicht doch langsam so etwas wie eine Art »Welt-Musik«, die neben osteuropäischen auch afrikanische, indische, fernöstliche Traditionen aufnimmt. Als Beispiel etwa die Ästhetik und Technik Bela Bartoks (»Musik für Saiteninstrumente, Schlagzeug und Orchester« 1936), auf die nicht nur ungarische Volkslieder und Tänze, sondern auch der arabische Orient, türkische Rhythmik, Chinas Pentatonik und Javas Gamelan-Musik Einfluß hatten.

Doch was ist die Kehrseite solcher »Ökumenik« heute? Nicht nur in der Rockszene und im Jazz, sondern bisweilen auch auf dem Experimentierfeld der E-Musik herrscht ein als »postmodern« gepriesener Synkretismus und Pluralismus, der nach dem prinzipienlosen Prinzip des »anything goes« alles Mögliche bis zur Unkenntlichkeit mischt, zitiert, simuliert, parodiert und collagiert – alles von der Gregorianik über Beethoven bis zu zen-buddhistischen Praktiken und zu Geräuschen aller Art. Eine synthetische Musik aus Maschinen, eine Zitate-Willkür und Raum-Komposition ohnegleichen …

Viele fragen sich: Einmal wird man vielleicht der dauernden Innovationen, des typisch modernen Novismus, der hektischen Neuheitensucht leid sein und auch des Mangels an Tabus, die schon tausendfach gebrochen worden sind. Was wird die *Musik der Zukunft* sein? Ist denn so etwas wie eine neue Synthese von vorneherein unmöglich? Oder wird es doch eines Tages wieder einmal dazu kommen? Und damit wieder zurück zu Bruckner, der als Avantgardist gezeigt hat: Ohne Bindung keine Freiheit. Und ohne Geschichtsbewußtsein keine gute neue Musik. Wenn der heutige Komponist zweifellos nicht mehr zu den Opern Webers oder Wagners und auch nicht zur formgefährdenden Subjektivität und zum emotional hochgesteigerten Ausdruck und Klangrausch der Symphonien Bruckners zurückkehren kann, wenn aber umgekehrt die Ordnung, das Objektive, Mathematische, Konstruierte auf der Linie Schönbergs, das sich unterdessen vor allem auf dem Weg der elektronischen Komposition durchgesetzt hat, wieder neu mit ursprünglichem *Erleben* von Klang, von Melodie verbunden werden soll, was dann? Keine Restauration der Romantik gewiß, welche die musikalische Revolution zu Beginn unseres Jahrhunderts vergessen machen möchte. Aber vielleicht doch auch keine Totalablehnung der Romantik, die jegliche Rückbindung an die große Tradition vermissen läßt. Können junge Komponisten, die durch das Feuer der Atonalität hindurchgegangen sind, nicht vielleicht wieder eine gemeinsame Sprache, einen neuen, anderen Sinn für das Tonale, eine Synthese der möglichen Klänge finden – ohne alle Verbote von reinen Dur-Klängen und anderen Zwangsvorschriften? Oder sollten sich Gebundenheit und Formenstrenge auf der einen Seite und freier Affekt, Sensitivität, Gefühl, Stimmung auf der anderen nicht mehr finden können? Hohe *Intellektualität* und echte *Frömmigkeit?* Oder sind das alles falsche Hoffnungen, Illusionen?

Deshalb: Wie wäre vor dem Hintergrund der heutigen Krise der Musik im Hinblick auf eine Musik der Zukunft Anton Bruckners Musik zu orten? Und gerade etwa auch die Achte Symphonie, die trotz ihrer schlechthin riesenhaften Architektonik doch als eine Einheit erscheint, so daß Bruckner in dem sich auftürmenden Finale die Themen aller vier Sätze resümierend übereinander schichten kann? Bruckners letzte vollendete Symphonie – eine complexio oppositorum: wo in ebenso organischer wie eigenwilliger, eben typisch Brucknerscher Weise Konstruktivität und Emotionalität, Althergebrachtes und Modernes, Dramatik und Lyrik, Tanz und Choral verbunden sind, wo Erhabenheit und Scherzogeist, unüberbietbares Pathos und höchst verinnerlichte Intimität, Lebensfreude und Gebet versöhnt erscheinen? Oder wie es Constantin Floros formuliert hat: Bruckners Symphonik als eine »großartige Vereinigung von Gegensätzen«: »Strenge und Üppigkeit, Schlichtheit und Ekstatik, Bangigkeit und Feierlichkeit ... in raschem Wechsel«, ja, »eine wohl einzigartige Synthese von Archaik und Modernität, die dieser Symphonik das eigentümliche Gepräge verleiht und ihre Sonderstellung begründet«[13].

Bruckners gegensätzlich-einheitliche Symphonik – könnte sie vielleicht Anregung sein auch für eine neue, »postmoderne« Synthese aus Musik und Religion? Eine Musik aus religiösem Geist, die mit einer ganz eigenen Tonsprache das sinnlich zum Ausdruck bringt, was Worte und Gesten nicht in derselben Dichte und Geistigkeit zu sagen vermögen? Eine Musik, die nicht von Kirchen in Dienst genommen oder vereinnahmt ist, sondern die in Freiheit zeigt, was es heißt: mit musikalischen Sinnen glauben.

Anmerkungen

1. Vgl. *H. Küng*, Gott neu entdecken, in: Internationale Zeitschrift für Theologie »Concilium« 26 (1990), S. 58–68.
2. Natürlich kann ich mich, der ich weder Musiker noch Musikwissenschaftler bin, nicht in den Streit der Musiker und vor allem der

Musikwissenschaftler einmischen, welches genau die *Zahl* der Symphonien Bruckners (übliche Zählung: neun und die »Nullte«) und welche der *verschiedenen Fassungen* der einzelnen Symphonien jeweils vorzuziehen sei: ob die Originalfassung oder die Letztfassung »die beste Fassung« sei. Auch ist meine Aufgabe nicht die des Psychologen, der zu erklären versucht, *warum* Bruckner, persönlich für Kritik überaus anfällig, alle seine Symphonien immer wieder überarbeitete und deshalb seine Neunte nicht mehr abschließen konnte; warum es überhaupt eine so auffällige *Kluft* gibt *zwischen Bruckners Person und Bruckners Werk:* zwischen dem einfachen, hilflosen, ungeschickten, unterwerfungsbereiten Menschen und dem hochdifferenzierten musikalischen Genie Anton Bruckner ... Eine Frage, die gerade bei der völlig umgearbeiteten Achten Symphonie – neben zahlreichen satztechnischen Eingriffen und Veränderungen der Instrumentation finden sich auch praktisch neu komponierte Passagen – im einzelnen nur schwer zu klären ist. Niemand dürfte die verschiedenen Fassungen – nach Robert Haas und Claudia Röthig – genauer analysiert haben als *Constantin Floros* auf dem Bruckner-Symposion »Die Fassungen« in Linz 1980, Bericht, Linz 1981, S. 53–63.

3. *Th. Mann*, Doktor Faustus. Das Leben des deutschen Tonsetzers Adrian Leverkühn erzählt von einem Freunde (1947), Taschenbuchausgabe Frankfurt 1967, S. 243.
4. AaO. S. 244.
5. AaO. S. 61.
6. AaO. S. 239.
7. AaO. S. 135.
8. AaO. S. 136.
9. Niemand hat bisher die Entwicklung von der romantischen zur zeitgenössischen Musik besser interpretiert als *H.-H. Stuckenschmidt*, Die großen Komponisten unseres Jahrhunderts. Deutschland. Mitteleuropa, München 1971; *ders.*, Die Musik eines halben Jahrhunderts. 1925–1975. Essay und Kritik, München 1976.
10. Zit. bei *A. Göllerich*, Anton Bruckner. Ein Lebens- und Schaffensbild, Regensburg 1936, Bd. IV/3, S. 291 f.
11. AaO S. 321.
12. Ebd.
13. *C. Flores*, Thesen über Bruckner, Musik-Konzepte 23/24, Anton Bruckner, Januar 1982, S. 5–14, Zitat S. 7f.

> Daher möchte ich Sie bitten, alle Arten von Büchern zu schreiben, sich vor keinem Thema zu scheuen, wie trivial oder umfangreich es sein mag. *Virginia Woolf*

Nicht trivial noch sentimental

Ein Versuch über Ent-Trivialisierung als Methode in der Frauenforschung

1.

Im Jahr 1928 ermunterte Virginia Woolf ihre Zuhörerinnen zu schreiben: über alles, und gerade über das vermeintlich Triviale, das die Männer in ihren hohen Diskursen ausgelassen hatten[1].

Noch immer bleibt zu vieles im Frauenleben sprach-los: Wer nicht gerade Frauen-Filmtage besucht, findet im Kino Beziehungen zwischen Frauen nach wie vor auf das Thema Rivalität reduziert. Wo »sinnlich« sich nur nennen darf, was auf einen Koitus hinauswill, verschwimmt die Sinnlichkeit des Lebens mit einem Kind im sentimentalen Mütterberatungsjargon. Das alltägliche Wiederholen lebenerhaltender Tätigkeiten wird nicht erforscht, wo das Immerneue Ziel aller Wünsche ist. Die Mehrheit der Studentinnen strebt nach wie vor nach »Höherem« und merkt zu spät, daß das, wonach sie strebt, nichts Höheres ist, und das, was sie meint hinter sich gelassen zu haben, sie immer wieder einholt. Die Hälfte des Lebens gilt als trivial – 1928 wie heute: Frauenleben, das Leben mit Kindern, sogenannte Alltäglichkeit, in der das, was getan werden muß, nicht abgeschoben wird auf ein Heer von Dienern: auf Assistentinnen, Sekretärinnen, Hausfrauen, Angestellte.

Wenn feministische Theorie »der Kampf um die eigene Wirklichkeit«[2] und feministische Theologie der Kampf um die eigene Spiritualität ist, dann brauchen beide eine *Methode*, um dem Trivialen Sprache zu geben. Denn angemessene Worte für das vermeintlich Uninteressante ergeben sich nicht von selbst – auch nicht durch die stete Wiederholung des Programms »Das Private ist politisch« – in einer Welt, in der ein massives *Interesse* an der Trivialisierung von Frauenleben besteht.[3] Solche Worte müssen *gesucht* werden, und deshalb braucht es eine Methode der Ent-Trivialisierung. Mit allen Sinnen glauben: Das setzt *gute Worte* voraus für das, was Frauen mit allen ihren Sinnen täglich wahrnehmen und was die schlechten Worte der *herr*schenden Sprache abschieben in den Bereich des Trivialen: Hausarbeit, Abwasch, Alltagskram, Kleinkram, Reproduktion, Alltäglichkeit, Kindergeschrei, Sozialarbeit, Kaffeekränzchen, Plackerei, Langeweile, Privatleben.

2.

Eine Methode suchen heißt wissenschaftlich tätig sein. Ich habe gelernt, daß Wissenschaftler/innen einen großen Teil ihrer Zeit am Schreibtisch oder im Labor zubringen: lesend, schreibend, experimentierend. Der Wissenschaftler ist einer, der bei der Arbeit nicht gestört werden darf. Deshalb braucht er eine Sekretärin, einen Assistenten und eine Ehefrau, die den Alltagskram für ihn erledigen, während er *sich ununterbrochen konzentriert* auf die Neuanordnung derjenigen Begriffe, von denen seit Jahrhunderten angenommen wird, sie setzten Wirklichkeit angemessen in Sprache um. Der Wissenschaftler ist *abhängig* vom alltäglichen Dienen anderer. Und *weil* der Herr abhängig ist vom Dienst der Magd, erklärt er das, was sie tut, für uninteressant: Was die da draußen tut, ist Natur, funktioniert von selbst, muß also nicht Eingang finden in die erhabene Rede von der Freiheit des Menschen. Abhängigkeit darf nicht sein, wo das autonome Ich über die Welt reflektiert. Und deshalb ist die Abblendung der alltäglichen Aufrechterhaltung von Leben durch Techniken der Trivialisierung dem patriarchalen Wissenschaftsbegriff inhärent.

Was bedeutet es aber, eine wissenschaftliche Methode für die Ent-Deckung des Trivialen zu suchen, wenn dieses Triviale die *vorsätzlich nicht reflektierte* Unterseite einer herrschaftlichen Wissenschaft ist? Es bedeutet, den herrschenden Begriff von Wissenschaft zu demontieren. Virginia Woolf forderte ein eigenes Zimmer und Geld für Frauen, damit sie endlich anfangen könnten, die »Anhäufung unerzählten Lebens«[4] abzutragen. Diese Forderung soll beileibe nicht zurückgenommen werden. Aber Virginia Woolf meinte, wenn ich sie recht verstehe, nicht, daß die Frauen sich nun ihrerseits *hauptamtlich* an den Schreibtisch zurückziehen und anderen (wem?) den »uninteressanten« Teil des Lebens überlassen sollten. Dazu war ihre Sensibilität für das Wirkliche zu groß, und auch ihr Sinn für Gerechtigkeit. Darum: Es braucht den Ort des Ungestörtseins für jede Frau, aber nicht, um von ihm aus – herrschaftlich, autonom, von oben herab und blind – die Welt zu entwerfen, sondern um Wirklichkeit, die zuvor ausführlich wahrgenommen, in der *gelebt* wurde, auf den Begriff zu bringen. Die Methode, die ich suche, setzt auch ein Zimmer für sich allein voraus. Aber sie nimmt ihren Anfang dort, wo Frauen *wirklich sind.* Sie ist nicht in erster Linie gedacht für die wenigen Akademikerinnen, die sich den Status herrschaftlicher Zurückgezogenheit erkämpft haben, sondern für »Personen, die etwas wissen wollen«[5] und die in diesem genuinen Sinne wissenschaftlich tätig sind, mit oder ohne akademische Ausbildung, innerhalb oder außerhalb wissenschaftlicher Institutionen; für Frauen, die – allein und gemeinsam – erforschen wollen, wie ihre Wirklichkeit beschaffen ist, die *mitten im Trivialen* anfangen zu denken und Gedanken auszutauschen und die ein Zimmer für sich allein brauchen, weil sie die Anstrengung des Begriffs und die Mühsal der Selbstkritik nicht scheuen, um für *ihre Wirklichkeit* gute Worte zu finden.

3.

Die Methode der Ent-Trivialisierung steht und fällt also damit, daß die Forscherin nicht auf das Eintreten herrschaftlicher Bedingungen des Ungestörtseins wartet, um mit dem Denken zu beginnen. Denn das Uninteressante nimmt wahr, wer im Uninteressanten lebt. Ent-Trivialisierung setzt an im Bereich der »Störungen«, dort, wo Kindergeschrei, Türglocken, Hunger, Dreck, aufdringliche Mitmenschen, Unordnung, Freude und Leid ungehinderten Zutritt haben zu den Sinnen der Forscherin, im Bereich der fragmentierten Zeit. Wenn ich koche, liegen Heft und Kugelschreiber griffbereit. Wenn das Kind kurze Zeit mit sich selbst beschäftigt ist, notiere ich ein paar Sätze. Beim Abwasch erwarte ich das entscheidende Heureka. In all der Unordnung, zwischen Handgriffen, die Ordnung schaffen, Hilfe leisten, zum Leben verhelfen, denkt die Frau darüber nach, was es ist, das sie da tut. Die These, die sie ihrem Nachdenken zugrunde legt, heißt: Was ich tue, ist nicht nichts, sondern etwas und daher beschreibbar. (Und diese These könnte sie problemlos verifizieren: Sie müßte nur für kurze Zeit aufhören, das zu tun, was sie tut, und es würde offensichtlich, daß es nicht nichts ist.) Sobald sie anfängt zu protokollieren, wird sie sich den Jargons der Trivialisierung ausgesetzt sehen: dem Jargon der Beratungsliteratur, der Frauenzeitschriften, der Groschenromane, der Populärpsychologie, der Rezeptbücher. Und hierin liegt ein erster Erkenntnisgewinn: Ich bewege mich im Bereich einer nicht ernstzunehmenden, einer gänzlich durchideologisierten Sprache. Und es scheint unmöglich, ihr zu entkommen. Wie soll ich das Putzen anders beschreiben als mit den Worten der Putzmittelreklame? Welche anderen Sätze als die der Frauenzeitschriften gibt es für die Tätigkeit des Strickens? Die These heißt: Es *gibt* andere Worte, und ich werde sie finden. Ich werde genau das beschreiben können, was hinter dem großen »Nur« der Frauen steht: »Ich bin nur Hausfrau.« »Ich bin nur zu Hause.« »Ich arbeite nur halbtags.« »Ich mache nur eine kleine Bastelei.« »Ich schreibe nur einen Essay« ... Das »Nur« – und andere sprachliche Markierungen der Selbstverkleinerung – ist Indikator für Relevanz. Ent-Trivialisierung beginnt mit der Neugierde auf die Realität hinter dem »Nur«.

In einer Publikation zur feministischen Ästhetik[6] fand ich Fotografien von der Hausarbeit. Die Fotografin hatte ganz einfach (schwarz-weiß) in Kleider- und Geschirrschränke hineinfotografiert: Männeranzüge, gebügelt, Schulter an Schulter hängen da; Tassen stehen ineinandergestapelt, ordentlich aufgereiht. In der Kunst von Frauen, in dem, was man herablassend »Frauenkultur« und »Frauenliteratur« nennt, findet Ent-Trivialisierung statt. Wenn ich sie zur *Methode* machen will, so meine ich dies: Ent-Trivialisierung soll Wissenschaft sein. Jede neugierige Frau kann die Wissenschaftlerin ihres eigenen Lebens werden. Es gibt eine *Anleitung* dafür, wie sie es anstellen soll. Es gibt andere Alltagsforscherinnen, die *dasselbe* tun. Und es gibt nichts »Höheres«, keine »wahre« Wissenschaft mit einer »richtigen« Methode, die über ihr stünde. Ihr »unerbittliches Wissenwollen«[7] *ist* Wissenschaft.

4.

Vorausgesetzt, Frauen haben solche genauen Beschreibungen des Trivialen angefertigt. Was fangen sie mit ihren Texten an? Wir veröffentlichen sie, wir lesen sie einander vor, wir fangen an, über sie zu sprechen. Wir vergleichen sie, korrigieren sie, schreiben sie nochmal neu, eine Frau die Hebamme der anderen. Wir suchen nach Bedeutungen, nach Funktionen, nach Gesetzmäßigkeiten, und wir bewerten auch. Wir streben nach nichts Höherem mehr als nach der Theorie unserer eigenen Wirklichkeit. Das ist Anstrengung genug. Und wer daneben sich in androzentrischer Wissenschaft bewegen muß, wer zum Beispiel ein theologisches Examen abzulegen hat, wird den Kontrast spüren: hier Forschen, dort Entfremdung, hier Wissenschaft, dort Bürokratie. Und dennoch ist die Studierstube nicht nutzlos, vorausgesetzt, ich weiß, *wozu* ich all die Bücher, die ich auf meinem Schreibtisch gestapelt habe, *benutzen* will.

In einem Aufsatz mit dem Titel »Notizen zu einer Theorie der Frau – oder Versuch zur Beantwortung der Frage: Warum stricken Frauen?«[8] gibt Hedwig Ortmann neun Antworten auf die Frage, warum Frauen an so vielen Orten – zu Hause, auf dem Spielplatz, im Hörsaal, vor dem Fernseher – stricken, und warum Männer das nicht tun. Sie bedient sich bei ihren Deutungsversuchen klassischer Texte aus der »großen Theorie«. Hegels Phänomenologie kommt vor, Blochs Prinzip Hoffnung und die Marxschen Frühschriften. »Ich will die Autoritäten nicht schonen, sondern sie mit der Banalität der Alltäglichkeit konfrontieren – eine Einladung zum Experimentieren und Konfrontieren von scheinbar nicht Zusammengehörendem.«[9] Das wäre der Sinn der Studierstube und auch begrenzter Zeiten intellektueller Entfremdung: Eine Frau beeilt sich, einen Buchladen zu finden, weil sie *dringend* Hegels Phänomenologie braucht. Sie muß herausfinden, ob die Dialektik von Herr und Knecht dazu taugt, ihr Dasein als Hausfrau besser zu erklären. Sie setzt sich hin und vertieft sich, zu später Nachtstunde vielleicht, wenn die Störungen aufgehört haben. Dann steht sie auf und sagt zu ihrer Nachbarin: »Hegel taugt.« oder: »Hegel taugt nicht.« Die Studierstube wäre zu einem Ort erotischer Attraktion geworden. Es gäbe keine Angst mehr davor, daß »sich die Texte und ihre Inhalte wie bedrückende Fremdkörper, wie Hindernisse aus Wörtern und Fakten vor uns aufbauen«[10] »Verlangen nach Aufklärung, ... ein existentielles Interesse an der Welt und an sich selbst«[11], das ist der Beginn feministischer Hermeneutik, die – wenn sie uns zur Gewohnheit wird – Angst und Schrecken vor dem hohen Diskurs und die grenzenlose Langeweile der Studierstuben zerstreut. Eine andere, eine ketzerische Voraussetzung auch für die Lektüre der Bibel: Vielleicht brauchen wir sie, vielleicht brauchen wir sie nicht, um unsere Wirklichkeit zu verstehen und unsere Befreiung ins Werk zu setzen.

5.

Natürlich gibt es Probleme. Ent-trivialisierende Beschreibung kann umschlagen in Apologetik des weiblichen Status quo. Die These »Was ich tue, ist nicht nichts, sondern etwas und daher beschreibbar« kann so verstanden werden: »Was ich tue, ist nicht nichts, sondern etwas – und es ist gut, das zu wissen, denn dann fällt es mir leichter, es weiterhin zu tun.« Es ist unsicher, ob weibliche Existenz in jedem Falle subjektiv so unerträglich ist, daß das Protokollieren allein die Unmöglichkeit dieses Lebens vor Augen führt und zwingend den Wunsch nach Befreiung weckt. Unter den gegebenen Umständen kann vielmehr der Fall eintreten, daß Frauen – vor allem Frauen in sogenannt geordneten Verhältnissen – das Protokollieren als anregende Nebenbeschäftigung mißverstehen und sich gegenseitig die Sinnhaftigkeit ihrer Existenzweise auf eine neue, »interessante« Art und Weise zu bestätigen beginnen. Wenn ich nicht davon ausgehe, daß Schreiben an sich eine widerständige Tätigkeit ist, wenn ich vielmehr damit rechne, daß Frauen im Jargon steckenbleiben können, dann muß ich die Frage stellen, woher der Wunsch nach Veränderung kommen soll, der das Beschreiben zum *widerständigen* Beschreiben macht. Im Bewußtsein vieler Frauen, die in Wohlstandsgesellschaften leben, hat sich die relative Erträglichkeit ihrer Existenz mit dicken Schichten verinnerlichter Ideologie so eng verbunden, daß durch wechselseitige Bestätigung von Ideologie und alltäglicher Annehmlichkeit eine Art von Zufriedenheit entsteht, an der die feministische Rede von Befreiung abprallt. Wozu »sich befreien«, wenn Lebenspläne aufgehen, wenn der zahlende Mann gefunden und das Baby herzig ist? Wozu den langen Weg zur Autonomie gehen, wenn hier und jetzt ein bescheidenes Glück des Gebrauchtwerdens erfahrbar ist? Auch Frauen in weniger privilegierten Verhältnissen sperren sich gegen die Vorstellung von Befreiung, vielleicht aus Angst, das wenige, woran sie sich halten – den Mann oder zumindest den Wunsch, einen zu haben – auch noch zu verlieren. Woher soll der Impuls zur Erkenntnislust *in* weiblicher Normalität *wider* die Normalität kommen?

6.

Frauenleben kann als erträglich empfunden werden, solange Frauen sich damit einverstanden erklären, daß der Gegenstand ihres moralischen Handelns – ihrer Zärtlichkeit, ihres Sorgens – die allernächste Umgebung ist. Solange Frauen die alltäglichen Katastrophenmeldungen in keinen oder nur in den patriarchal vorgeschriebenen Zusammenhang zu ihrer eigenen Existenz bringen, ist Zufriedenheit auch unter dem Ozonloch und angesichts sterbender Wälder noch möglich. Der patriarchal vorgeschriebene Zusammenhang zwischen Welt-Katastrophen und Frauenleben lautet so: Die Welt kommt dann in Ordnung, wenn du dich mit allen Kräften – noch hingebungsvoller, noch selbstloser – bemühst, Heim und Familie in Ordnung zu halten.

Frauenleben wird unerträglich, wenn der Funktionszusammenhang erkannt wird, in den es gestellt ist: Frauen vernutzen in einer kaputten Welt ihre gesamte Energie, um den *Schein* eines heilen Zuhause aufrechtzuerhalten Sie schaffen so die Voraussetzungen, daß andere – Männer – stabil und gestärkt ihr Zerstörungswerk fortsetzen können. Jede Frau hat Erfahrungen gemacht und unter dem Druck patriarchaler Indoktrination verdrängt, die diese Sicht der Dinge bestätigen. Mütter erinnern sich an die Gefühle der Sinn- und Hilflosigkeit, als sie im Frühsommer 1986 Tütenmilch für ihre Kinder horteten, die Fenster schlossen und den Spielplatz für tabu erklärten. Sozialarbeiterinnen und Krankenschwestern kennen die Ohnmacht individueller Hilfeleistungen in einer menschenfeindlichen Sozialmaschinerie. Wenn ich davon ausgehe, daß Frauen ihren unermüdlichen Dienst für andere unter anderem deshalb tun, weil sie von der moralischen Qualität ihres Tuns überzeugt sind, und nicht nur, weil sie blind ihrer patriarchal zugeschriebenen »Natur« folgen, dann muß die Erkenntnis dieses Funktionszusammenhangs sie zur Verzweiflung bringen: Das, was Frauen für ihre moralische Pflicht hielten, stellt sich als ethische Unmöglichkeit heraus. Es bewirkt nichts als Zerstörung und bleibt dennoch, was es ist: Dasein für andere, eine dringend benötigte ethische Qualität – in pervertierter, absurder Gestalt.[12]

Das Bewußtsein, das in solcher Verzweiflung entsteht, ist die Voraussetzung für widerständiges Beschreiben des Trivialen. Es geht darum, dem weiblichen Elend gleichzeitig mit der Utopie von Zärtlichkeit, Gegenseitigkeit und Sorgfalt, die im weiblichen Leben *als Absicht* existiert, Sprache zu geben. Es geht darum zu unterscheiden, zu prüfen, den Dingen andere Namen und eine neue Ordnung zu geben dort, wo Selbstlosigkeit sich befreien muß, weil sie abgeschnitten ist von ihrem einzig sinnvollen Ziel: dem guten und gerechten Zusammenleben der Menschen.[13]

7.

Die feministische Theologie, heißt es, befasse sich *nur* mit den Frauengestalten der Bibel, erzähle *nur* Randgeschichten und habe im Zentrum der Theologie nichts zu sagen. Man will uns weismachen, der Geist wehe dort, wo es »interessant« wird, wo die großen Entwürfe, die großen Theologien beginnen, wo große Männer große Worte sprechen und große Honorare entgegennehmen. Feministische Theologie bleibt sich und der Tradition des Evangeliums aber dann treu, wenn sie beharrlich die »uninteressanten« Ränder der Überlieferungen absucht, wenn sie sich dem heutigen wie dem geschichtlichen Trivialen als dem Interessanten zuwendet. In der Bibel werden »nur« Hirten und Fischer und Hausfrauen, Huren und wandernde Taugenichtse, Kranke und Bettler mitten im Elend, Analphabetinnen und Verrückte zum Leben erweckt. Und Jesus war nur ein kleiner uninteressanter jüdischer Rebell, bevor große Männer ihn zum Supermann machten. Wenn feministische Theologie der Kampf um die eigene Spiritualität ist, dann erweckt sie den Geist dort zum Leben, wo Frauen sind: beim Abwasch, beim Saubermachen (Lk 15,8–10), im Elend der kinderlosen Hanna[14], in der

Depression der Maria Magdalena[15], in der Unordnung eines mehrfach belasteten Alltags. Wenn etwas Zukunft hat in Wissenschaft und Theologie, dann ist es die Sorgfalt für die mißachteten Außen- und Unterseiten und die utopischen Möglichkeiten eines heilen Lebens, die dort zu finden sind. Wenn es noch Hoffnung gibt für diese Welt, dann kommt sie aus der klugen Transformation des Trivialen, von denen, die nicht groß, weiß, männlich, »vernünftig« und »interessant« sind und dennoch da sind und leben.

Anmerkungen

1. *Virginia Woolf*, Ein Zimmer für sich allein, Frankfurt a. M. 1983.
2. *Elisabeth List*, Denkverhältnisse. Feminismus als Kritik, in: *Dies.*, Herlinde Studer Hrsgg. Denkverhältnisse, Feminismus und Kritik, Frankfurt a. M., S. 7–34, S. 31.
3. Vgl. *Mary Daly*, Gyn/Oekologie. Eine Meta-Ethik des radikalen Feminismus, München, 4. Aufl. 1986, S. 101/2.
4. *Virginia Woolf*, aaO., S. 103.
5. *Christina Thürmer-Rohr*, Einführung – Forschen heißt Wühlen, in: Studienschwerpunkt »Frauenforschung« am Institut für Sozialpädagogik der TU Berlin (Hrsg.), Mittäterschaft und Entdeckungslust, Berlin 1989, S. 12–21, S. 20.
6. *Angelika Maiworm*, Räume, Zeiten, viele Namen, Ästhetik als Kritik der Weiblichkeit, Weingarten 1984, S. 22–32.
7. *Christina Thürmer-Rohr* aaO., S. 21.
8. In: Gesellschaft. Beiträge zur Marxschen Theorie 14. H.-G. Backhaus et al. Hrsgg. Frankfurt a. M. 1981, S. 248–280.
9. Ebd. S. 249.
10. Libreria delle donne di Milano, Wie weibliche Freiheit entsteht. Eine neue politische Praxis, Berlin, 2. Aufl. 1989, S. 18.
11. *Christina Thürmer-Rohr* aaO., S. 21.
12. Der Streit, ob im patriarchal verkrümmten weiblichen Leben ethische Qualitäten vorhanden sind oder nicht, ist in vollem Gange. Ich bin nicht Nihilistin genug, um mit Christina Thürmer-Rohr die gänzliche Sinnlosigkeit des weiblichen Status quo zu behaupten und schließe mich daher – bei allem Respekt für die andere Seite – der Position an, die v. a. im Rahmen der Diskussionen um »feministische Oekologie« vertreten wird und die Spuren einer alternativen Ethik im weiblichen Leben annimmt.

(Vgl. z. B. *Vandana Shiva,* Das Geschlecht des Lebens. Frauen, Oekologie und Dritte Welt, Berlin 1989). Ohne diese Arbeitshypothese würde die Methode der Ent-Trivialisierung, wie ich sie hier skizziere, sinnlos.

13. Zur Dialektik weiblicher Selbstlosigkeit vgl. *Brigitte Weisshaupt,* Selbstlosigkeit und Wissen, in: *Judith Conrad, Ursula Konnertz,* Hrsgg. Weiblichkeit in der Moderne. Ansätze feministischer Vernunftkritik, Tübingen 1986, S. 21–38.
14. *Elisabeth Moltmann-Wendel,* Gott im Körper erfahren (Bibelarbeit über 1 Sam 1,1–20; 2,1–10), in *dies.* Wenn Gott und Körper sich begegnen. Feministische Perspektiven zur Leiblichkeit, Gütersloh 1989, S. 107–126.
15. *Elisabeth Moltmann-Wendel,* Maria Magdalena, in *dies.,* Ein eigener Mensch werden. Frauen um Jesus, Gütersloh 1987, 6. Aufl. S. 67–95.

SUNG-HEE LEE-LINKE

»Wacht auf, steht auf und singt ein Lied!«

Pionierinnen des Christentums in Korea

Im Jahre 1985 feierten die koreanischen protestantischen Christinnen den einhundertjährigen Geburtstag des Christentums in Korea mit besonderen Rückbesinnungen. Denn die Geschichte des koreanischen Christentums war für die Frauen nicht nur Leidensgeschichte für ihren Glauben, sondern Befreiungsgeschichte der Frauen aus der fünfhundertjährigen babylonischen Gefangenschaft in der konfuzianischen Yi-Dynastie (1392–1910), weiterhin auch Kampfgeschichte um die Unabhängigkeit Koreas von Japan (1911–1945).

Die Missionierung Koreas begann durch amerikanische Missionare, durch Horace G. Underwood von der Northern Presbyterian Church und Henry G. Appenzeller, der von der Methodist Church entsandt wurde; beide kamen mit demselben Schiff im Jahre 1885 nach Korea. Es war ein sehr kleiner Anfang, begleitet von Lebensgefahr nicht nur für die Missionare, sondern vor allem für die koreanischen Christinnen, die damals als »Rebellen gegen das Vaterland« bezeichnet und verfolgt wurden. Aber dieser kleine Anfang hat wie ein Senfkorn seine Früchte so erfolgreich hervorgebracht, daß nach einhundert Jahren ein Viertel der koreanischen Bevölkerung Christinnen ist.

Anläßlich dieses Jubiläums des koreanischen Christentums haben die Christinnen versucht, Lebensgeschichten der Pionierinnen des Christentums zu verfassen, damit die nächste Generation einen Rückblick auf den Geburtsort des koreanischen Glaubens nehmen kann. Die jungen Leute sollten mit dieser Erkenntnis den Standpunkt ihres heutigen Glaubens prüfen und über die Zukunft des Christentums nachdenken können. Von vielen Pionierinnen stelle ich hier nur zwei Frauen vor, die meiner Ansicht nach Beispiele dafür darstellen, wie diese Generation damals ihr ganzes Leben für die Praktizierung des Glaubens aufgeopfert hat.

1. *Kim Shin-Ui*
(geb. am 18. 8. 1897 in Sonchun/Nordkorea)

Als zehnjähriges Mädchen begegnete sie am ersten Weihnachtstag zufällig einer kleinen Gruppe Sonntagsschüler, die nach dem Gottesdienst fröhlich Weihnachtslieder singend auf der Straße lief. Sie wußte nicht, warum diese Kinder solche Lieder sangen, aber als sie den fröhlichen Klang hörte, wurde ihr Herz ganz heiß, und sie entschloß sich, in die Kirche zu gehen. Als sie ein paar Tage später von einer Sandkastenfreundin erfuhr, daß diese Sonntagsschüler Lieder singen konnten, weil sie in der Kirche schreiben und lesen gelernt hatten, war sie einfach schockiert, und ihr Entschluß zum Kirchgang wurde noch fester.

Weil es damals keine Mädchenschule gab, hatte sie überhaupt keine Gelegenheit zum Lesen- und Schreibenlernen. Da bat sie ihren älteren Bruder, der in die Schule ging, um eine Tabelle des koreanischen Alphabets. An dem Tag begann sie, selbst Lesen und Schreiben zu lernen. Sie klebte diese Tabelle in ihrem Zimmer an die Wand, und da sie gar kein Geld für Schreibwaren (die damals recht teuer waren) von den Eltern kriegen konnte, füllte sie einen kleinen Holzkasten mit Sand und übte das Schreiben mit einem Holzstab. Seitdem sie aber von ihrer Mutter ein Gesangbuch und eine Bibel bekam, versuchte sie jeden Tag, diese beiden Bücher auswendig zu lernen.

Die Kirche, die sie gleichzeitig besuchte, befand sich in einem etwa 20 qm großen Strohhaus: Darin war der Sitzraum zwischen Männern und Frauen durch dicke Gardinen geteilt. Es gab keinen Pastor, und nur ein Presbyter leitete den Gottesdienst und kümmerte sich um die Gemeindearbeit. Shin-Ui war eigentlich in die Kirche gegangen, weil sie dort Lesen und Schreiben lernen wollte. Aber er unterrichtete nur Jungen, weil es damals total verboten war, daß Mädchen und Jungen ab dem siebten Lebensjahr zusammensitzen, und auch weil es unvorstellbar schien, den Mädchen Schulausbildung zu erlauben! Aber zum Glück konnte sie die Tochter dieses Presbyters jeden Tag besuchen und mit ihr zusammen spielen, und wenn er zum Mittagessen nach Hause kam, durfte sie von ihm ab und zu kurz lernen.

Nach dem dritten Monat ihres Kirchgangs konnte sie den »Ahnengeistertopf« nicht mehr dulden. Darin waren Papiere, auf denen die Namen der Ahnen geschrieben waren, und Geld. Der Topf kam ihr langsam voller Teufel und Dämonen vor, aber die Mutter betete bei jeder Familienangelegenheit vor diesem Topf. Trotzdem schlug sie ihr vor, diesen »stinkenden« Topf zu verbrennen, und weil damals alles in der Familie gut lief, erlaubte ihr die Mutter das ohne großes Nachdenken. Sie nahm das Geld vom Topf und brachte es als Opfergabe in die Kirche, den Rest verbrannte sie.

Drei Jahre später wurde ihr älterer Bruder plötzlich krank, und kein Medikament half ihm. Darum ging ihre Mutter zu einer Schamanin und erfragte die Ursache dieser Krankheit. Diese antwortete: »Es ist wegen deiner Tochter, die den Topf der Ahnengeister verbrannte und dadurch diese Geister vertrieben hat. Darum mußt du durch eine schamanistische Sitzung sie wieder nach Hause einladen.« Ihrem Vorschlag folgend veranstaltete die Mutter am gleichen Tag eine große schamanistische Zeremonie und stellte wieder einen – noch größeren – Ahnengeistertopf auf.

Als Shin-Ui vom Haus des Presbyters zurückkam, sah sie diese Szene mit Schrecken und schrie ihre Mutter an, weil es ein Götzendienst sei. Diese wurde daraufhin sehr böse und sagte ihr: »Du bist nur ein unnützes Mädchen. Nach der Heirat hast du sowieso mit unserer Familie nichts zu tun. Aber dein älterer Bruder ist der Stammhalter der Familie. Seine Krankheit wurde durch dein unverzeihliches Verbrechen mit dem Ahnengeistertopf verursacht. Verschwinde aus meinen Augen, verlasse mein Haus.«

Von dem Tag an durfte sie vier Jahre lang nicht mehr nach Hause kommen. So zog sie in die vier Kilometer entfernte Kirche, schlief nachts auf deren Fußboden und lernte tagsüber fleißig beim Presbyter Bibelkunde, chinesische Charaktere und Rechnen. Ihr Heimweh und Leiden versuchte sie durch den Glauben zu überwinden und betete jeden Tag weinend zu Gott, daß auch ihre Familienangehörigen das Evangelium Gottes annehmen. Gott erhörte ihr Gebet, und vier Jahre später durfte sie nach Hause zurückkommen, als durch die Kraft des Heiligen Geistes nacheinander alle Christen wurden. Ihre Mutter schickte sie sogar zur Missionsschule, wo sie eine Ausbildung als Lehrerin erhielt. Mit 21 eröffnete sie in der Kirche eine

Schule für arme Kinder und versuchte ihnen drei Themen zu unterrichten: 1. Das Evangelium Gottes als die Frohe Botschaft für die Befreiung der Koreaner aus der konfuzianischen Gefangenschaft. 2. Lesen, Schreiben und Rechnen. 3. Erweckung zum Kampf für die Unabhängigkeit Koreas, das damals als japanische Kolonie ausgebeutet wurde.

So kämpfte sie selber an der Front im antijapanischen Kampf, weswegen sie öfters von der japanischen Militärpolizei verhaftet, gefoltert und dadurch in ihrer Gesundheit ruiniert wurde. Nach der Entlassung aus einer Haft wegen aktiver Teilnahme an der landesweiten Anti-Japan-Demonstration am 1. März 1919 gründete sie im Juli 1920 den Verband der jungen Christinnen, und als dessen Vertreterin arbeitete sie bis zur Unabhängigkeit Koreas im August 1945, wobei sie überall und immer die Notwendigkeit der Ausbildung aller Koreaner, Männer und Frauen, und der Befreiung Koreas betonte. Im Jahre 1922 heiratete sie Kim Song-Kyom, einen Arzt und Kampfgenossen.

Nach der Befreiung wurde Korea in zwei Teile geteilt: Nordkorea geriet in die sowjetische und Südkorea in die amerikanische Einflußzone. Da Frau Kim unter dem kommunistischen Regime das Evangelium nicht mehr verkündigen konnte und noch schlimmer verfolgt wurde als in der japanischen Koloniezeit, flüchtete sie im Mai 1947 nach dem Süden. Dort gründete sie viele Frauenverbände und arbeitete als deren Vertreterin bis 1967, ihrem siebzigsten Geburtstag. Jetzt lebt sie bei ihrer ältesten Tochter.

2. *Kong Tok-Kyu*
(geb. 1911 in Tong'yong/Südkorea)

Tok-Kyu war die zweite Tochter von Kong To-Pin und seiner Frau Maria. Da ihre Mutter schon als junges Mädchen Christin wurde, nahm sie nach der Heirat nach westlicher Sitte den Familiennamen des Mannes an (was sonst in Korea nicht geschieht) und ließ sich mit dem christlichen Taufnamen nennen, auch wenn das offiziell im Familienregister nicht aufgenommen wurde. Es war damals ein großer Schock für die Sippe ihres Mannes, daß sie eine Christin als

Schwiegertochter – ohne ihr Wissen – aufgenommen hatte, denn diese führte sich als siebenundsiebzigste (!) Nachkommen direkt auf Konfuzius zurück. Aber ihre Mutter wurde von den Sippenältesten und den Schwiegereltern wegen ihres Glaubens nicht so schlimm verfolgt und diskriminiert, weil sie einen sehr sanften Charakter hatten und Disharmonie in der Familie immer vermeiden wollten.

Ihre Mutter lud Frauen im Dorf ein, deren Männer bei ihren Konkubinen übernachteten und die deswegen einsam die Nächte verbringen mußten, und las ihnen die Bibel, aber auch koreanische Romane vor und ermunterte sie zum christlichen Glauben. Sie war ein Licht und ein Wegweiser für die Frauen im Dorf, die unter dem konfuzianischen Gesellschaftssystem litten. Dank dieser christlich aufgeschlossenen Mutter konnte Tok-Kyu Kindergarten und Grundschule besuchen, die von australischen Missionaren betrieben wurden.

Wegen des plötzlichen Todes ihres Vaters zwei Monate vor ihrem Abschluß in der Grundschule mußte sie auf den Plan einer weiteren Schulbildung verzichten. Zwei Jahre lang half sie zu Hause im Haushalt. In dieser Zeit lernte sie auch eine Freundin ihrer Mutter, Choi Tok-Chi, kennen, die Lehrerin in einer Abendschule für arme Kinder und eine berühmte Glaubenskämpferin gegen den Shinto-Kult des japanischen Regimes, der den Koreanern aufgezwungen werden sollte, war. Endlich erhielt sie durch die Hilfe eines australischen Missionars eine Ausbildungsstätte als Kindergärtnerin und arbeitete dann im Kindergarten.

Dort begegnete sie einer Lehrerin namens Kim Hae-Kyong, die die Berichte einer gewissen Frau Kim Pil-Lye weiter verbreitete, die als eine Vertreterin an der Weltkonferenz der Christen in Indien teilgenommen hatte: Die indischen Teilnehmer sagten dort, daß sie das Evangelium leichter annehmen könnten, wenn sie es von koreanischen Missionaren verkündigt hörten, die sich in der gleichen politischen Situation der kolonialen Unterdrückung befanden, als von den britischen Missionaren, den Vertretern der Kolonialmacht. Diese Erzählung traf ihr Herz heiß, und sie entschloß sich, später als Missionarin nach Indien zu gehen. Dafür mußte sie natürlich Theologie studieren, wofür sie die Voraussetzungen noch nicht hatte, aber Tok-Kyu begann schnell und eifrig mit der Mittelschule, worauf sie früher wegen des Todes ihres Vaters verzichten mußte.

Nach erfolgreichem Abschluß konnte sie ein Stipendium im Yokohama Theological Seminary in Japan durch die Vermittlung von Kim Hae-Kyong bekommen. Aber kurz vor Abschluß ihres Studiums brach der Eroberungskrieg der Japaner in Südostasien aus, und Korea und sein Volk wurde noch mehr als früher von den Kolonialherren ausgebeutet, die für ihre Rüstung alle mögliche Metalle (sogar Geschirr und Haarspangen) und natürlich auch Lebensmittel brauchten. In dieser Zeit des existenziellen Mangels konnte sie natürlich ihrer Kirche gegenüber den Wunsch, als Missionarin nach Indien zu gehen, überhaupt nicht äußern. So wurde sie nach dem Examen Evangelistin in einer Kirche in Kimchon, wo von vielen politisch bewußten Pastoren, wie Song Chang-Kun, Chong Tae-Yui, Kim Chong-Chun und Cho-Sun-Chol der Befreiungskampf geführt wurde. (Alle diese Pastoren wurden Vorreiter nicht nur im Kampf gegen Japan, sondern nach der Niederlage des Kolonialregimes auch gegen die diktatorischen Regierungen Südkoreas, die sich danach etabliert hatten, und gehörten schließlich zu den Gründern der Minjung-Theologie in den siebziger Jahren.)

In dieser Zeit wurde sie öfters von der japanischen Geheimpolizei verhaftet, gefoltert und gezwungen, über die innerkirchliche antijapanische Bewegung auszusagen. Pastor Song sah wegen der sich immer wiederholenden Verhaftungen den Sinn ihrer Arbeit in der Gemeinde gefährdet und empfahl ihr, eine noch höhere theologische Ausbildung zu machen, damit sie nach der Befreiung Koreas als Dozentin im theologischen Seminar unterrichten könne. So ging sie wieder nach Japan – in Korea gab es keine Möglichkeit – und besuchte das Tokyo Women's Theological Seminary. Nach einjährigem Studium kam sie wieder zurück, denn da (1945) wurde Korea unabhängig, wie Pastor Song früher prophezeit hatte.

Vom Januar 1946 unterrichtete sie im Kyongsong Women's Theological Seminary als Privatdozentin und bekam ein Vollstipendium für das Princeton Theological Seminary in den USA, verzichtete aber wegen der Heirat mit Yun Po-Sun darauf. Statt dessen fing sie in dieser Zeit an, für die Demokratisierung Koreas, für die Wiedervereinigung des geteilten Landes und für die Frauenrechte zu kämpfen. Ihr Mann wurde zweiter Präsident Koreas (1960–1961), unterlag aber einem Militärputsch. Vor allem ihr lebenslanger Kampf für die Ökumenische Bewegung, um die Einheit der zersplitterten Denominationen der koreanischen Kirche war ein unentbehrlicher Samen für das Wachstum des Christentums in Korea. Dieser Samen brachte beispielsweise Früchte durch die gemeinsame Arbeit von Frauen aus verschiedenen Denominationen für die Veröffentlichung des Buches »Yosong (Frauen) – Die einhundertjährige Geschichte der Christinnen Koreas« im Jahre 1985, bei dem sie Herausgeberin ist. Es ist ein unvergeßliches Verdienst von ihr, daß sie die Christinnen aus verschiedenen Denominationen zum gemeinsamen Glaubensbekenntnis in Form des Gebetes motivieren konnte, während die Männer keine gemeinsame Jubiläumsfeier zustande gebracht hatten! Dieses Gebet möchte ich zum Schluß vorstellen.

Gebet der koreanischen Christinnen zur Einhundert-Jahr-Feier des Christentums in Korea

Gott, das Licht und der Erlöser unseres Volkes in der Dunkelheit,
Gott, der unser Volk geliebt hat, bevor es an Dich glaubte,
Dir geben wir Dank, Lob und Herrlichkeit.

Erhöre das Gebet aller Kirchen unseres Volkes in unserem Land.

Nimm unseren Dank, das Lob Deiner Herrlichkeit, den wir anläßlich des einhundertjährigen Jubiläums des Evangeliums Jesu Christi Dir reichen.

Anläßlich dieses Jubiläums vergib uns alle unsere Schuld als Christen und bring Deine neue Geschichte in unser Land.

Gott, der früher unser Volk aus der japanischen Unterdrückung gerettet hat, rette unser Volk jetzt aus der Unterdrückung der Supermächte.

Rette unser Volk aus der Tragik und der Ungerechtigkeit, die durch die Trennung unseres Landes zwischen Nord und Süd verursacht ist.

Rette unser Volk aus seiner Ungerechtigkeit und Dummheit.

Laß alle Kirchen in diesem Land Deine Erlösung unseres Volkes bezeugen,

Laß sie die Ungerechtigkeit und die Lüge in unserem Lande bezeugen!

Gott, vergib unseren Kirchen, die Dein Wort der Erlösung und der Wahrheit ignorieren.

Gott, vergib der Kirche dieses Landes, die sich dauernd spaltet, auch wenn sie Einen Gott, Einen Jesus Christus und Einen Heiligen Geist immer bekennt.

Gott, vergib unseren Kirchen, die die Gerechtigkeit ignorieren und ihre Kräfte für Liturgie und Formalität verschwenden.

Laß die Kirche in diesem Land die Mächte des Bösen besiegen!

Laß sie die Wahrheit des Kreuzes erkennen, die die Welt richtet!

Laß sie die Mächtigkeit des Kreuzes und der Auferstehung Jesu Christi erkennen, der die Mächte des Bösen besiegt hat!

In der Welt, wo Verschwendung, Korruption und Gewalt wild tanzen,

In der Welt, die von Männern geplant, geführt und kontrolliert wird,

In der Welt, wo die Frauen unterdrückt sind,

Ihr, Deboras dieses Landes! Wacht auf, steht auf und singt ein Lied!

Mit Deinem Wort, daß dieses Land tot und still gewesen war,

Bis ihr, Deboras dieses Landes, aufsteht,

Bis ihr, Mütter dieses Landes, aufsteht,

Gott, laß heute die Frauen dieses Landes aufstehen!

Gott, die Frauen unseres Landes warten durstig auf die Neue Welt.

Laß die Frauen die Neue Zukunft für die Familie, für die Kirche, für die Gesellschaft und für dieses Volkes verkündigen!

Laß tapfere Deboras und Esther in der Krise dieses Volkes auftauchen!

Gott, wir glauben, daß in Jesus Christus die Alte Welt vergangen ist und die Neue Ordnung schon angefangen hat.

Jetzt gieß den Heiligen Geist auf alle lebendige Körper und laß die Frauen des Landes den Geist der Erlösung verkündigen!

Laß Deinen Frieden wie einen Fluß in dieses Land strömen,

Erlaube dem Volk die Aufgabe zu erfüllen, den Völkerfrieden wie das Wasser des Baches zu schöpfen.

Schick uns den Heiligen Geist, der zwischen Deinem Wort und dem Wort der Lüge unterscheidet.

Gott, wir warten durstig auf den Tag, wo die Mächtigen dieses Landes vor Dir in voller Angst zittern.

Wir warten durstig auf den Tag, wo die unbekannt Gestorbenen unseres Landes von Dir in Erinnerung gerufen werden.

Wir warten durstig auf den Tag, wo die unterdrückten Frauen mit den Männern zusammen Wächter des Reich Gottes werden, und wo die Zukunft des Volkes anbricht.

Wir warten durstig auf den Tag der Erlösung, wo das getrennte Volk vereinigt wird.

Wir warten durstig auf den Tag, wo Paektu-san (der höchste Berg Nordkoreas) und Halla-san (der höchste Berg Südkoreas) eins werden,

Wo die Berge, die Hügel und die Meere dieses Landes vor uns mit kräftiger Stimme singen,

Wo alle Bäume auf den Feldern die Hände klatschend Dein Reich loben.

Gott, inmitten der Ungerechtigkeit und der Spaltung der Welt warten alle Geschöpfe seufzend auf die Erlösung und die Auferstehung.

Wir glauben an den Heiligen Geist, der an unserer Stelle, die wir nicht wissen, was wir beten sollen, für uns seufzt und betet.

Laß die gespaltenen Völker und Kirchen eins werden und sich vorbereiten, damit Dein Reich auf diese Welt kommt.

Im Namen Jesu Christi beten wir, daß Deine Herrschaft, Dein Friede und Deine Gerechtigkeit in diese Welt kommt. Amen!

HANS-ECKEHARD BAHR

»Wenn man mir erlaubt zu sprechen«

Über Domitila – eine Frau aus den Minen Boliviens

Der Hörsaal der Ruhr-Universität Bochum ist nicht voll. Das »Komitee Solidarität für Bolivien« hat eingeladen. Lateinamerika? Auf der anderen Seite des Mondes. Die Leiden der Deutschen, der Polen, Rumänen – sie sind uns näher. »In Bolivien werden nach wie vor Menschen verhaftet, verschleppt, ermordet«, sagt der Moderator der Veranstaltung. »Nur die Proteste der Frauen haben die Militärgewalt unterbrochen.« Und dann bittet er Domitila, die Hauptperson des Abends, eine Frau aus den Minen Boliviens, aus Lateinamerika zu berichten. Stolz erhebt sie sich: »Da ich nur die Primarschule besucht habe, kann ich auch nur über meine *eigenen* Erfahrungen sprechen.«

(Aber dann spricht Domitila nicht über Privates, Familiäres, sondern als Botschafterin ihres Landes. Sie erklärt: »Das Ziel meines Besuches in Deutschland ist, zu sehen, was hier passiert, aber auch anzuklagen: unsere derzeitige Regierung nämlich. Wir leben in einer Demokratie mit Hunger. Ich will zunächst aufzeigen, von wo ich komme.)

Ich komme aus Bolivien, Bolivien ist ein an Rohstoffen sehr reiches Land. Aus Bolivien werden alle Arten von Mineralien exportiert, und wir haben auch alle Arten von Lebensmitteln, weil wir eine große Vielfalt an Klimazonen haben. Wir haben in Bolivien auch Erdöl und Erdgas, und wir haben auch alle Arten von Tieren. In Bolivien leben knapp sechs Millionen Menschen, und obwohl wir ein reiches Land sind, leben wir Bolivianer in extremem Elend. Das ist darauf zurückzuführen, daß wir ein dem Ausland verpfändetes Land sind, wir haben Schulden, wir müssen Zinsen zahlen, wir hängen von ausländischem Kapital ab. Und wegen dieser Kredite sind wir gezwungen, unsere Rohstoffe zu fast geschenkten Preisen zu verkaufen. Bis vor wenigen Jahren war Bolivien der zweitgrößte Produzent von Zinn in der Welt. In Siglio Vente, dem Bergbauzentrum, aus dem ich komme, kostete die Produktion von einem Pfund Zinn etwa 15 Dollar. Wenn wir dann aber das Zinn auf dem Weltmarkt verkauft haben, wurde der Preis in London mit drei oder vier Dollar festgesetzt. Unsere Produkte, die wir zu beinah geschenkten Preisen verkauft haben, gehen dann in ihre Fabriken und kommen zu uns als verarbeitete Produkte zurück: als Uhren, als Radios, als Fahrräder oder als Autos. Und wenn wir das Beispiel einer Armbanduhr nehmen, die sicher weniger als ein Pfund wiegt, so kostet diese Uhr dann bei uns in Bolivien 50 Dollar. Das ist so, weil wir Länder der Dritten Welt dem Auslandskapital unterworfen sind und deshalb mit dem Verkauf unserer Rohstoffe keinen angemessenen Gewinn erzielen können.«

Domitila Barrios de Chungara ist von sehr kleiner Statur, ihr kompakter Körper ist der einer Frau, die Schwerarbeit leistet, seit ihrer Kindheit. Über 50 Jahre ist sie jetzt alt. Ihr Gesicht strahlt Wärme aus und Wachheit – trotz der Verzweiflung über die Lage in Bolivien.

Domitila, seit Jahren Symbolfigur des Widerstandes in Lateinamerika. Sie war es, die vor Jahren den großen Hungerstreik der Frauen gegen die Militärs in ihrem Land anführte. Und sie, Domitila, hält nach wie vor fest am Prinzip des gewaltfreien Widerstandes, obwohl sie weiß, daß Todesschwadronen in El Salvador und anderswo nach wie vor das Blut Unschuldiger vergießen.

Gibt es eine Form politischer Befreiung in Lateinamerika, die nicht erneut Leiden für Menschen mit sich bringt? Könnte es nicht auch in der Dritten Welt eine freundliche Revolution geben, wie in Leipzig und Dresden?

Befreiung in Lateinamerika, ohne Blutvergießen, das, was keiner für möglich gehalten hätte, es gelang den Frauenkomitees in Bolivien schon vor Jahren, angeführt von Domitila. Die Umstände waren dramatisch. Das Drehbuch eines Polit-Thrillers könnte nicht spannender sein. Das Drehbuch setzt ein mit dem 17. Januar 1978.

Fröstelnd kauern die Frauen, Kinder und Minenarbeiter im Altarraum ihrer Pfarrkirchen. Sie fasten. In La Paz, Santa Cruz, in Potosi und anderen Städten Boliviens. Überall Hungerstreikende, insgesamt 1380 Menschen. Sie wollen durchhalten, bis die Militärdiktatur General Banzers ihre Forderungen restlos erfüllt: Erstens Generalamnestie für alle politischen Gefangenen. Zweitens die Einstellung aller nach dem Streik von 1976 entlassenen Minenarbeiter. Drittens die sofortige Wiederzulassung aller gewerkschaftlichen Aktivitäten und viertens Rückzug des Militärs aus den Arbeitsplätzen der Arbeiter, den staatlichen Zinnminen, oben in den Geröllhalden von Catavi, 5000 Meter hoch, und sieben Stunden Jeepfahrt entfernt von der Hauptstadt La Paz.

In den Morgenstunden des 17. Januar 1978 überschwemmen immer mehr Uniformierte die Innenstadt von La Paz. Starke Polizeieinheiten brechen in die Räume der Pressegewerkschaft und der Weltgesundheitsorganisation ein. Und in die Redaktionsstuben der »Presencia«, der wagemutigen katholischen Zeitung. Lediglich das Haus Erzbischofs Monsignore Manriques wird nicht gestürmt. Meinte die Regierung, durch diese Gewaltakte das Fasten brechen zu können? Sie hatte sich getäuscht: Außerhalb der Kirchen wird der Hungerstreik der Frauen mit noch größerer Unterstützung weitergeführt.

Die jahrelange Auseinandersetzung zwischen Volk und Diktatur ist an diesem Januartag 1978 auf dem Höhepunkt angelangt.

Eine Welle von Solidarität breitet sich unterdes über das ganze Land aus. Plötzlich, um 23.00 Uhr an diesem denkwürdigen 17. Januar 1978, gibt sich der Diktator Banzer geschlagen. Im Fernsehen erklärt er sich bereit, alle Forderungen der Hungerstreikenden sofort zu erfüllen. Stunden später schon beginnt die Freilassung aller politischen Häftlinge und die Rückkehr der ins Exil Vertriebenen. Man spricht von 19 000 Befreiten. Schritt für Schritt werden auch die übrigen Forderungen der Protestbewegung von der Junta erfüllt. Der Diktator verschwindet aus dem Regierungspalast. Am 29. Juni 1980 finden allgemeine Wahlen statt.

Eine Handvoll Bergarbeiterfrauen, die eine der blutigsten Rechtsdiktaturen Lateinamerikas nötigt, die Grundrechte des Volkes zu achten? Ein Gewaltsystem, durch gewaltlosen Widerstand in die Knie gezwungen? Der von den breiten Volksmassen getragene Hungerstreik im Andenhochland Boliviens markiert in der Tat einen Wendepunkt in der politischen Geschichte der Menschen zwischen Feuerland und der Karibik.

Die inspirierenden Kräfte? Die Gewerkschaften? Die Kirchen? Domitila: »Ja. Ein Teil der Kirche versucht, den Arbeitern zu helfen, für sie zu sprechen. Aber das ist nicht die ganze Kirche, das sind nicht alle.« Aber wer am meisten riskiert, wenn es hart auf hart geht, das sind die Frauen.

Die Frauen, die Schwachen in Bolivien, bedienten sie sich einer starken Verweigerungsform? Sie wählten den Hungerstreik. Fasten, freiwillige körperliche Entbehrung aber gerade nicht als Selbstbestrafung, als »Abwehr gegen die Versuchung der Welt«, wie eine kirchenamtliche Definition es haben möchte. Sondern Hungern »positiv«, als Ausdruck der unzerreißbaren Liebe der Frauen zu ihren inhaftierten Männern, Söhnen und Vätern. Eine der Frauen erläutert: »Ich bin glücklich, daß ich in diesen Tagen des Leidens etwas von meinem Leben einbringen und so meine Liebe zu meinem vermißten Mann bezeugen kann. Unzählige Male dachte ich, er sei vielleicht allein und verlassen unter der Folter gestorben, und ich könnte nichts für ihn tun. Jetzt habe ich gespürt, daß ich durch mein Leid ein wenig seinen Schmerz und seine Einsamkeit geteilt habe, und ich bin glücklich darüber, daß ich es tun konnte.

Fasten, nicht grämlich, als Verzicht-Askese, sondern aus Solidarität mit den Liebsten, mutig entschlossen, das ist eine Sprache, die Herzen anrührt. Die in La Paz stärker als Blockade-Aktionen war und einladender als bloß ein Katalog politischer Forderungen. Das zeigt die Welle tiefer Sympathie, die in Bolivien ausgelöst wurde. Eine Welle, die gerade die Frauen und Mütter auch der Soldaten erfaßte und dadurch subversiver wirkte als Che Guevaras Mobilisierungs-Versuch in Bolivien von 1968. »Fasten ist mit dem Körper beten«, sagt eine der Demonstrierenden. »Das ist eine Art des Zusammenseins im Alltag, nur leidenschaftlicher.«

Die fastenden Frauen in Bolivien und Chile, oder die »Mütter der Plaza de Mayo«, die seit Jahren vor dem Präsidentenpalast Argentiniens von den Machthabern öffentlich Rechenschaft verlangen, wo ihre verschwundenen Männer und Söhne sind, es sind ergreifende Lebendigerklärungen der Verschleppten, die die Militärregime nicht zuletzt moralisch isolierten. Aber werden die Gewaltsysteme auch politisch entmachtet? Und was, wenn der Terror gemildert ist, aber der andere Feind, der Hunger, um so drohender aufsteht? Domitila sieht dieses Dilemma: »Vor über zehn Jahren habe ich eine Militärdiktatur angeklagt. Militärdiktatur bedeutet immer auch Verletzung der Menschenrechte. Man sieht Blut, man sieht Tote, man sieht Verhaftete. Aber es gibt noch eine andere, noch grausamere Art der Menschenrechtsverletzung, solche nämlich, die hinter dem Vorhang angeblicher Demokratie begangen werden. In Bolivien haben wir eine demokratische Regierung, d. h. Bolivien lebt in einer Demokratie, aber in einer Demokratie mit Hunger. Die letzten beiden Regierungen haben ein neo-liberales Modell durchgesetzt und damit Tausende von Arbeitern auf die Straße geworfen. Wenn wir in Betracht ziehen, daß ihre Familien keinerlei Unterstützung haben, keine Sozialhilfe, dann sind diese Familien zu einem langsamen Hungertod verurteilt. Wir haben begonnen, uns gegen diesen langsamen Tod zu wehren – und zwar sowohl die Arbeiter als auch deren Frauen.

Sie haben einen Marsch gemacht vor der Stadt Ururu aus, und sie wollten bis nach La Paz kommen. Wir nannten das den *Marsch für das Leben.* Weil wir ja wußten: Wenn sie uns die Arbeit wegnehmen, werden wir vor Hunger sterben. Wir begannen den Marsch. Wir gingen zu Fuß auf der Landstraße. Zuerst dachte die Regierung, wir würden keinerlei Unterstützung erhalten, aber in allen Dörfern, durch die wir kamen, gaben uns die Leute Unterstützung, obwohl sie ja genauso arm sind wie wir. Sie gaben uns aber nicht nur zu essen, sie schlossen sich uns an und marschierten mit. Als wir nach Calamarca kamen, waren wir bereits 15 000 Personen. Dort hat uns dann die Armee im Morgengrauen umzingelt. Als wir um vier Uhr morgens unseren Marsch fortsetzen wollten, war bereits das Heer dort. Wir Frauen gingen mit der Fahne vorweg. Als wir sahen, wie aggressiv die Soldaten waren, als sie uns stießen und schlugen, da haben die Frauen die Fahne vor sich auf den Boden gebreitet und sich dahinter gesetzt. Und so haben wir gewartet, bis es hell wurde. Da merkten wir, wie jung all diese Soldaten waren. Sie hatten sich schwarz angemalt: Schnurrbärte und Koteletten, um älter zu erscheinen. Als die Frauen das sahen, kam es ihnen komisch vor, und eine fing an, Witze zu machen. Sie fragte: »Ist denn schon Karneval?« Und sie begannen zu singen. Eine Frau bemerkte, daß einem Soldätchen die eine Hälfte des Schnurrbartes fehlte; und sie sagte: »Wer hat Schuhcreme oder schwarze Farbe? Bringt die bitte her, damit wir diesem Jungen helfen können, sich fertig zu verkleiden.« Die Frauen sangen also und die Soldaten fingen an sich zu schämen. Die Offiziere scheinen das gemerkt zu haben, jedenfalls wurden die Soldaten ausgetauscht, nach zwei Stunden kamen andere. Und jedesmal waren die, die neu kamen, aggressiver als die vorigen. Am Nachmittag kamen dann die Soldaten wieder, die schon am Morgen dagewesen waren. Sie hatten sich aber die Gesichter gewaschen, sie waren nicht mehr schwarz angemalt. Und als wir den Jungen wiedererkannten, dem die eine Schnurrbarthälfte gefehlt hatte, sagten wir ihm, er sähe so besser aus.«

Augenzwinkern auf beiden Seiten, kein Handgemenge. Aufgeräumte Stimmung, kein Haß. Kooperation in der Konfrontation?

Bei ihren Demonstrationen haben sie das schon mehr als einmal erreicht, die Frauen um Domitila. Sie konnten die Sprachlosigkeit der Männer zurückdrängen, das Stumme, Stupide, in dem allzu oft die Gewalt sich vorbereitet.

Daß man der Lernfähigkeit des anderen ebensoviel zutraut wie der eigenen – das war ja schon die Überzeugung der großen Friedensstifter. Daß die Menschen durch Heiterkeit eher verlockt werden, von Gewaltneigung abzulassen, als wenn sie dazu durch Gegengewalt gezwungen werden – das wußte Gandhi, das wußte auch Franz von Assisi. Daß die Menschen der Zärtlichkeit bedürfen, die im Augenzwinkern steckt, daran hielt Martin Luther King ebenso fest wie die Frauen hier in Bolivien.

Mehr als einmal von der Polizei aus ihrer Wohnhütte gezerrt, geschlagen, monatelang deportiert, hat Domitila gleichwohl nie aufgegeben. Woher sie den Mut und die Kraft nimmt? Schon ihr Vater, ein aktiver, politisch permanent verfolgter Arbeitersprecher begeisterte die Töchter. Seine These? »... daß Frauen die gleichen Rechte wie Männer haben ... und die gleichen Heldentaten vollbringen können. All das war sehr positiv für unsere Zukunft. Von da an hielten wir uns nie für unnütze Frauen.

Mit ihrem Mann kommt Domitila 1957 ins Bergwerksrevier Siglo XX (»20. Jh.«). Was sie erwartet, ist jedoch eher das 19. Jh., der Frühkapitalismus. Denn in den bolivianischen Zinnminen von heute herrschen Gewaltverhältnisse. Schon von Ferne gleicht

Siglo XX, das riesige Bergarbeiterlager, eher einer Mülldeponie als einem Wohnviertel für Menschen. Eine lange Reihe von Hütten, die den Minenarbeitern von der staatlichen Zinnminenverwaltung nur geliehen werden. »Unsere Hütte ist winzig«, erläutert Domitila in ihrem Tagebuch.

»Nur ein Zimmerchen muß als Wohnzimmer, Eßzimmer, Vorratskammer und Schlafzimmer dienen ... Wir haben drei Betten in dem Zimmer aufgestellt. Das ist alles, was hineinging. Hier schlafen meine sieben Kinder ... Die paar Sachen, die wir haben, gut, die müssen auf dem Dach gestapelt werden ... So.« (20)

Trinkwasser? Ja, einige Stunden am Tag, aber nur an wenigen öffentlichen Wasserstellen, nicht in den Hütten. »Man muß Schlange stehen, um Wasser zu bekommen.« Duschen, Toiletten? Für ein ganzes Viertel nur zehn öffentliche Latrinen, ohne Fließwasser. – Aus Domitilas Tagebuch.

»Knapp 35 Jahre ist die durchschnittliche Lebenserwartung des Minenarbeiters. Dann ist er schon vollkommen krank, hat die Minenkrankheit. Man läßt Explosionsstoff hochgehen, um das Erz herauszuholen; dann kommen diese Partikel durch die Atemwege in die Lungen, und sie zerfressen und zerstückeln die Lunge. Und die Arbeiter beginnen, Blut zu spucken. Schwarz, blaurot wird ihr Mund. Und am Schluß brechen sie Stücke Lunge aus, dann sterben sie schon. Das ist die Berufskrankheit der Mine, die Silikose. (23)

Wird ein Minero arbeitsunfähig, weist die staatliche Minenbehörde unverzüglich ihn, seine Frau und die Kinder aus der Hütte aus. Versorgungsansprüche, ärztliche Betreuung, ja, sogar der Schulplatz der Kinder – alles fällt sofort weg. So war es unter der Militärjunta von 1971 bis 1977. So blieb es nach der verfassungsgemäßen Machtübernahme durch Hernan Siles Zuazo. So ist es heute. »In unserem Bezirk leben so mehr als 400 Familien. Viele Kinder sind gestorben. Das hat uns Frauen dazu bewogen, uns zu organisieren ...«

Domitila, die Minero-Frau spielt an auf das berühmtgewordene »Komitee der Hausfrauen von Siglo XX«. Sie denkt an »das Komitee der Arbeitslosen«, an diese verzweifelten Selbsthilfeorganisationen der Frauen auf der Mine seit 1961. An die Versuche, die verhafteten Männer freizubekommen, sich dem Militär entgegenzustellen, wenn es in den Ort einfällt.

Auf Domitila haben sie es besonders abgesehen. Im Juni 1967 wird sie verhaftet, ihr Mann fristlos entlassen, schließlich die Familie aus Siglo XX vertrieben. Man schlägt sie mit Gewehrkolben, tritt die Hochschwangere mit Füßen, bis das ungeborene Kind kein Lebenszeichen mehr von sich gibt. »Wenn man mir erlaubt zu sprechen«, ihr Tagebuch unter diesem Titel ist ein einziges Leidensdokument dieser Jahre. Aber ohne jede Märtyrerpose geschrieben, nur mit Zorn und Trauer. Bis zur Verzweiflung. Nach sechs Monaten Verbannung in subtropischer Hitze notiert sie: »Warum hatte ich gesprochen? Warum hatte ich angeklagt. Warum hatte ich mich eingemischt? – fragte ich mich selbst. Und ich verzweifelte, ich bereute es. Und manchmal sehnte ich mich danach, einen kleinen Karton Dynamit zu haben, um mich mit meinen Kindern in die Luft zu jagen und mit allem fertig zu sein ...« (121).

Verzweiflung aber ist nicht die alleinige Stimmung hier im Süden. Lateinamerika erwacht und wehrt sich. Der Ausbruch aus dem Teufelskreis von Militärputschen von Rechts und erfolglosen Revolutionsversuchen von Links, aus dem Zirkel von staatlicher Repression und revolutionärer Gegengewalt – dieser Ausbruch bahnt sich an.

Als Domitila vor einigen Wochen zurückfuhr, da sagte sie in Dortmund: »Wenn ich nur hier in diesen Ländern, in Europa, bin, dann merke ich, daß es auch hier Kämpfe gibt. Man kämpft gegen die Vergiftung der Umwelt, gegen die Atomenergie. Ich glaube deshalb, daß wir gemeinsame Ziele in unseren Kämpfen haben. Die Droge, die aus Brasilien kommt, schadet Ihnen hier. Aber die gleichen Leute, die die Droge produzieren, vergiften in unseren Ländern die Umwelt. Das sind die gleichen Leute, die uns unterworfen und zum Tode verurteilt haben. Sie bringen also nicht nur die Menschen in der Ersten Welt in Todesgefahr, sondern die Menschen der ganzen Welt.«

Magdalena Bussmann

Anca Wittig

Mit allen Sinnen glauben – mit diesem Titel der Festschrift für Elisabeth Moltmann-Wendel sind Hoffnung und Perspektive für gesamtmenschliches Glauben, das alle Lebensvollzüge einschließt, angedeutet.

Die Kirche ist (und war) kein »Spiel-Raum«, in dem menschliches Leben in all seinen Ausdrucksmöglichkeiten und -formen als gut und gottgewollt akzeptiert wird (wurde). Dogmatische und moralische Normierungen – angeblich gottgewollt und zum Schutze des Glaubens notwendig – ziehen (und zogen) Grenzen, durch die Orthodoxie und Orthopraxie gewahrt bleiben sollen, notfalls um den Preis der Exkommunikation und auf Kosten von vielgestaltigen Lebensmöglichkeiten im Kontext der Kirche.

Mit diesem Beitrag möchte ich an meine älteste Freundin erinnern, die in ihrer Person ein Kapitel Kirchengeschichte und -wirklichkeit verkörpert, das in der offiziellen Kirche nach wie vor verdrängt und tabuisiert ist. Der Lebens- und Leidensweg der heute 91jährigen Anca Wittig, die in den 20er Jahren einen Theologieprofessor, einen Priester, heiratete, der von der Kirche exkommuniziert worden war, verdeutlicht, daß *Glauben mit allen Sinnen,* mit allen Dimensionen des Menschseins für die katholische Kirche nach wie vor ein Problem ist, an dem die Menschen damals wie heute zerbrechen, mit dem sie sich arrangieren können, das sie aber auch herausfordert, eigenständig-unangepaßt einen Lebensweg zu gehen, der sich unabhängig macht von kirchlichen Restriktionen und Reglementierungen.

Anca Wittig verkörpert diesen ganzheitlichen, geglückten Weg, gerade indem sie eine kirchlich verbotene Beziehung zu einem exkommunizierten Priester wagte und mit ihm ein Leben teilte, das im *Glauben mit allen Sinnen* in der frohen Botschaft Jesu Christi seinen Wurzelgrund hat.

Im folgenden wird Anca Wittig selbst zu Wort kommen, denn ich möchte mir nicht anmaßen, ihre Erinnerungen zu entstellen, indem ich sie paraphrasiere.

Schlesien 1924: Wir saßen »zu zweit, eine Quickbornerin und ich ... die Hochlandhefte mit den ›Erlösten‹ in Händen und lasen ... in uns hinein Wittigs osterfrohen Erlösungsaufsatz. Und von Seite zu Seite, von Zeile zu Zeile wurden wir glücklicher, erlöster ...: O ja – ›aufjubeln in der Erlösung müßt ihr‹ – da stand es klar und licht! Das wollten wir ja so gern! Aber immer und überall wurden uns bisher Gitter dazwischen gestellt und Drähte gezogen, in denen man hängen blieb und seufzend den frohen Mut und die Bewußtheit des Erlöstseins verlor. Und man quälte und plagte sich mit der Sünde und ihren Folgen, wagte die hl. Kommunion nicht öfter als zwei-dreimal (im Jahr) zu empfangen, weil die ganze Not des Nichtankönnens gegen den Tag mit seinem mindestens siebenmaligen Straucheln uns zu Boden drückte. Und das schwere, schwere Beichten! Es ist uns armseligen Menschlein nun mal so ganz gegen die Natur. Die Gewissenserforschung ist so hart, weil oft genug eine trotzige Stimme aufbegehrt: und das empfinde ich eben nicht als Sünde! Aber hier, wie Wittig uns beichten lehrt, da wird es nicht zur Folterqual. Da ist das einfache, reuevolle Bekenntnis der Schuld mit der frohen Gewißheit, daß sie ja abgewaschen und getilgt wird und ist durch Christi Erlösungstat.«[1]

Anca Wittig beschreibt in ihrem Aufsatz »Wittig und die neue Jugend«, welche Wirkung die Geschichte »Die Erlösten« von Joseph Wittig besonders auf die damalige – nicht nur die katholische – Jugend hatte. Versuchte Wittig doch, indem er theologische Wahrheiten in seine »Herrgottsgeschichten« einkleidete, zu erzählen, daß und wie die Frohe Botschaft eine befreiende, erlösende, alle Fasern des Lebens treffende Wirkung haben könnte, daß die Erlösungsbotschaft also auch ganz konkrete Auswirkungen im Leben der Menschen haben müßte. Er schrieb: »O ihr Dogmatiker! ... Könnt ihr eure Erlösungslehre nicht so verkünden, daß das katholische Volk sich wirklich von den Sünden erlöst fühlt, daß es wirklich sieht, daß die Sünde überwunden ist, daß es sich wirklich nicht zu fürchten braucht, daß es aufjubeln kann in der Erlösung?«[2]

Joseph Wittig wollte in seinen Geschichten dem Volk die »Schatzkammern« der katholischen Kirche öffnen, und er kritisierte – oft mit feiner, aber deutlicher Ironie gegen den Stand der akademischen Berufstheologen – daß diese und die Seelsorger die Menschen eher in die kirchlichen »Folterkammern«, besondes in bezug auf das Bußsakrament zu führen imstande waren. Das sagte er als beamteter Professor für Patristik und Alte Kirchengeschichte an der Theologischen Fakultät der Universität Breslau!

Anca Geisler, wie Wittig gebürtig aus der Grafschaft Glatz, machte in ihrer Arbeit als Führerin der katholischen Mädchenjugend die Erfahrung, daß Wittigs Theologie des Volkes und für das Volk neue Dimensionen des Glaubens erschloß: Glauben nicht primär ein Fürwahrhalten von Katechismussätzen, sondern in erster Linie Weg, Wahrheit und Leben, ein lebendiges Wunderwesen, das nicht nur den Verstand zur Zustimmung, sondern die Apostelbeine zum Laufen bringt, so umschreibt Wittig Glauben als ganzmenschliche, kommunikative Größe, die die Gläubigen nicht länger Objekte von Seelsorge(rn) sein läßt, sondern mündige Subjekte eines personalen Glaubens.

Es war die Zeit, in der Romano Guardini das Wort vom »Erwachen der Kirche in den Seelen« sprach und damit ganz neue Dimensionen in die neuscholastisch verknöcherten Begriffe von Kirche, Gnade, Glaube, Christ/Christinsein andeutete – Dimensionen, in denen Konflikte mit der Amtskirche vorprogrammiert waren.

Verständlich, daß besonders für die Jugend – unter ihr Anca Geisler – Wittig zum Retter vor allen Dingen aus Sünden- und Beichtstuhlnot wurde, zum Propheten einer Kirche des erlösten Volkes Gottes. Sie lernte ihn kennen über ihre Jugendarbeit und hatte bei ihm in Breslau hin und wieder »Kolleg geschunden«, wie sie es ausdrückt, d. h. sie hatte sich in seine Vorlesungen »eingeschlichen«. Die bedeutsamste Begegnung fand wohl statt anläßlich eines Geburtstages von Wittig, als eine Freundin A. Geislers in Ermangelung eines passenden Geschenkes dem Professor kurz entschlossen sagte. »Ich schenke Ihnen meine Freundin!« Das Konfliktpotential zwischen Wittigs Art, theologische Wahrheiten als erfahrbare, frohmachende zu erzählen und den Vertretern des kirchlichen Amtes, orientiert an neuscholastischer Lehrsatz- und Katechismustheologie entlud sich, als der Theologieprofessor wegen seines Aufsatzes »Die Erlösten« als »Luther redivivus« in Rom angezeigt wurde. Verschiedene seiner Bücher und Schriften wurden indiziert, Wittig selbst wurde 1926 exkommuniziert, damit seines Priesteramtes enthoben und aus der katholischen Kirche als »excommunicatus vitandus« ausgeschlossen. Diese Exkommunikation wirkte wie ein Fanal im deutschen Katholizismus.[3]

»Aus dieser Lage heraus fragte er mich, ob ich zu ihm kommen würde. Vor meiner Antwort machte ich mir viele Gedanken, vor allem zur Frage: Wenn einem 45jährigen Mann seine kirchliche Ehre, sein Beruf, seine geistige Arbeit, seine Wohnung, kurz alles, was sein Leben ausmachte, genommen wird, hat er dann nicht das Recht auf volle Lebensgemeinschaft mit einem Partner? Gilt dann noch die Verpflichtung zum Zölibat?

Ich sagte ihm meine Bereitschaft zu, für ihn da zu sein. Dadurch verlor ich mein Vaterhaus (meine Mutter war schon Jahre zuvor gestorben). Nach einem Jahr, er nannte es ein Trauerjahr um die Kirche, die er liebte, holte er mich in sein auf väterlichem Grund gebautes Haus. Zugleich wollte er mir seinen Namen für unseren Ehestand geben. Ein hoher und gutmeinender kirchlicher Mann sagte damals zu mir, ich solle das nicht »verlangen«. Es wäre klüger, ohne bürgerliche Trauung mit Wittig zusammenzuleben. Ich verlangte nichts, aber Wittig entschied sich für Ehrlichkeit und Wahrhaftigkeit mir gegenüber: »Verabschiedet von der Welt und ausgestoßen aus der Kirche habe ich nur noch dich allein. Dein Glaube und dein Vertrauen soll mein Leben –, dein Glück und deine Ehre mein Gesetz sein.«[4] Wir heirateten am 22. Juni 1927 (standesamtlich). Sein guter Freund Prof. Eugen Rosenstock und mein Bruder waren Trauzeugen.

Gegen mich fing darauf eine böse Hetze an. Vielleicht sollte diese ihn entlasten? Er hatte mich erst 1924 kennengelernt ... Nun, als Ehefrau bei ihm, wollte man mich auf alle Fälle von ihm entfernen. Aber diese Überredungsversuche waren vergeblich. Als im Mai unser Sohn Höregott zur Welt kam, weigerte sich der katholische Arzt der nahen Stadt, in das Haus eines Exkommunizierten zur Hilfe zu kommen. Ein entfernterer Arzt kam sehr spät. Das Kind starb nach drei Tagen. Der Eid des Hippokrates war nicht so verpflichtend wie ein kirchliches Verdikt? Höregott war von seinem Vater getauft worden. Unseren zweiten Sohn taufte ein katholischer

Pfarrfreund. Er wurde deshalb von einem kirchlichen Gericht gefragt. »Ist es wahr, daß sie Wittigs Kind getauft haben?« Seine Antwort: »Ja, sollte es denn nicht getauft werden?« Er hat nach dieser Verhandlung von sich aus sein Pfarramt aufgegeben. Unser Dorfpfarrer dagegen sagte einmal: »Eine Ehe ex radice ist nach Gottes Willen.« Unsere drei Kinder nach Höregotts Tod wurden von ihm in das Register der katholischen Kirche eingetragen. Nach dem gemaßregelten Täufer waren Ernst Thrasolt und Josef Kühnel bereit, diesen Dienst zu tun.

Das Leben in Neusorge war erfüllt von umfangreichem Briefwechsel und Besuchen von Hilfe erbittenden Menschen. Gescheiterte und Ausweglose kamen damals zu Josef Wittig. Manche hatten Beruf und Amt verloren und waren ohne Einkommen. Sie erhoffen einen Rat zu neuem Weg. Seine Ansicht, daß der Wille Gottes das tägliche Brot für seine Geschöpfe sei, verpflichtete ihn zu helfen, wo er konnte. Viele fanden damals bei den Altkatholiken eine Unterkunft.

Ihr Bischof schätzte Wittig und verstand, daß dieser selbst freilich in keine andere Konfession übertreten konnte. »Ich bin und bleibe in der Religion meiner Eltern und Vorfahren. Weder Wasser noch Feuer, noch der Kanon 2314 kann mich trennen von der Liebe Christi.«[5]

Viel Liebe erwuchs uns aus evangelischem und jüdischem Raum. Martin Buber in Heppenheim und Franz Rosenzweig in Frankfurt baten damals Victor von Weizsäcker und Josef Wittig, Mitherausgeber der Zeitschrift »Die Kreatur« zu werden. Eine gute Freundschaft wuchs daraus. Zuvor hatte Eugen Rosenstock, der beste Freund aus Breslauer Zeiten, bei dem Kultusminister in Berlin bewirkt, daß die Verfügung, Wittig kein Gehalt mehr zu zahlen, zurückgenommen wurde. Rosenstock sagte dazu: »Welche irdische Mutter würde einen Sohn, der ihr nicht gefügig ist, verhungern lassen? Sollte die Mutter Kirche dies wirklich Wittig antun?«

Erfreuend und beglückend war das Verständnis evangelischer Menschen. Elli Heuss-Knapp, die Frau des späteren Bundespräsidenten, setzte sich dafür ein, daß der Verlag Klotz (Gotha) die indizierten Wittig-Bücher in vielen Auflagen neu herausgab. Nach ihrer Ansicht vermittelten sie »notwendendes Verständnis evangelischen

Menschen für katholische Frömmigkeit und die katholische Kirche. Ein wahrer Dienst an der Ökumene.« In Berlin hielt sie Wittig-Abende, die großen Zulauf hatten. Überhaupt war das Verständnis für Wittig, der nie evangelisch wurde, sondern vielmehr sogar versuchte, die Lehre der katholischen Kirche evangelischen Gläubigen verstehbar zu machen, bei evangelischen Menschen besonders groß. So wurde er Mitarbeiter bei den Zeitschriften »Eckart«, »Christliche Welt« und bei der »Una Sancta«. Er beantwortete viele Umfragen und wurde häufig zu Leseabenden in evangelische Kreise gebeten, so in Berlin, Leipzig, Dresden, Stettin, Breslau, Kattowitz und anderswo. Überall warmes Verständnis und aufrichtige Liebe. So wurde er als vorreformatorischer Christ von allen angenommen. Dies bewirkte in ihm ehrliche Freude am Christsein in all seine Formen. Sie brachte ihm auch immer neue Hoffnung und Zuversicht für die Kirche Jesu Christi auf unserer Welt.

1946 verloren wir die Heimat. Kurz zuvor nahm Papst Pius XII., der als Nuntius in Berlin vielen Katholiken Index-Erlaubnis gegeben hatte, die Exkommunikation ohne Bedingungen zurück. In die Amtskirche wieder aufgenommen, dankte J. Wittig dem Papst und bekam ein warmes Antwortschreiben voller Güte und Mitfreude. Im Westen nahmen uns Freunde in der Lüneburger Heide auf. In gut ökumenischer Hausgemeinschaft mit ausschließlich evangelischen Menschen wurde die Heimatlosigkeit leichter. 1949 vermittelte das Kultusministerium in Düsseldorf uns eine eigene Wohnung in Meschede. Am Tage des Umzugs starb J. Wittig. Für seine Beerdigung dort wurde dem befreundeten Priester, der sie halten sollte, gesagt, es dürfe am Grabe von J. Wittig nicht gesprochen werden. Verfügung aus Paderborn! Es sprachen dennoch zwei Priester und viele andere, die Wittig schätzten.

Unser Anfang im kurkölnischen Sauerland war zuerst nicht leicht. In der Schule wurde unser Jüngster als »uneheliches« Kind gebrandmarkt. Das berührte mich kaum. Über Bekannte, die uns ihr Heim öffneten, wunderte man sich. »Weil Sie doch katholisch sind!« Diese kleinen Trübungen verschwanden, als der Strom von frischem, freiem Kirchenbewußtsein, den Papst Johannes XXIII. in Kirche und Welt brachte, uns alle mit Freude und Zuversicht erfüllte. Josef Wittig hat das II. Vatikanum nicht erlebt, aber irgendwie erfühlt und erbetet. In der Pfarrei wurden wir nun freundlich aufgenommen. Ich durfte sogar in der Caritas mit tätig sein. In der Benediktinerabtei Königsmünster sind für uns kirchliche, kulturelle und musikalische Veranstaltungen ein geistiges Labsal geworden.

Seit zehn Jahren vermittelt hier ein ökumenisches Zentrum »St. Franziskus« Freundschaft zwischen den Konfessionen. Ein gemeinsamer Kirchenraum für katholische und evangelische Gottesdienste! Jeden Freitag um 6 Uhr vor dem Tagwerk betet ein ökumenischer Kreis »daß alle eins werden«.

Da unser Zentrum (über Verbindungen zu Coventry, durch den dortigen anglikanischen Propst) die Mitgliedschaft der Nagelkreuzgemeinden erhielt, schließen wir das Gebet mit den sieben Bitten dieser weltweiten Gemeinschaft um »gegenseitige Verzeihung unserer schweren Schuld: Vater, vergib.«

Betrüblich war vor Jahren, daß in Buchständen hiesiger Kirchen ein Heft von Kardinal Ratzinger (damals noch München) zu finden war: »Erlösung – mehr als eine Phrase.« Darin geht dieser gegen Josef Wittigs »Die Erlösten« vor: Sie würden eine Lockerung des Dogmas und den Verzicht auf die Beichte bedeuten. Zwei Lehrer von Meschede schrieben an den Kardinal und erbaten eine Erklärung seiner, wie sie meinten, nicht richtigen Auffassung. Darauf erfolgte nur eine nichtssagende, fast gereizte Antwort seines Sekretärs.

Die ökumenische Gemeinschaft hier wächst weiter. Die Teilnahme an Gebetstreffen beider Kirchen, an katholischen und evangelischen Kirchenfesten, an Bibelwochen und anderen Begegnungen vertieft die Verbundenheit. Eine kleine Pax-Christi-Gruppe »Pax et bonum« wirbt hier um den Frieden.

So kann ich heute froh und dankbar sein, daß nach schweren Zeiten so viel Glück und Geborgenheit in der Kirche Christi wieder mein Teil wurden. Gewährte und geschenkte Vergebung bringt als Frucht die volle Freude an der Freiheit der Kinder Gottes.«

Für mich sind es Geschenke, die 91jährige Frau erleben zu dürfen, sie erzählen zu hören, ihre Gastfreundschaft erfahren zu dürfen. Geschichte, vor allen Dingen kirchlicherseits verdrängte und vergessene Geschichte, wird lebendig, indem sie erzählt, sich erinnert. Faszinierend ihre Gabe, ihr Leben, das mit dem J. Wittigs zusammengehört, ohne Ressentiment, ohne Anklage und Bitterkeit kirchlichen Personen und Instanzen gegenüber zu erinnern, bewundernswert ihr Engagement und ihre wache Aufmerksamkeit in bezug auf die kirchliche und gesamtgesellschaftliche Wirklichkeit. Anca Wittig lebt, glaubt und hofft *mit allen Sinnen* und darin weiß sie sich über den Tod hinaus verbunden mit ihrem Mann Josef Wittig.

Anmerkungen

1. *L. Wolf*, (Hg.), Joseph Wittig, sein Leben, Wesen und Wirken, Habelschwerdt 1925; darin: B. Geisler, Wittig und die neue Jugend 229f.
2. *J. Wittig*, Meine »Erlösten« in Buße, Kampf und Wehr, Habelschwerdt 1924, 30f.
3. Im folgenden wird A. Wittig zu Wort kommen. Ich danke ihr und der Redaktion Diakonia, daß ich auf einen Beitrag von A. Wittig in H. 1/1987 zurückgreifen darf, in dem sie ihren Lebensweg mit J. Wittig erzählt.
4. *J. Wittig*, Höregott. Ein Buch vom Geiste und vom Glauben, Gotha 1929, 304.
5. *E. Rosenstock, J. Wittig*, Das Alter der Kirche, Alltag. Die Akten und Theologisch-Kanonistisches Gutachten zum Schrifttum Joseph Wittigs, Berlin 1927, 140.

Reinhild Traitler

Goldmarie – Pechmarie

Goldmarie

*

Pechmarie

*

Superwoman

*

Schlampe

*

Ich kratz dir die Augen aus

*

Mit dir rede ich ja gar nicht

*

Du Tugendausbund

*

Du Bosheitsbündel

*

Scheinheilige

*

Hexe

*

... Haben wir wirklich so miteinander geredet, damals?

*

... Doch einmal hast du mir das Gesicht zerkratzt, und wochenlang hatte ich Angst, daß es Narben geben wird.

*

... Daran erinnere ich mich. Recht geschieht ihr, habe ich gedacht, wenn sie bloß häßlich wird.

*

... Hast Du mich eigentlich gehaßt?

*

... Nicht gehaßt. Ich war bloß wütend. Warum konnte ich nicht sein wie du? So viele Jahre habe ich mir das gewünscht, früher. So wie du wollte ich sein, so gelobt, so geliebt. Das gleiche feine Gesicht wollte ich haben, den gleichen glatten Körper, deine Beine, deine Arme, dein weiches blondes Haar, alles das, was mir vorkam wie der Inbegriff dessen, wonach sich Menschen sehnen, das Helle, das Schöne. So wie du wollte ich aufwachen, mit diesem Lächeln im Gesicht, noch im Halbschlaf, wie die jungen Mädchen in den Filmen, ehe sie geküßt werden. So wie du, du konntest anziehen, was du wolltest, und immer sah es aus, als sei es für dich gemacht, als fügte sich jede Bluse, jeder Rock und noch das einfachste Hemdchen den Bewegungen deines Körpers, an dir gab es nichts Billiges, keine Falten, keine Flecken, keinen ausgefransten Saum, keine ungekämmten Haare. So wie du wollte ich sein, so geordnet, so ausgewogen bis in den letzten Muskel und bis in den letzten Gedanken. In deinem Kopf schien alles locker beieinander zu liegen, wenn du geredet hast, war immer alles klar und einsichtig, eines hat sich aus dem anderen ergeben, eine wohlgeordnete Kette. Daß dir immer alles gelungen ist! Du hast dich über deine Bücher gesetzt, und dann warst du wirklich dort mit deinen Gedanken, das konntest du. Deine Lehrer waren begeistert. Du wurdest das, was sie sich wünschten, du hast sie zu Göttern gemacht. Und dann fiel dir auch noch alles andere zu: Du hast dir Kleider genäht, du bist in den Bergen geklettert, du hast Klavier gespielt, du konntest tanzen. Ach – wie hast du das bloß alles gemacht? Wie hast du immer so genau gewußt, was du wolltest, warum warst du so vollkommen?

*

Ich habe ja gar nicht genau gewußt, was ich wollte. Ich wußte immer nur den nächsten Schritt. Als ich sechzehn war, wollte ich eine Zahl finden, die mir sagen würde, wie groß das Weltall ist. Die eine Zahl, die alles erklären könnte, den Lauf der Sterne, die Bewegungen der Galaxien, und warum die feinen Spiralnebel von uns wegrasen in einen noch nicht geschaffenen Raum. Die Zahl, die Aufschluß geben sollte über das, was vor dem vorher war, das Geheimnis der Verwandlung von etwas Unnennbarem in Energie, Masse, Zeit, Raum, es mußte eine Zahl geben, und damals war ich noch überzeugt, daß ich die finden könnte in der ordentlichen Weiterentwicklung ordentlicher Denkverfahren. Wegen dieser Zahl habe ich Astronomie studiert. Und da habe ich gelernt, daß es eine solche Zahl gibt, oder besser gesagt, es gibt die Idee einer solchen Zahl, ihre Vermutung, jemand hat das vor mir gedacht, es war nicht mehr meine Idee. Ich mußte eine andere finden. Den nächsten Schritt tun. Ich mußte mich ordnen für den nächsten Schritt.

Es war wie eine Zwangshaftigkeit, ich wollte das immer durchdenken, verstehen, überschaubar halten, ich wollte immer alles überschaubar halten. Warum nur? Einmal so sein wie du, so unordentlich hingerissen, einmal die roten Haare so ungekämmt in den Nacken geworfen, so widerständig. Wie hast du es bloß geschafft, immer wild zu bleiben, an dir wuchs alles wild, viel zu überquellend, viel zu viel, die Kleider waren immer irgendwie zu eng, oder zu weit, aber bloß du hast geglaubt, daß das häßlich ist. Am liebsten habe ich dich nackt gesehen, nackt durch die Zimmer des Hauses laufen, nackt in den Bäumen des alten Gartens liegend, mit dem widerborstigen Gesicht und den breiten Hüften, nackt, bis dich die Mutter heruntergeholt hat, schimpfend, aus dir wird noch mal eine Hure, hat sie gesagt, sie hat das Wort in den Mund genommen, wie ein Stück verfaultes Essen, das man schnell wieder ausspuckt, was sie sich wohl gedacht hat dabei? Daß ich das nie konnte und hätte es doch so gern getan – einfach sein. Die Hausaufgaben nicht machen und über die Bücher in den Himmel starren, und in das Laub der Bäume hinter'm Fenster, so hast du's doch immer gemacht. Keine Zahl finden wollen, und das Weltall Weltall sein lassen, ein Geheimnis. Keine Angst haben. Später, wenn ich an dich dachte, schon lange, nachdem sich unsere Wege getrennt hatten, hab' ich dich immer nackt gesehen. Nackt unter dem Sommerhimmel in einer Wiese voller Mohn, in den Armen eines Mannes, dazwischen dein rotes Haar und dieses Wegwerflachen, und habe die Decke über meinen Kopf gezogen in meinem dunklen Schlafzimmer, vor Sehnsucht nach Himmel, und hab das Nachthemd angelassen, ja selbst das war noch faltenlos, du hast recht. Wie hast du es bloß geschafft, so frei zu sein?

*

Es war ja gar keine Freiheit, es war Widerstand. Weil ich nicht so sein konnte wie wir alle sein sollen, so schön wie du, so klug wie du, so gut und folgsam und angepaßt wie du, weil das nicht möglich war, mußte ich eben anders sein. Ganz anders. Aufsässig, unordentlich, trotzig. Weil du das Wunschbild warst, mußte ich das Zerrbild werden.

Erst später habe ich begriffen, daß ich das auch wollte. Weißt du, warum ich nackt in den Bäumen gelegen bin, ganze Tage lang, damals, mit sechzehn, siebzehn? Ich wollte das Geheimnis des Lebens finden. Wenn ich den ganzen Krempel wegwerfe, die Kleider, und die Schuhe, diese Versatzstücke der Entfremdung, wenn ich eins werde mit der Kreatur, wenn ich mich in die Bäume lege, und auf ihre Stimme horche, wenn ich dort oben lebe mit den Vögeln und dem Wind, vielleicht würden sie zu mir sprechen, vielleicht würden sie mir das Wort verraten, das Schöpfungswort. So habe ich gewartet. Ich habe aber nur das Rauschen der Blätter im Wind gehört, und was die Vögel sangen, war unübersetzbar; ich habe nur gelernt, daß ich nicht verschmelzen kann mit der Kreatur, und daß das Geheimnis tiefer liegt. Dann war mir die Nacktheit peinlich, und selbst der Reiz, die Mutter zu ärgern, war dann verflogen. Und einmal im frühen

Herbst, bin ich in der Mittagshitze eingeschlafen dort oben und erst spät aufgewacht, als der Abend schon kühl war, und ich mich steif und durchfroren fühlte. Da habe ich zum erstenmal verstanden, was es heißt, keine Kleider zu haben, nichts, das uns schützt, diesen Mangel. Damals habe ich den Mangel entdeckt, meinen eigenen und den der anderen. Ich bin dann wirklich durch die Straßen gestrolcht und hab' mir die Gesichter der Leute angesehen. All das Graue. Das Ungelebte. Den Hunger, die Sehnsucht. Hie und da hab' ich mit einem der Clochards geschlafen. Ich habe gemeint, es genügt, wenn ich versuche, sie zu lieben. Die Hingabe genügt, ich kann sie retten. Aber ich konnte es ja nicht.

Einmal im Park am See habe ich mich nackt ausgezogen vor allen Leuten, ich habe geheult dabei vor Zorn. Die Nacktheit als Protest gegen den Mangel. Aber ich konnte das nicht in Worte fassen, ich war stumm, wie erschlagen, und so hat niemand das verstanden. Die Mutter hat wieder das von der Hure gesagt, sie hat immer zu sehr auf dich geschaut, du warst das einzig mögliche Bild. Sie hat mich gar nicht wahrnehmen können, nicht wirklich, ihr Mangel war ja, daß sie mich nur mißraten gesehen hat. Und dein Mangel war, daß du perfekt sein mußtest. Und meiner war, daß ich nicht überzeugen konnte, und so wollte ich wenigstens ärgern, so wollte ich wenigstens protestieren, meine Stummheit überwinden, meine Unfähigkeit, die Gedanken zu ordnen und eine Sprache zu finden. Ich habe auch gegen dich protestiert, daß da alles so fertig war, fertig gedacht, fertig geordnet, daß es so unerreichbar schön war, so abgezirkelt und genau berechnet, und so langweilig gut. Und daß du dafür gelobt wurdest, und im Mittelpunkt standest dafür, und daß mein Suchen und nicht Wissen, meine Sprachlosigkeit, mein Protest, daß das alles keinen Wert hatte.

***

Ach Marie, Marie, nicht die alten Klischees! Die Wege, die wir gegangen sind, die sind doch nicht einfach Naturschicksal. Das ist doch unsere Wahl. Schüttel jetzt nicht den Kopf und sag, du kannst nichts für dein rotes Haar, für das schiefe Gesicht und die breiten Hüften, und meine Traumfigur und das Ebenmäßige habe ich geschenkt bekommen. Stimmt, aber ich hab's auch gewollt. Ich bin geklettert und geschwommen und du bist in den Bäumen gelegen. Ich habe Äpfel gegessen und du Schokoladenpudding. Ich habe meinen Saum umgenäht und du hast ihn hängen lassen. Ich wollte mein Gesicht unverstellt, und du hast dir schwarze Augenränder gemalt. Ich bin über meinen Büchern gesessen, nicht weil jemand anderer das wollte, sondern weil ich selbst hungrig war nach Wissen und Aufklärung, nach Klarheit, weil ich die nächsten Schritte wissen wollte. Und du wolltest vom Leben lernen, so, als ob die Bücher und das Leben ein Widerspruch wären. Du bist durch die Vollmondnächte gestreift, ich weiß nicht welchem Geheimnis auf der Spur, und hast mich Buchmarie verspottet, als ob ich nicht auch lebte, auch begeistert war, neugierig, als ob ich nicht auch weiterdachte, Fragen stellte, protestierte. Wir haben es doch so gewollt, und auch einen Preis dafür gezahlt.

***

Einen Preis dafür gezahlt! Ach, jetzt kommst du schon wieder mit dieser unerträglichen Moral, ich kann das nicht mehr hören, mach' es so wie ich, dann wirst du so wie ich. So sind wir doch seit jeher gegängelt worden. Iß so wie ich, dann wirst du schlank wie ich, turn' so wie ich, dann wirst du rank wie ich, lies meine Bücher, denk meine Gedanken, dann wirst du klug wie ich.

Verstehst du denn nicht, ich will nicht mehr sein wie du, endlich nicht mehr sein wie du, aus freiem Willen nicht mehr sein wie du. Ich will Schokoladenpudding essen, wann ich will, und Äpfel, wenn ich will. Und du kannst ruhig perfekt sein, es stört mich nicht mehr. Meine Liebe gilt dem Mangelhaften, dem unordentlichen, nutzlosen, geheimnisvollen Leben, und ich werde mich immer wehren gegen die fertigen Gedanken, gegen die Bilder, die Pläne, das zu Ende Gezeichnete, das Vollkommene, den ganz verbauten Raum. Ich will absichtslos bleiben.

***

Daß du immer noch so verbohrt bist. Daß du mich immer noch in die alten Schubladen tust. Du weißt doch genau, ich bin nicht vollkommen. Und ich war nie vollkommen, das weißt du jetzt auch.

*

Aber gib es zu, du hast sie genossen, diese Aura, diesen Heiligenschein, die Bewunderung, daß du einfach alles warst, was man sich vorstellen konnte, selbst ich hab' dich bewundert, meine gescheite Schwester, meine schöne Schwester, so habe ich von dir geredet, voller Neid und Bewunderung.

*

Natürlich habe ich das genossen, ich gebe es ja zu. Aber dann war da auch der Schmerz. Jemand, den ich sehr liebte, hat einmal zu mir gesagt: »Neben dir kann man nicht leben, du bist immer der Mittelpunkt, zu dir ist nichts hinzuzusetzen«, und er ist gegangen und hat mich in diesem Mittelpunkt zurückgelassen, und mir ist klargeworden, daß ich mich nicht nach Bewunderung sehnte, sondern nach Liebe. Daß ich nicht erinnert werden wollte um meiner Schönheit und Klugheit, sondern um der Liebe willen. Aber das war nicht in den Griff zu kriegen, da war keine magische Zahl zu finden, ich konnte das nicht berechnen, warum er sich von mir entfernte und zu einer anderen ging, zu einer, deren Rocksaum ungenäht war, wie der deine. Die Entfremdung zwischen uns, das war nicht bemeßbar, für die wachsende Versteinerung unseres Nebeneinander hatte ich keine Sprache. Wie Meteore waren meine Versuche, ihn zurückzugewinnen, sie tauchen ein in die Atmosphäre und verglühen, und niemand hat den Schmerz gefühlt als ich allein. Mir wurde klar, das mit der Liebe hatte nichts zu tun mit der Perfektion, auf die ich mir sogar etwas eingebildet hatte. Es stimmte ja, der Mittelpunkt war mein Lebensfeld gewesen, bis jetzt. Aber was hätte ich auch noch sein können, das er vielleicht geliebt hätte in mir? Welche Möglichkeit von mir selbst habe ich verschüttet? Es ging nicht darum, perfekt zu sein, sondern ganz. Aber das war schwieriger. Das stand nicht in meinen astronomischen Büchern, die sich mit den Fragen des unendlich Fernen befassen, und nichts wissen von den Problemen der Nähe. Und es stand auch nicht in den Schönheitsbrevieren, in der Friseurlektüre, in diesen Rezepten der äußeren Perfektion, deren Bild ich zufällig entsprach, und die mich daher bestätigten. Ich wollte ganz werden – aber wie?

*

Du werden, ganz du werden. Und mach es nicht so kompliziert. Sag' mir nicht, das geht nicht, und das ist doch gerade die Schwierigkeit, du weißt ja gar nicht, wer du selber bist. Das ist nur die halbe Wahrheit. Du weißt es, du kannst es wissen.

*

Und alles, was ich tun muß, ist in mich selber hören, und aus der bodenlosen Tiefe meiner Ratlosigkeit und meiner Verunsicherung wird die Antwort aufsteigen, wie ein goldener Frosch aus dem sumpfigen Morast.

*

Warum machst du dich lustig über etwas, das ich gar nicht gesagt habe? Ich habe längst eingesehen, daß wir bloß mit uns selbst nicht wir selber werden können. Und du bist doch auch einen Weg gegangen auf dem Weg zum Ganzsein.

*

Verzeih, vielleicht mag ich einfach diese Sprache nicht und die wohlmeinende Weisheit. Das klingt so glatt, wie ich nicht mehr sein will, und das aus deinem Mund! Die Risse und Sprünge sind verloren, der Schmerz kommt gar nicht mehr vor. Ich bin der anderen Seite begegnet, dem, was ich nicht kontrollieren kann, ich habe alles so gemacht wie es recht war, aber die Rechnung ist nicht aufgegangen, und das hat wehgetan. Es war, als ob wir uns in verschiedenen Dimensionen bewegten, vielleicht leben manche Menschen noch in zwei Dimensionen, und andere schon in vier. Dann ist nichts mehr berechenbar. Dann mußt du andere Wege zueinander finden, wie gelingt das, von einer Dimension in die andere zu tauchen? Überhaupt zu erkennen: Du bist nicht die einzige Möglichkeit von Existenz. Seltsamerweise macht dich das unverwechselbarer, eine zu sein unter vielen. Du bist auch nicht die einzige Möglichkeit deiner selbst. Es gibt noch andere Entwürfe. Ich kann noch anders werden. Aber nicht einfach so. Ich mußte ja ausziehen aus mir selbst, und das schmerzt.

*

Ich habe ein Jahr Urlaub genommen von der Astronomie und hab' in einem Warenhaus gearbeitet. Ich wollte das Leben an den Rändern spüren, und habe mich als privilegiert, verwöhnt, egoistisch erfahren. Ich bin den anderen begegnet in ihren anderen Dimensionen. Den Frauen, die acht Stunden täglich an der Kasse stehen, immer mit diesem freundlichen Gesicht, und dann heim zur Familie, die Müdigkeit überwinden, eine gute Mutter sein, Hausfrau, Geliebte, am Wochenende Aerobics, weil die Beine zu dick sind, oder der Po, oder das Gesicht nicht so faltenfrei, der Busen so straff wie auf den Reklamen im Warenhaus. Und beim Fernsehen einschlafen, und morgens um halb sechs geht es schon wieder los, und jeder Gedanke, der sich noch einschleichen könnte, ist ein Gedanke zu viel in dieser Schlaffheit, erfüllt von Geldsorgen und Familienproblemen, und der Sehnsucht, schön zu sein. Und reich und jung, zu entfliehen, ein Wunder muß geschehen. Ich bin an den Rand gegangen, auch zu den zornigen Frauen, die sich nicht mehr gängeln lassen, die sich die Haare scheren, und deren blaugeschminkte Lippen ein off limits ins Gesicht schreiben. Sie haben mich Stütze des Systems genannt. Helfershelferin in der Unterdrückungsgesellschaft, die perfekte Kollaborateurin, auf mich konnte jeder Mann stolz sein, natürlich wußten sie nicht, daß einer, der eine, mich nicht ertragen hat.

Aber was mich am meisten in Frage gestellt hat dort an den Rändern war die Einsicht, daß der Mittelpunkt meiner Welt dort nichts galt. Der Streit der Astronomen um die Zahl, ob eine neue Supernova entdeckt und wie viele Lichtjahre sie entfernt ist, unsere Theorien über das Wesen der Zeit und die Einheit der Welt, unsere Glaubenskriege über das Geheimnis aller Dinge, all das war dort nichts wert und bewirkte nichts. Angesichts dieses grauen, namenlosen Alltags, angesichts all der verschütteten Hoffnungen auf Leben wurde die Wissenschaft zu einer unendlich blassen Abstraktion, das, was sie verhandelte in ihrer Geheimsprache, war unübersetzbar hinein in den Trott des Lebens, in das wunschlose Unglück so vieler. Es konnte die Wirklichkeit der Leiden nicht aufbrechen. Zum erstenmal im Leben fühlte ich mich stumm. Es war mir die Sprache abhanden gekommen. Es wurde mir klar, daß das nicht zu kontrollieren war, in den Griff zu kriegen. Ich war hilflos.

*

Es geht mir nahe, was du sagst. Es paßt nicht in mein Bild von dir – du wußtest ja immer alle Worte. Daß du sie dann doch nicht gewußt hast, bewegt mich. Da sind wir uns näher, als ich dachte. Nicht die Worte finden, die stummen Gesten des Protests nicht erklären können, das hat mich so hilflos gemacht, und schließlich auch so zornig, daß ich beschlossen habe, mich auf die Suche nach der Sprache zu machen. Ich habe Theologie studiert, später, hab' die Abneigung gegen die Bücher dann doch noch überwunden, und mich gezwungen, das Denken zu lernen, damit das Fühlen eine Richtung bekommt. Ich merke, daß dich das erstaunt. Das hast du mir nicht zugetraut, was?

Theologie, das schien mir das Richtige, um dem Geheimnis auf die Spur zu kommen, das ich in den Bäumen vergeblich gesucht hatte. Aber in den Büchern war es auch nicht. Nackt in den Bäumen zu liegen, ganze Tage lang, das hätten sie unmoralisch gefunden. Die Sehnsucht nach der wilden Freude Leben, zusammen mit aller Kreatur hatte nichts mit der Offenbarung zu tun, man nannte das pantheistisch, es wurde als Schimpfwort gebraucht, und darüber gab es dicke Bücher mit vielen toten Buchstaben. Aber das war doch unausrottbar in mir, das war doch das tiefste Sehnen der Liebe, eins zu sein, nicht einfach die kleinbürgerliche Einheit eines Traumpaares, sondern diese Ursehnsucht nach Verbundenheit mit allem, was geschaffen ist. Vielleicht ist es das, was du wild nennst – ich wollte mich immer entgrenzen, Teil des Ganzen werden, ich wollte die Dinge nicht im Griff haben, sondern ich wollte mich ergreifen lassen, ergriffen sein.

Und trotzdem – es braucht eine Sprache, um das weiterzusagen. Die Ergriffenheit. Die Ehrfurcht. Den Protest gegen die Zerstörung – und die Sprache war nicht in den Büchern. In den Büchern waren die Gedankengebäude. Schöne Gebäude. Wenn man alles andere vergessen konnte, machte es sogar Spaß, dort herumzuturnen. Ich lernte, was du immer schon gekonnt hast, wohlgeordnete Ketten von Gedanken zu flechten. Aber gleichzeitig wurde ich immer verzweifelter, weil in alledem kein Stückchen praktisches Leben abzulesen war. Selbst die Zeugnisse vergangener Existenz waren bis zur Unkenntlichkeit in ihre Teile zerlegt, analysiert, die konnten nie wieder ein lebendiges Ganzes werden. Das Wort, nach dem ich mich sehnte, gab es nicht unter all den vielen Worten, alle waren verpachtet an die Bedeutungsschmieden, da wurden sie zerhämmert, umgeformt, rückgeformt, neugeformt, da kamen sie 'raus als geläuterte Produkte, rein und zeitlos. Leblos. Dagegen konnte man sich nicht wehren. Die eigene Sehnsucht mit reinbringen, den Protest, diese vierte Dimension, von der du redest, das war unstatthaft, es hätte den Versuch, zeitlose Wahrheiten zu formulieren, durcheinander gebracht. Gott war da so etwas wie eine recherchierbare Größe, ein Gegenstand der Erkenntnis, ein Ding. Bei dem Versuch Gott zu denken, vergaßen wir, daß das nicht geht, ohne Gott zu lieben. Sehnsuchtsvoll und hingerissen zu lieben. Zu lieben mit einem glasklaren Verstand.

Einmal, als ich krank war vor Verzweiflung, hat mich ein Mann in den Armen gehalten, eine Nacht lang, und hat mir Lieder gesungen. Lieder der Kindheit, Scherzlieder und Klagelieder, Liebeslieder. Wanderlieder, Weihnachtslieder. Und plötzlich, während er sang mit seiner ganz gewöhnlichen Stimme, die nur die Zuneigung schön erscheinen ließ, plötzlich ist mir klargeworden, daß hier Gott für mich singt, manchmal fällt ihm ein Wort nicht ein, und er summt leise weiter, oder er küßt mich auf die Augen und streicht mir das Haar aus der Stirn, er findet mich schön, und er singt mir die Lieder der Hoffnung auf morgen, und des Trostes, daß das Leben stärker ist. Ich liege eingehüllt in seine Lieder, in seinen Armen schlafe ich ein, und denke noch, ich habe das Wort gehört, weißt du wieviel Sternlein stehen, kein Feuer keine Kohle, vom Himmel hoch, das Wort in den ganz gewöhnlichen Worten der Menschen.

Von da an wußte ich, daß ich das Wort dort bei den Menschen suchen mußte. Ich mußte in ihr Leben gehen. Es nicht einfach von außen betrachten, das macht nur hilflos. Hineingehen. Teil einer Gemeinschaft werden. Aufmerksam werden für die Lebensworte. Nicht allein protestieren, sondern miteinander. Wir haben mit diesen Frauengottesdiensten angefangen. Da haben wir schnell gemerkt, wir können keine neuen Gottesdienste entwickeln, einfach so. Das hängt alles mit unserem Leben zusammen. Wichtiger als über Gott zu reden ist uns, mit Gott zu reden: Gott und uns selbst etwas zu erzählen von unserem Leben, von unserer Ratlosigkeit und von unserer Freude. Wir können das nur mit uns selbst tun. Mit all unseren Sinnen bei Sinnen sein haben wir gesagt. Weil wir nicht das Denken ausspielen wollten gegen das Fühlen, den Geist gegen den Körper, weil wir beides wollten, Gott denken und Gott lieben.

*

Daß wir so, wie in einer Bewegung nach innen am gleichen Ort angekommen sind! Ich habe ja die gleiche Erfahrung gemacht. Daß das Ganzwerden etwas zu tun hat mit den Anderen. Aber gerade das war ja so schwierig: Teil einer Gemeinschaft zu werden.

*

Vielleicht hast du immer auch ein wenig Angst eingeflößt.

*

Natürlich – neben mir konnte man nicht existieren, das war ja das Bittere. Ich habe erst einmal lernen müssen, zu hören. Keine Antworten bereitzuhalten. Versuchen, mich zu öffnen. Nicht schon die nächsten Schritte zu kalkulieren. Irgendwie vertrauen, daß das Leben weitergeht. Ich konnte das ganz schlecht. Ich wollte ja immer, daß es richtig wird, ordentlich, ich konnte mir die Voraussicht nicht einfach abgewöhnen. Es war ja auch eine Disziplin in meinem Leben, die mir wichtig war. Die Nächte am Teleskop, die Begeisterung, zu denken, das konnte mich auch alles vergessen lassen, alles, auch diesen Mangel an Nähe zu den Menschen, verstehst du das, das war eine Leidenschaft.

Einmal hat mir eine der Frauen im Warenhaus einen Traum erzählt. Extra für mich hatte sie den geträumt, weil ich doch Astronomin war. In ihrem Traum war sie im Inneren eines Spiralnebels und hat die Bewegung der riesigen Gasströme mitgemacht, es war eine große Schnelligkeit, aber sie hatte keine Angst, weil das ganze Universum strahlte in den Farben des Regenbogens. Sie war in der Bewegung und das ganze All war in Bewegung, und in dem Rasen mischten sich die Farben, bis ein heller Purpurton alles durchglühte und sie einhüllte in ein Purpurparadies, in dem alles leicht und leuchtend war. Komisch, damals hab' ich die Stimme Gottes gehört in der Stimme dieser Frau, ich weiß nicht, warum. Sie hatte etwas gesehen, worum ich mich immer bemüht hatte, mit allen meinen Gedankenketten und Theoremen, von denen sie überhaupt nichts verstand. Es gab eine andere Wirklichkeit. Sie sagte nicht »Dein Weg ist falsch«, sondern »Was ist, ist mehr.« Mehr als du sehen und mehr als du verstehen kannst. Was ist, ist auch das andere. Die noch nicht erkannte Dimension. So nach und nach habe ich verstanden, daß Ganzwerden nicht das ganz perfekte Ich meint, sondern daß es heißt, sich offen zu halten für das Andere.

*

Ach, ist das das Ende unserer Weisheit, oder der Anfang? Daß wir uns hier am gleichen Ort wiederfinden, ist das zum Weinen oder zum Lachen? Am liebsten würde ich dich stupsen und mit dir durch die Wiese im Garten kugeln. Oder kommst du endlich mal rauf auf den Baum?

*

Am liebsten würde ich dir die Sterne zeigen.

*

Am liebsten würde ich dich zu den Frauen mitnehmen, hartnäckig sitzen sie bei den Dienstverweigererprozessen, vor den Raketenbasen, waschen das Geld rein vor den Portalen der Großbanken. Widerborstig für das Leben.

*

Mit unserem Teleskop kannst du die entferntesten Nebel unseres Universums sehen, die sind Milliarden von Lichtjahren weit weg.

*

Und das kannst du ausrechnen?

*

Das kann ich ausrechnen.

*

Buchmarie

*

Baummarie

*

Sternmarie

*

Protestmarie

*

Schwester

*

Schwester

*

Vielleicht ist es doch der Anfang der Weisheit

*

Komm mit mir
Laß uns die Worte zusammenlegen, die wir schon gefunden haben
Denken und Lieben
Lieben und Denken
uns ergreifen lassen
mit allen Sinnen bei Sinnen sein

hartnäckig für das Leben
zusammen protestieren
in Bewegung sein
uns offen halten für das Andere
Was ist, ist mehr

HERLINDE-ANNA PISSAREK JUN.

Dir ent-gegen

Ich stehe auf,
stehe auf gegen Unterdrückung,
gegen alles, was mich kleinmacht und niederhält,
gegen alles, was mir sagt, ich sei nichts wert.

Ich stehe auf gegen Haß und Gleichgültigkeit,
stehe auf gegen Krieg und Gewalt.
Ich fühle meine Kraft,
meine Kraft als Frau,
meine Kraft zum Leben,
meine Kraft in mir selbst,
eine Kraft gesponnen aus Liebe
und Wärme und Licht,
aus tausend Lichtfäden,
die mich verbinden
mit Menschen und Schöpfung.
Du löst die Fesseln
der Unterdrückung
denen, die es ersehnen,
bringst du Heil.
Ich gehe dir entgegen,
mit einem Blütengewand,
und trage die Kraft
in meinen Händen,
warm und pulsierend und hell,
eingetaucht in deine Helle
und finde meinen Platz
in deinem Gespinst aus Licht;
verwoben in das Netz
deiner Schöpfung.

Wichtigste Veröffentlichungen von ELISABETH MOLTMANN-WENDEL

1. Theologie und Kirche bei Hermann Friedrich Kohlbrügge, München 1956.
2. Hoffnung jenseits von Skepsis und Glaube. Theodor Fontane und die bürgerliche Welt, München 1964.
3. Sintflut und Arche. Biblische Motive bei Wilhelm Raabe, Wuppertal 1967.
4. Kind, Dämon und Prophet zugleich. Bettina von Arnim. In: Ev. Kommentare Nr. 3 Jg. 1970.
5. Die Fahrt nach Wiepersdorf. Besuch der Gedenkstätte für Bettina von Arnim. In: Die Welt. 9. 5. 1970.
6. Königin Louise und die VVB-Tierzucht. In: Die Welt. 17. 10. 1970.
7. Potsdam heute. Wo Volksdemokratisches und Preußisches sich mischen. In: Die Welt., 9. 10. 1971.
8. Bettina von Arnim und Schleiermacher. In: Ev. Theologie, August 1971.
9. Der Inflation der Worte überdrüssig. Evangelische Frauenorden: In: Die Welt. 6. 11. 1971.
10. De mortuis nil nisi bene. Der Dorotheenstädische Friedhof. In: Die Welt. 18. 3. 1972.
11. »Bei Religion schalten wir ab.« Zur Situation des Religionsunterrichts. In: Die Welt. 16. 12. 1972.
12. Gebet und Arbeit. Evangelische Frauenorden, In: Ev. Kommentare 5, 5. Jg. 1972.
13. Weibliche Kulturrevolution. In: Ev. Kommentare 3, 6. Jg. 1973.
14. Menschenrechte für die Frau, München 1974.
15. Sexismus in den siebziger Jahren. Ökumenischer Frauenkongreß in Berlin. In: Ev. Frauenzeitung, Oktober 1974.
16. Die Frau ist auch ein Mensch, Kirchenbote f. d. Schweiz, 1, 1975.
17. Letztes Glied in der Kette der Befreiten. Theologie und Emanzipation der Frau. In: Ev. Kommentare 11, 8. Jg. 1975.
18. Frauenbewegung zwischen Diakonie und Befreiung. In: Die Diakonieschwester, 6/7, 71. Jg. 1975.

19. Lust und Leistung ohne Phantasie. In: Ev. Kommentare 4, 7. Jg. 1974.
20 Wie christlich ist die Emanzipation der Frau? In: Epd 44/76.
21. Gralshüterin deutscher Innerlichkeit. Ottilie Wildermuth. In: Südwestpresse 12. 7. 1977.
22. Wachet, stehet, seid männlich und seid stark. In: DAS 28, 1977.
23. Frauenbewegung in Deutschland. Lutherische Rundschau 1/2, 25. Jg., Stuttgart.
24. Ein ganzer Mensch werden. Reflexionen zur Feministischen Theologie. Ev. Kommentare 6, 12. Jg. 1979.
25. Freiheit, Gleichheit, Schwesterlichkeit. München 1977, 1982[3] (holl., englische, dänische, ital. Übersetzung).
26. Neue Trends in Feministischer Theologie. Vortrag auf der 1. Konsultation christlicher Frauen in Europa. Epd Dokumentation 1978.
27. Frauenbefreiung – biblische und theologische Argumente. München 1978. 2. veränderte Auflage von »Menschenrechte für die Frau«. 3. Aufl. 1982.
28. Partnerschaft. Studie zur Entwicklung des kirchlichen und theologischen Partnerschaftsbegriffes seit 1945. In: Frauen auf neuen Wegen. Hg. G. Scharffenorth, Gelnhausen 1978.
29. Geschichte beispielhaft. In: Die Zeit des Schweigens ist vorbei. Hg. Susanne Kahl, Gütersloh 1979.
30. Ein eigener Mensch werden. Frauen um Jesus. Gütersloh 1980, 1987[6] (schwedische, englische, holl., japanische, ital., koreanische Übersetzungen).
31. Müssen Frauen in der Kirche schweigen? In: Menschenrechte in der Kirche. Hg. Pilters/Walf, Düsseldorf 1980.
32. Feministische Theologie. In: Anstöße 3/1981. Akademie Hofgeismar.
33. Frau und Religion: Gotteserfahrungen im Patriarchat. Fischer Verlag, Frankfurt 1983.
34. Den evangelischen Namen mißbraucht. Elisabeth Gnauck-Kühne. In: Lust, Liebe und Verstand. Hg. Angelika Schmidt-Biesalski. Gelnhausen 1981.
35. Mit Mirjam durch das Schilfmeer. Zus. mit H. Langer, H. Leistner. Stuttgart 1982.
36. Die domestizierte Martha. In: Ev. Theologie 1, 42. Jg. München 1982.
37. Wie erfahren Frauen sich selbst? In: Diakonia 5, 13. Jg. Freiburg 1982.
38. Humanity in God. Zus. mit Jürgen Moltmann. New York 1984 (französische Übersetzung).
39. Die Frauen neben Maria. DAS 23, 6. 6. 1982.

40. Leben ist Ganzsein. Zur gegenwärtigen Frauenspiritualität. In: Wege zum Menschen 8/9, 35. Jg. 1983.
41. Ein Jahrzehnt Feministische Theologie. In: Ev. Kommentare, 7, 17. Jg. 1984.
42. Wir Frauen in Ninive. Gespräche mit Jona. Zus. mit H. Langer/ H. Leistner/A. Schönherr. Stuttgart 1984.
43. Nachwort zur deutschen Ausgabe von Virginia Mollenkott, Gott eine Frau. München 1984.
44. Weder Frauenkult noch Antikirche. In: DAS 15. 3. 1985.
45. Das Land, wo Milch und Honig fließt. Perspektiven einer feministischen Theologie. Gütersloh 1985[2]. (Engl., jap., koreanische Überstzungen).
46. Nicht mitreden, sondern selbst reden. In: Norbert Sommer, Hg. Nennt uns nicht Brüder. Stuttgart 1985.
47. Formen christlicher Spiritualität heute. Zus. mit W. Herbstrith. In: Funkkolleg Religion 1, Gütersloh 1985.
48. Von der männlich halbierten zur feministisch-ganzheitlichen Theologie. In: Junge Kirche 8/9, 46. Jg. 1985.
49. Seid fruchtbar und wehret Euch. Frauentexte zum Kirchentag. Zus. mit A. Schönherr/R. Traitler. München 1986.
50. Wir sind bei Gott, weil wir bei uns selbst sind. In: DAS 7, 1987.
51. In den Protestruf endlich einstimmen. Die Maria der Bibel. In: Publikforum 8, 16. Jg. 1987.
52. Hoffen wir und empören wir uns. In: Thomas Seiterich Hg. Beten allein genügt nicht. Briefe an den Papst. Reinbek 1987.
53. Seid klug wie die Schlangen. In: DAS 46, 1987.
54. Aufstand der Töchter. In: Ev. Kommentare 1, 20. Jg. 1987.
55. Die Menschwerdung ernst nehmen. Jesus gesehen aus der Perspektive von Frauen. In: R. Niemann, Hg. Sehet welch ein Mensch. Gütersloh 1987.
56. Bibelarbeit – Mt 15,21–28. In: Ein Bibelstudienheft. Berlin/Altenburg 1988.
56. Männlich und weiblich schuf Gott sie. Feministische Theologie und menschliche Identität. In: E. Moltmann-Wendel (Hg.), Weiblichkeit in der Theologie. Verdrängung und Wiederkehr, Gütersloh 1988.
57. Eine Frau zwischen den Konfessionen: Die Sozialpolitikerin Elisabeth Gnauck-Kühne. In: H. Häring/J. Kuschel, Hg. Gegenentwürfe. 24 Lebensläufe für eine andere Theologie, München 1988.
58. An Martha. In: R. Niemann, Hg. Liebe Maria, lieber Petrus! Briefe, Gütersloh 1988.

59. Was geht uns Maria an? Zus. mit Hans Küng, Jürgen Moltmann, Gütersloh 1988.
60. Self-Love and Self-Acceptance. In: Love, the Foundation of Hope, New York 1988.
61. Neue Bücher zur Feministischen Theologie. In: Reformatio 2, 37. Jg. 1988.
62. Feministische Theologie. In: Friedrich Hauschildt, Hg. Frau und Mann – befreundet in Christus. Klausurtagung der Bischofskonferenz der VELKD.
63. Uhrzeit – Prozeßzeit. In: R. Niemann, Hg. Unsere Zeit in Gottes Händen, Gütersloh 1989.
64 Antonia von Württemberg. In: L. Schottroff/J. Thiele, Hg. Gotteslehrerinnen. Stuttgart 1989.
65. Aufbruch der Frauen. In: Runge/Krause. Zeitansage. 40 Jahre Deutscher Evangelischer Kirchentag. Stuttgart 1989.
66. Die Scham im Leib zu sein. In: Kirchentag 89. Berichte und Materialien aus Berlin. München 1989.
67. Gott aus dem patriarchalen Gefängnis befreien. In: A. Schmidt-Biesalski, Befreit zu Rede und Tanz. Stuttgart 1989.
68. Karl Barths Mann und Frau. In: Reformatio 5/6, 1989.
69. Wer sagt Ihr, daß ich sei? In: Ref. Kirchenzeitung 10, 1989.
70. Jesus Christus. Die Menschlichkeit Gottes. In: Bibelstudien für die Generalversammlung des Reformierten Weltbundes in Seoul 1989.
71. Umgang mit dem »Bösen«. In: Christlicher Hauskalender 1990. Berlin 1989.
72. Wenn Gott und Körper sich begegnen. Feministische Perspektiven zur Leiblichkeit. Gütersloh 1989.
73. Dies ist mein Leib. In: Radius 2, 1990.
74. The Consciousness of Women and Feminine Trinity. A European Experiment in the 17 th Century. In: The Drew Gateway, 2, 1990.
75. Die abendländische Maria Magdalena in Legende und Traditionsgeschichte. In: Schritte ins Offene, 3. 1990.
76. Gibt es eine feministische Kreuzestheologie? In: E. Valtink, Hg. Das Kreuz mit dem Kreuz. Hofgeismarer Protokolle, 1990.
77. Standortbestimmung Feministischer Theologie. In: Buchmagazin, Frühjahr/Sommer 1990.
78 Als Frau und Mann von Gott sprechen. Zus. mit Jürgen Moltmann, München 1991.
79. Beziehung – die vergessene Dimension der Christologie. In: D. Strahm/R. Strobel, Feministische Christologie. Fribourg 1991.

80. Aufgebrochen – jetzt offen unterwegs. In. N. Copray, Hg. Ist das alles? Frauen zwischen Erfolg und Sehnsucht. München 1991.

Elisabeth Moltmann-Wendel

Elisabeth Moltmann-Wendel

Das Land, wo Milch und Honig fließen

Perspektiven einer feministischen Theologie. 2. Auflage. 205 Seiten mit 12 Fotos. Originalausgabe.
(GTB 486)

Es ist faszinierend, wie vielschichtig christliche Tradition ist, wenn sie mit den kritischen Augen einer Frau gesichtet wird. So versteht es Elisabeth Moltmann-Wendel, aus ihrer Interpretation der biblischen Überlieferung und der Geschichte der Kirche heraus Aussagen zu gewinnen, die das christliche Erbe für die Selbstfindung der Frauen heute fruchtbar machen.

Gütersloher Verlagshaus
Gerd Mohn